WESTEND

Holger Balodis, Dagmar Hühne

DIE GROSSE RENTENLÜGE

Warum eine gute und bezahlbare
Alterssicherung für alle möglich ist

Peter

WESTEND

Mehr über unsere Autoren und Bücher:
www.westendverlag.de

Die Deutsche Nationalbibliothek verzeichnet diese Publikation in
der Deutschen Nationalbibliografie; detaillierte bibliografische Daten
sind im Internet über http://dnb.d-nb.de abrufbar.

ISBN 978-3-86489-177-9
Copyright © 2017 Holger Balodis und Dagmar Hühne
© Westend Verlag GmbH, Frankfurt/Main 2017
Umschlaggestaltung: Buchgut, Berlin
Satz: Publikations Atelier, Dreieich
Druck und Bindung: CPI – Clausen & Bosse, Leck
Printed in Germany

Inhalt

Einleitung
Mut zu mehr Rente!   7

Kapitel 1
Das Schröder-Riester-Rentendesaster   11

Kapitel 2:
**Erfolgsmodell Umlage – weit besser als die vom Kapitalmarkt
abhängige Altersvorsorge!**   19

Kapitel 3
Altersarmut – Chronik einer programmierten Katastrophe   35

Kapitel 4
Von Fehlkonstruktionen und Fehlentscheidungen   49

Kapitel 5
Das Märchen von den guten Betriebsrenten   61

Kapitel 6
Das Rentenniveau – mager, missbraucht und manipulativ!   73

Kapitel 7
Die Rentengehirnwäsche   81

Kapitel 8
Viel Tamtam um wenig – die Pläne der großen Koalition   101

Kapitel 9
So geht Rente – ein Masterplan 115

Kapitel 10
Ein Blick über die Grenze zeigt: Es kann gelingen! 141

Kapitel 11
Was planen Parteien, Gewerkschaften und Sozialverbände? 151

Kapitel 12
Was jeder tun kann! 173

Anmerkungen 181

Mut zu mehr Rente!

Seit über zwei Jahrzehnten sind die Verteidiger einer guten Rente in der Defensive. Schuld daran sind nicht die Fakten, sondern eine große Rentenlüge: Gute, auskömmliche Renten seien nicht mehr finanzierbar, wird uns immer wieder erzählt. Die Volksparteien haben deutliche Verbesserungen der Renten nicht auf der Agenda. Und in den meisten Medien wird vermittelt: Bessere Renten überlasten die junge Generation. Genau das ist die Lüge, die sich tief in die Gesellschaft hineingefressen hat. Die Methode ist raffiniert und wird lanciert von interessierten Kreisen: Das Rentenniveau müsse runter, skandieren unisono Versicherungswirtschaft, sogenannte Wissenschaftler, Arbeitgeberverbände und deren Propagandatruppe, die Initiative Neue Soziale Marktwirtschaft (INSM). Angeblich gebiete das die demografische Entwicklung. Und die neue Losung heißt: Generationengerechtigkeit. So wird der falsche Eindruck erzeugt, dass dieses Land sich höhere Renten nicht leisten könne, dass dies auf Kosten der jungen Generation ginge.

Scheinbar verfängt diese Propaganda: Wer jünger als 30 Jahre alt ist, kommt heute gar nicht mehr auf den Gedanken, dass die gesetzliche Rente für einen guten Lebensabend reichen könnte. Und auch die meisten Älteren haben den Glauben daran verloren. Die große Rentenlüge hat funktioniert. Längst wird akzeptiert, dass ein gutes Leben im Alter nur gelingen kann, wenn man zuvor ordentlich privat vorsorgt. Doch das ist Unsinn. Falls es sich heute dennoch plausibel anhört, ist das nur die Folge einer klassischen »sich selbst erfüllenden Prophezeiung«. Wer die gesetzliche Rente schlechtredet und zerstört, sorgt natürlich dafür, dass sie am Ende tatsächlich nicht reicht. Und alle, die das glauben, sind nicht überrascht, wenn es so kommt.

Doch es ginge auch ganz anders. Selbstverständlich ist dieses Land in der Lage, allen Menschen eine gute Rente zu zahlen – auch allen Kleinverdienern eine Rente deutlich oberhalb der Grundsicherung. Dazu müssen wir den Propagandakrieg gegen mächtige Gegner aufnehmen. Wir müssen uns wehren gegen das Demografiegerede, das uns suggerieren soll, der »Pillenknick« mache gute Renten unmöglich. Wir müssen den Begriff von der Generationengerechtigkeit als hohle Phrase entzaubern, die letztlich nur der Verschleierung dient. Denn wer Jung gegen Alt ausspielt, will nur vom eigentlichen Konflikt ablenken, der sich zwischen Reich und Arm abspielt. Die Vermögenden beteiligen sich so gut wie nicht an der solidarischen Rente und keine Regierung wollte das bislang ändern. Die Folge: Die trotz mehrerer Finanzkrisen enorm gestiegene Wirtschaftskraft dieses Landes wird nur sehr unzureichend für gute Renten genutzt. Im Gegenteil: Die meisten Spitzenverdiener zahlen keinen Cent in die Rentenkasse, und den Arbeitgebern sicherten alle Bundesregierungen seit der Jahrtausendwende dauerhaft niedrige Beiträge zu. Die Last tragen die versicherungspflichtig Beschäftigten: Sie werden mit Rentenkürzungen bestraft und sollen dafür doppelt und dreifach privat vorsorgen.

Das muss sich ändern. Wir brauchen ein System, das die Leistungsfähigkeit dieses reichen Landes wirklich anzapft und schrittweise sämtliche Erwerbstätigen in die Rentenkasse einbezieht. Das Ziel: Alle sollen einzahlen, also auch Politiker, Beamte, Selbstständige, Freiberufler und Topmanager. Dass das funktionieren kann, belegt der Blick in europäische Nachbarländer. Dieser Blick macht Hoffnung: Warum sollte Deutschland nicht schaffen, was beispielsweise in Österreich, den Beneluxstaaten oder Dänemark selbstverständlich ist? Eine gute Rente für alle, die Armut im Alter ausschließt und den bis dahin erreichten Lebensstandard annähernd sichert. Bislang garantiert der deutsche Staat dies nur zwei zahlenmäßig überschaubaren Bevölkerungsgruppen: Beamten und Politikern.

Kapitel 1

Das Schröder-Riester-Rentendesaster

Als Wendepunkt kann der 11. Mai 2001 gelten. Ein sonniger Frühlingstag mit Temperaturen über 20 Grad. In Berlin gab Kanzler Gerhard Schröder (SPD) seine erste Pressekonferenz im Foyer des neuen Kanzleramtes. Gemeinsam mit Bundesarbeitsminister Walter Riester. Beide in ausgelassener Stimmung. Unmittelbar vorher hatte der Bundesrat eine der laut Schröder »wirklich historischen Reformen in der Sozialversicherung« durchgewunken: die Einführung der Riester-Rente. Aber gleichzeitig wurden auch deutliche Verschlechterungen in der gesetzlichen Rente beschlossen. Unterm Strich sollte es aber, so versprach es damals Walter Riester, für alle besser werden: »Jeder Rentner und jede Rentnerin wird nicht nur heute, sondern auch in Zukunft mehr Rente erhalten als nach dem alten Recht.«[1] Und Kanzler Schröder pflichtete ihm bei. Alle Rentner, aber auch Minister Walter Riester seien, so Schröder, »die großen Gewinner der Rentenreform«.[2]

16 Jahre später wissen wir: Es ist grandios danebengegangen – jedenfalls für die Rentner. Männer, die mindestens 35 Versicherungsjahre auf dem Buckel haben, bekamen im Jahr 2015 als Neurentner 1 006 Euro ausgezahlt. Im Jahr 2000, also unmittelbar vor der Riester-Reform, waren es noch 1 104 Euro gewesen.[3] Auch besonders langjährig Versicherte – so lautet der

Terminus für Männer oder Frauen, die auf mindestens 45 Versicherungsjahre kommen – erhielten 2015 als Neurentner/innen nur noch 1 177 Euro netto. Drei Jahre zuvor waren es noch gut 200 Euro mehr gewesen.[4] Getroffen hat es auch die Erwerbsminderungsrentner. Wer 2015 Neurentner wurde, erhielt im Schnitt 672 Euro monatlich, im Vergleich zu 706 Euro im Jahr 2000. Eine Bilanz des Schreckens. Denn zur gleichen Zeit sind die Preise in Deutschland um insgesamt 24,7 Prozent gestiegen. Real haben die Renten damit massiv an Wert verloren, und zwar noch viel mehr, als es das sinkende Rentenniveau nahelegt. Und noch etwas wissen wir heute: Die Riester-Renten können den Kahlschlag bei den gesetzlichen Renten nicht auffangen. Wer heute in Rente geht und frühzeitig geriestert hat, kann wohl mit gerade einmal 30 oder 40 Euro zusätzlich rechnen. Auch alle, die künftig in Rente gehen und dann Jahrzehnte lang geriestert haben sollten, werden feststellen: Die private Altersvorsorge schließt die gewaltige Lücke nicht, die die Absenkung des gesetzlichen Rentenniveaus gerissen hat. Sie hat zwar den Staat Milliardenbeträge und die Sparer viel Mühe und Nerven gekostet, doch Altersarmut verhindert sie nicht. Zum zehnjährigen Riester-Jubiläum im Jahr 2011 urteilte das DIW denn auch: »nicht besser als ein Sparstrumpf«[5], und Anfang 2016 erklärte als erster Spitzenpolitiker der Union Horst Seehofer (CSU) die Riester-Rente für »gescheitert«.[6] Der hatte übrigens bereits am 11. Mai 2001 die Gesamtreform als »Mogelpackung« kritisiert, vor dem Bürokratiemonster Riester-Rente gewarnt und Walter Riester als »Sozialräuber« bezeichnet.[7]

Für Ex-DGB-Vize Prof. Dr. Ursula Engelen-Kefer, die sich heute für den Sozialverband Deutschland engagiert, ist es nach wie vor der »Sündenfall« der Rentenpolitik: »Kürzungen gab es auch schon vorher, aber mit der Riester-Reform wurden die Menschen ja quasi zur privaten Vorsorge mit zusätzlichen Beiträgen verpflichtet. Dies für alle Arbeitnehmer – unabhängig davon, ob sie eine Riester-Rente abgeschlossen haben oder nicht – als Kürzungsfaktor in die Rentenformel aufzunehmen ist eine Aushöhlung der paritätisch finanzierten solidarischen Altersrente, das halte ich für ungeheuerlich.«[8] Sie war damals eine der wenigen prominenten Sozialdemokraten, die bis zum Schluss Widerstand gegen die Riester-Reform leisteten. Vergeblich. Ein Gegner der ersten Stunde war auch Ulrich Schneider, der Hauptgeschäftsführer des Paritätischen Wohlfahrtsverbandes. Mittlerweile keimt bei ihm wieder ein ganz klein wenig Hoffnung: »Wenn man sich so offensichtlich auf einem fatalen Irrweg befindet, wie mit der Riester-Rente, sollte man den Mut haben, seinen Fehler einzugestehen und umzukehren.« Doch ob die verantwortlichen Politiker dafür den Mut aufbringen?

Starke Zweifel daran hat Matthias W. Birkwald. Der rentenpolitische Sprecher der Partei DIE LINKE kämpft seit Jahren einen einsamen Kampf im Deutschen Bundestag: »Vor 17 Jahren haben SPD, Grüne, Union und FDP das Rentenniveau gemeinsam in den Sinkflug geschickt und Lücken in die gesetzlichen Renten von Millionen Menschen gerissen. Seitdem gilt: Jahr für Jahr hinken die Renten den Löhnen hinterher, Jahr für Jahr gibt es immer mehr ältere Arme, und Jahr für Jahr wird der Riester-Unsinn offensichtlicher. Und was tun Union und SPD dagegen: nichts.«[9]

Doch zurück ins Jahr 2001. Was auf den Riester-Beschluss folgte, war der berühmte Paradigmenwechsel. Das Rentensystem wurde auf den Kopf gestellt. Wurden bis dahin die Beiträge dem gewünschten Leistungsniveau der Rente angepasst, musste sich nun die Rentenhöhe an die gewollt niedrigen Beiträge anpassen. Also eine komplette Umkehr der Rentenlogik. Oder anders ausgedrückt: Die früheren Rentenziele »Lebensstandardsicherung« und »Armutsvermeidung« wurden dem neuen Ziel »Beitragssatzstabilität« geopfert.

Übrigens mit großem Erfolg, was die Beitragssatzstabilität angeht. Der Beitragssatz blieb nicht nur stabil, sondern konnte sogar gesenkt werden. Seit 2015 liegt er mit 18,7 Prozent wieder auf dem niedrigen Niveau der späten 1980er Jahre.[10] Das heißt: Die Zahlung von Rentenbeiträgen war für die Jungen (und die Arbeitgeber!) schon lange nicht mehr so günstig wie heute. Von der oft beschworenen Ausplünderung der Jungen durch die Alten kann also keine Rede sein.

Die Kehrseite: Das Rentenniveau ist dramatisch abgesackt, die tatsächlich ausgezahlten Renten sind vor allem für viele Neurentner dramatisch gesunken. Bereits heute liegen wir weit unter dem Niveau, das Norbert Blüm mit seiner 1998er Reform für das Jahr 2030 angepeilt hatte.[11] Immer weniger des gesellschaftlichen Reichtums landet so bei den Rentnern. Obwohl die Zahl der Rentner Jahr für Jahr gestiegen ist, bekommen sie prozentual immer weniger vom Sozialprodukt ab. Von 2003 bis 2015 sank der Anteil der Rentenzahlungen am Bruttoinlandsprodukt (BIP) um über 10 Prozent.[12]

Doch in einem Punkt lag Gerhard Schröder immerhin richtig: Walter Riester war tatsächlich ein Gewinner seiner Reform, ein ganz großer sogar. Denn die staatlich geförderte Altersvorsorge trägt seinen Namen und jahrelang galt er als der Bundestagsabgeordnete mit den höchsten Nebeneinkünften. Vor allem dank hoch bezahlter Vorträge für Banken, Versicherungen und andere Finanzdienstleister.[13] Auch 2017 ist Walter Riester als Starredner auf Tour: beispielsweise am 28. März auf der 11. MMM-Messe (Münchner Makler und Mehrfachagenten-Messe) in München[14] oder am 12. September auf der 8. Hauptstadtmesse in Berlin[15], auch eine Verkaufsveranstaltung der Finanzwirtschaft.

Fazit: Die Riester-Reformen schicken Millionen von Rentnern in Richtung Armut, denn das »Riestern« kann die gerissene Rentenlücke nicht wirksam schließen.[16] Das heißt: Die Gesamtversorgung ist selbst bei höherem Aufwand in der Regel schlechter als im alten Modell. Viele Forscher erklären die Riester-Rente deshalb für gescheitert.[17] Dies nicht nur wegen der kümmerlichen Ergebnisse – ein großer Teil der Bevölkerung macht bei der Riester-Rente schlicht nicht mit. Schätzungsweise 38 Millionen Personen sind anspruchsberechtigt.[18] Es gibt jedoch nur 16,5 Millionen Riesterverträge.[19] Weit mehr als die Hälfte der Förderberechtigten haben also keinen Riester-Vertrag. Und wirklich bespart werden noch weniger: Nur 10,8 Millionen Personen bekommen staatliche Zulagen oder Steuervorteile. Und von denen wiederum schöpfen viele die vollen Zulagen nicht aus, weil sie zu wenig einzahlen. Ergebnis: Nur etwas mehr als sechs Millionen Personen bekommen die vollen Zulagen und riestern damit so, wie es die Bundesregierung gerne hätte.[20] Das sind rund 15 Prozent der Förderfähigen. Eine desaströse Bilanz für alle Bundesregierungen seit 2001.

»Wir haben jetzt 15 Jahre lang das Lehrstück live erlebt und sehen, wohin uns die Rentenreformen von Schröder und Riester gebracht haben. Und man muss zugeben, dass es richtig schlecht gelaufen ist«, stellt Leni Breymaier, die neue SPD-Chefin von Baden-Württemberg, denn auch fest. »Daraus hat die Politik zu lernen, Gesetze kann man schließlich ändern.«

Die Rentenreformen sind jedoch nicht der einzige Grund für den drohenden Absturz der kommenden Rentnergeneration: Nahezu zeitgleich wurde auch der Arbeitsmarkt reformiert, Stichwort »Hartz-Gesetze«. Deutschland bekam den größten Niedriglohnsektor Westeuropas.[21] Und wenig Lohn bedeutet später eben auch wenig Rente.

Generell hat der Anteil prekärer Beschäftigung in den vergangenen 20 Jahren stark zugenommen. So gibt es aktuell rund eine Million Leiharbeiter, die deutlich unterdurchschnittlich verdienen und in ständiger Gefahr leben, nach dem Ende der Verleihphase entlassen zu werden.[22] Auch die Zunahme von schlecht oder gar nicht bezahlten Praktika und befristeter Beschäftigung sorgt entweder direkt für geringere Rentenansprüche oder erhöht die Gefahr von Arbeitslosigkeit. Mit der Förderung sogenannter »Ich-AGs« wurden viele ehedem Versicherungspflichtige in die Selbstständigkeit gedrängt, wo sie in der Regel keinerlei Ansprüche aus der gesetzlichen Rente erwerben. Das Gleiche gilt für die meisten der rund fünf Millionen Menschen, die ausschließlich einen sogenannten Mini-Job ausüben. Mit solchen geringfügigen Beschäftigungsverhältnissen wurden massiv versicherungspflichtige Jobs abgebaut. Und selbst wer als Mini-Jobber freiwillig in die Rentenkasse einzahlt, erhält dafür später nur ein besseres Taschengeld.[23] Auch Arbeitslosigkeit schlägt sich seit den Hartz-Gesetzen viel härter in der späteren Rente nieder. Die Bezugsdauer von Arbeitslosengeld (ALG 1) – also die Phase, in der für Arbeitslose überhaupt noch Rentenbeiträge gezahlt werden – wurde verkürzt, und für Langzeitarbeitslose (ALG 2 oder gar keine Bezüge) werden gar keine Beiträge mehr an die Rentenkasse abgeführt. Jahrelange Arbeitslosigkeit führt damit nahezu unausweichlich in die Altersarmut.

All das weiß die Bundesregierung sehr genau. Im Entwurf des fünften Armuts- und Reichtumsbericht beklagt sie »Niedriglohnbeschäftigung, nachlassende Tarifbindung und die Zunahme atypischer Beschäftigung«. Sie konstatiert daraus eine »starke Zunahme der Einkommensungleichheit zu Beginn der 2000er Jahre« und stellt weiter fest: »Bis in die Einkommensmitte hat es Reallohnverluste gegeben.«[24] Diese Einkommensverluste des abgehängten unteren Teils der Beschäftigten werden sich zwangsläufig später auch in niedrigeren Renten niederschlagen. Leni Breymaier hat das als ver.di-Funktionärin immer kritisiert. Heute ist sie SPD-Landesvorsitzende von Baden-Württemberg und gehört zu den Sozialdemokraten, die kräftige Korrekturen fordern: »Wir müssen feststellen, dass sich immer mehr Arbeitnehmer in einem fatalen Zangengriff befinden. Einerseits sorgen die Veränderungen am Arbeitsmarkt dafür, dass Millionen Arbeitnehmer schlecht verdienen oder ganz aus der Versicherungspflicht gedrängt wurden, andererseits wird das Ganze dann noch durch die Rentenreformen immer schlechter bewertet. Die zwangsläufige Folge sind dann Armutsrenten.«

So wird es auch Michael K. ergehen, falls nicht ein Wunder geschieht. Der Vierzigjährige sitzt von morgens 6 Uhr bis abends um 18 Uhr an der Pforte eines Betriebes in der Nähe von München. Zwölf Stunden pro Tag, an mindestens fünf Tagen der Woche. Das sind 60 Stunden pro Woche und mehr als 240 Stunden im Monat. »Damit arbeite ich mindestens 50 Prozent länger als die Arbeiter und Angestellten, die jeden Tag bei mir ein und aus gehen.« Doch verglichen mit ihnen verdient er deutlich schlechter: pro Stunde derzeit 9 Euro. Bevor der Mindestlohn eingeführt wurde, war es jahrelang noch weniger. Dabei trägt Michael K. enorme Verantwortung: Hunderte Mitarbeiter und Dutzende Besucher sind genau zu kontrollieren. Niemand darf das Werk – in dem Sicherheitstechnik hergestellt wird – unbefugt betreten. Doch der Lohn ist kümmerlich. Von 2 160 Euro brutto bleiben netto 1 432 Euro übrig – für Schichten rund um die Uhr. »Das ist nur mit Galgenhumor zu ertragen. Ich bin jeden Morgen um 5 Uhr auf den Beinen, fahre um 5:30 Uhr zur Arbeit und komme frühestens um 18:30 Uhr nach Hause.« Auch wenn es für viele nach einem eher geruhsamen Job aussehen mag, zieht es doch viel Energie aus ihm. Gerade wenn nach 15 Uhr die meisten Beschäftigten das Werk schon verlassen haben, muss er noch fast drei Stunden durchhalten: »Das zieht sich wie Gummi, es ist wenig zu tun, doch du musst trotzdem konzentriert bleiben, falls doch mal was passiert.«

Und wenn Not am Mann ist, macht Michael K. auch mal sechs oder gar acht Schichten am Stück: »Anschließend schlafe ich gleich einen ganzen Tag durch.« Wenig bleibt da vom Leben, wenig Zeit und wenig Kraft für andere Dinge. Daran ist letztlich auch seine Ehe gescheitert. Und die Renteninformation der Deutschen Rentenversicherung trägt auch nicht zur Verbesserung seiner Stimmung bei: Eine Rentenanwartschaft in Höhe von 374 Euro hat er sich demnach bislang erarbeitet. Und sollte er sein Pensum von 60 und mehr Stunden pro Woche noch weitere 27 Jahre lang durchhalten, könnten es tatsächlich brutto 936 Euro werden. Netto blieben davon 833 Euro – nach über 50 Arbeitsjahren. »Also ich fühle mich verraten und verkauft. Ich kann mir das eigentlich nicht vorstellen und will nicht in einem Ein-Zimmer-Wohnklo landen. Also sollte sich jobmäßig noch irgendwas ändern.« Allerdings fehlt ihm dazu die Perspektive. Solange er seine Zwölf-Stunden-Schichten schiebt, bleibt kaum Zeit, sich um Alternativen zu kümmern. Derzeit rettet er sich immer gerade so ins Wochenende, um neue Kraft zu tanken. Und so geht es Woche für Woche.

Dabei hatte es für Michael gar nicht so schlecht angefangen. Er hat eine dreijährige Lehre als Elektroniker absolviert und sich anschließend für mehrere Jahre freiwillig bei der Bundeswehr verpflichtet, aber dann hat er nicht mehr so recht in den alten Beruf zurückgefunden: Für eine Spedition fuhr er LKW, versuchte sich mit dem Verkauf von Versicherungen. Doch auch das war eine schmerzhafte Erfahrung: Die Provisionen kassierten vor allem die Chefs. Und die Arbeit wurde am Ende unerträglich: »Ich wollte und konnte die Kunden einfach nicht mehr länger übers Ohr hauen.« So war Michael ganz froh, dass er mit dem festen Job im Wach- und Objektschutz aus den Fängen des Versicherungsvertriebes loskam. Die Einblicke, die er damals in sogenannte Altersvorsorgeprodukte gewonnen hat, haben ihn desillusioniert: »Ich habe ja in diesen Bereich hineingeschnuppert und weiß, wie es da zugeht. Deshalb werde ich mein sauer verdientes Geld nicht dafür opfern. Ich hab noch keine Versicherung gefunden, die mir wirklich weiterhelfen würde. Die riesige Lücke, die sich im Alter auftun wird, dagegen kann man schlicht nicht privat ansparen.«

Kapitel 2:
Erfolgsmodell Umlage – weit besser als die vom Kapitalmarkt abhängige Altersvorsorge!

Manchmal ist die einfachste Lösung die beste. So auch bei der Finanzierung des Sozialstaats im Allgemeinen und der Rente im Besonderen. Und die Lösung lautet hier: Umlageverfahren. Es hat eigentlich nur einen Nachteil. Unter dem abstrakten Begriff »Umlageverfahren« können sich nur wenige etwas vorstellen. So bleibt dieses grandios erfolgreiche Modell der Finanzierung des Sozialstaats vielen Bürgern ein Rätsel. Dabei handelt es sich um die simple wie geniale Idee, die Renten für die Alten und Kranken in einer Gesellschaft direkt und ohne Umweg aus dem Einkommen der Beschäftigten zu bezahlen: Vom Lohn werden direkt Arbeitgeber- und Arbeitnehmerbeitrag an die Deutsche Rentenversicherung überwiesen. Dort wird die Zahlung gut geschrieben, aber es folgt kein Ansparprozess, keine Verzinsung. Das Geld der Beitragszahler wird praktisch umgehend an die Rentner weitergeleitet oder »umgelegt«, deshalb Umlageverfahren.

Natürlich gibt es eine kleine Notreserve von rund einer Monatsausgabe, damit die Auszahlung auch wirklich sichergestellt ist.[1] Das hat seit der Einführung des Umlageverfahrens vor 60 Jahren ohne eine einzige Panne funktioniert. Auch die SPD-Politikerin Leni Breymaier ist ein Fan des Umlageverfahrens: »Es ist ehrlich, ergiebig und effizient. Die gesetzliche Rentenversicherung hat alleine die Aufgabe, Beiträge einzunehmen und Renten und Reha-Leistungen zu finanzieren. Niemand verdient privat daran«, stellt die frühere ver.di-Chefin von Baden-Württemberg fest:»Was kann es Besseres geben?«

Ohne das Erfolgsmodell der Umlagefinanzierung hätte der Neustart der Rente im Jahr 1957 auf wesentlich höherem Leistungsniveau niemals gelingen können. Ohne die Umlage hätten Millionen ostdeutsche Rentner nach der Vereinigung von BRD und DDR in die Röhre geschaut. Die Umlage ermöglicht Zahlungen an Rentner, ohne dass diese zuvor in das System eingezahlt haben. Das klappt natürlich nur in sehr großen Gruppen. Und am besten klappt es dann, wenn die gesamte Gesellschaft einbezogen wird, wenn also alle leistungsfähigen Mitglieder des Staates mit ihren Beiträgen für die Bedürftigen einstehen. Der Charme liegt nicht allein darin, dass kein langer Vorlauf benötigt wird, um einen Kapitalstock aufzubauen. Es ist zudem ein erstaunlich flexibles und sicheres Verfahren. Da das Geld nicht angelegt wird, können ihm keine Wirtschaftskrise und kein Bankencrash etwas anhaben. Die Inflation ist nahezu kein Problem, und auch die gegenwärtige Niedrigzinspolitik trifft ein umlagefinanziertes Rentensystem im Gegensatz zu privaten Lebens- und Rentenversicherungen nicht. Es gibt schlicht kein Kapital, das sich verzinsen müsste. Die Rendite, wenn man so will, liegt in den Lohnsteigerungen der Einzahler. Die Rentner profitieren dynamisch von den Lohnerhöhungen der Beschäftigten. Mehr Lohn sorgt bei gleichem Beitragssatz für mehr Einnahmen, und die ermöglichen direkt höhere Renten. So stieg das durchschnittliche Jahresarbeitseinkommen der Versicherten von 1957 bis 2017 von 2 578 Euro auf 37 103 Euro brutto.[2] Die Standardrente wuchs im selben Zeitraum von 1 478 Euro brutto pro Jahr auf 16 756 Euro an.[3]

Das zeigt sowohl die enorme Anpassungsfähigkeit des Systems als auch die Tatsache, dass die Rentenerhöhungen langfristig nicht ganz mit den Lohnerhöhungen mithalten konnten. Ein Systemfehler in der Umlage ist das allerdings nicht, vielmehr ist das die Folge von politisch gewollten Leistungskürzungen in der Rente. Es ist also kein Widerspruch, wenn wir hier das hohe Lied auf die Umlage singen und gleichzeitig feststellen, dass das Gesamtsystem Rente immer schlechter funktioniert. Spätestens seit der Riester-Reform 2001 wurde das Wachstum der Renten ganz bewusst vom Wachstum der Löhne abgekoppelt. Die Renten steigen seitdem langfristig ein Drittel langsamer als die Löhne – und private Vorsorge soll das ausgleichen, so das Kalkül.

Das war keineswegs alternativlos, wie Professor Winfried Schmähl nicht müde wird zu betonen: »Ökonomisch hätte man das damalige Leistungsniveau unverändert halten können«, erklärt der langjährige Vorsitzende des Sozialbeirates der Bundesregierung, »es war aber politisch nicht gewollt. Und das gilt bis heute.« Da stellt sich natürlich die Frage: Weshalb wird eine ökonomisch machbare und erfolgreiche Rentenpolitik aufgegeben? Auch darauf hat der wohl profilierteste Kenner des deutschen Rentensystems eine klare Antwort: »Man wollte damals der privaten Vorsorge und damit den Interessen der Finanzwirtschaft zum Durchbruch verhelfen. Bei alldem wurden die angeblichen Interessen der jungen Generation in den Mittelpunkt gerückt. In Wahrheit ging es von Beginn an sehr viel mehr um die Interessen der Arbeitgeber an niedrigen Beitragssätzen und der Finanzwirtschaft an einem neuen Geschäftsfeld.«

Mit dieser Kritik hielt Schmähl schon damals nicht hinterm Berg. Und bekam prompt die Quittung: Rentenminister Walter Riester (SPD) feuerte ihn kurzerhand aus dem Sozialbeirat und ersetzte ihn im Jahr 2000 durch einen engagierten Politikberater: Prof. Bert Rürup. Ein bis heute einmaliger Vorgang, der immer noch nachwirkt. Denn die Altersvorsorge wurde schon ein Jahr später teilprivatisiert und durch ein Mischsystem ersetzt.

das die Handschrift von Bert Rürup trägt. Auch heute noch hat er in der Rentenpolitik maßgeblichen Einfluss auf die Bundesregierung. Als »man for all seasons« wurde Bert Rürup Anfang 2017 auf der Rentenfachtagung »Rente mit Zukunft?« der Rosa-Luxemburg-Stiftung in Köln vorgestellt.[4] In den Räumen des Theaters Comedia Colonia präsentierten sich hochkarätige Experten den 150 sehr interessierten Zuhörern, überwiegend aktive Betriebs- und Personalräte. Bei der Vorstellung von Bert Rürup formulierte Moderator Thomas Leif dessen Bedeutung: »Frau Nahles hängt an Ihren Lippen.« Rürup widersprach nicht. Seine zentrale Idee damals wie heute: ein Mischsystem aus umlagefinanzierter und kapitalgedeckter Altersvorsorge. Tatsächlich folgt ihm die Ministerin darin bis heute.

Wir blenden noch einmal zurück in die Zeit um die Jahrtausendwende: Rot-Grün war an die Macht gekommen und Kanzler Gerhard Schröder hatte vollkommen überraschend Walter Riester zum Rentenminister gemacht. Der Schwabe Riester war seit jeher ein Freund des privaten Sparens. Er bekam den Auftrag, die gesetzliche umlagefinanzierte Rente zu beschneiden und dafür den Anteil der privaten Vorsorge deutlich auszubauen. Schröder war zu diesem Zeitpunkt bereits Teil der »Hannover-Connection«, zu der auch Carsten Maschmeyer, der Gründer des umstrittenen Strukturvertriebs AWD, gehörte. »Maschi«, wie ihn gute Freunde nennen, sah sich und seine Mitarbeiter, wie er selbst verkündete, »auf einer Ölquelle sitzen«.[5] Und Kanzler Schröder war sich nicht zu schade, auf einer AWD-Veranstaltung die dort versammelten Drückerkolonnen aufzupeitschen: »Sie als AWD-Mitarbeiter und -Mitarbeiterinnen erfüllen eine staatsersetzende Funktion. Sichern Sie die Rente Ihrer Mandanten, denn der Staat kann es nicht. Private Vorsorge lautet das Gebot der Stunde!«[6]

Es herrschte Goldgräberstimmung und die Bundesregierung verkündete das sogenannte »Drei-Säulen-Modell« als neues Dogma der Altersvorsorge: Neben der gesetzlichen Rente sollte als zweite Säule die Betriebsrente und als dritte Säule die private Altersvorsorge stehen. Was Schröder, Riester und – stellvertretend für die Finanzbranche – Maschmeyer damals installierten, war der Gegenentwurf zur umlagefinanzierten gesetzlichen Rente: die sogenannte »kapitalgedeckte Altersvorsorge«. Kritiker wie Winfried Schmähl schlagen vor, diesen Terminus durch »vom Kapitalmarkt abhängige Altersvorsorge« zu ersetzen. Darunter fallen die vielen Spielarten der Riester- und Rürup-Renten, aber auch die anderen Rentenprodukte der Lebensversicherer und schließlich die neuen Betriebsrenten, die letztlich in Form der sogenannten »Entgeltumwandlung« meist auch von Lebensversicherungen organisiert werden (siehe Kapitel 5). In all diesen Fällen soll Geld über Jahrzehnte angelegt werden, etwa in Wertpapieren, Aktien oder Immobilien. Die Befürworter dieses Konzepts erwecken gerne den Eindruck, nur diese private Vorsorge schaffe Werte und Sicherheit. Die umlagefinanzierte Rente hingegen lebe von der Hand in den Mund.

Man könnte erwidern: Und das ist auch gut so! Denn im herkömmlichen Sinne sparen muss die Umlage nicht. Ihr »Spartopf« ist das jährlich wachsende Sozialprodukt, das jedes Jahr für die Renten angezapft wird in Form von Beiträgen und Steuern. Anders bei der vom Kapitalmarkt abhängigen Altersvorsorge: Was hier am Ende für den Sparer rauskommt, ist höchst unsicher.[7] Sicher ist hingegen, dass bereits mit den ersten Einzahlungen erhebliche Einnahmen für die Betreiber und Verkäufer dieses neuen Konzepts fließen: für Versicherungen, Banken und Investmentgesellschaften.[8]

Was ist seit dem Schröder-Riester-Coup von 2001 passiert? Es wurden rund 120 Millionen solch privater Verträge allein bei den Unternehmen der deutschen Lebensversicherungswirtschaft abgeschlossen.[9] Viele davon sind schon wieder gekündigt, weil die Kunden unzufrieden waren oder sich die Verträge nicht mehr leisten konnten.

Die Einnahmen der Branche betragen im Lebensversicherungsbereich jährlich rund 90 Milliarden Euro. Auch die Gewinne können sich sehen lassen. Der Roherlös liegt Jahr für Jahr zwischen 15 und 20 Milliarden Euro.[10] Und Marktführer Allianz schüttete in den vergangenen Jahren regelmäßig Rekorddividenden aus. Kein Wunder also, dass eine Rentenpolitik, die solche Ergebnisse massiv begünstigt, viele Kritiker hat. Einige nutzten die bereits erwähnte Kölner Rentenfachtagung im Januar 2017 als Forum. »Die kapitalmarktabhängige Altersvorsorge«, urteilte der Politikwissenschaftler Prof. Dr. Christoph Butterwegge, »führt einzig und allein dazu, dass die Gewinne von Banken, Versicherungen und anderen Finanzdienstleistern steigen. Es ist höchste Zeit, diesen Irrweg zu verlassen.« Dem konnte die frühere DGB-Vize-Vorsitzende Ursula Engelen-Kefer nur zustimmen: »Von einem derartigen Drei-Säulen-Modell in der Altersversorgung profitiert vor allem die Finanzwirtschaft. Diese sogenannte Rentenreform von Schröder, Riester, Maschmeyer und Rürup darf nicht mehr länger die Rentenpolitik bestimmen. Das muss dringend korrigiert werden.«

Wie sinnvoll eine Rückbesinnung auf die umlagefinanzierte Rente wäre, zeigt der Systemcheck: Was kann die Umlage besser als die neue private Altersvorsorge à la Riester?

Sicherheit

Spricht man heute mit jungen Menschen, so hat das Zutrauen in die gesetzliche Rente offenbar schwer gelitten. Viele bezweifeln rundheraus, dass sie später überhaupt noch etwas zu erwarten hätten. Aus rätselhaften Gründen vertraut die junge Generation Allianz & Co. mehr als der gesetzlichen Rentenkasse. Vielleicht liegt es daran, dass diese Generation die gesetzliche Rente nur als ein System in der Defensive kennengelernt hat, schlecht geredet von den Lobbyisten der privaten Finanzwirtschaft und geprägt von immer neuen Kürzungsplänen und Krisenszenarien.

Dabei sprechen die Fakten für das genaue Gegenteil: Die umlagefinanzierte gesetzliche Rente ist im Vergleich nachweislich das effektivere und sicherere Altersvorsorgesystem. Offenkundig ist, dass die Niedrigzinsphase derzeit das private Sparen ungemein erschwert. Und wer – wie allseits empfohlen – in spekulative Anlagen geht, konnte beobachten, wie allein in jüngster Vergangenheit zwei Finanzcrashs die Depots zum Schmelzen gebracht haben. Zwar haben sich viele Anlagen (längst nicht alle!) in den Jahren darauf wieder erholt, doch das kann der nächste Crash wieder zunichtemachen. Sicherheit sieht anders aus. Ganz anders die vermeintlich »altmodische« umlagefinanzierte Rente. Sie hat gerade in den Krisenjahren 2002 und 2008 ihre Verlässlichkeit bewiesen, auch in diesen Jahren sind ihre Einnahmen und Ausgaben beständig gestiegen. Kein Rentner muss eine Kürzung seiner laufenden Rente befürchten, das ist sogar gesetzlich verboten. Die gesetzliche Rente erweist sich somit gerade in Krisenjahren auch als Stabilisator der Binnennachfrage.

Im Ausland kollabierten hingegen zahlreiche private Pensionsfonds und in Ländern wie Chile, das 1981 sein System komplett auf Kapitaldeckung umgestellt hatte, gingen 2016 regelmäßig Hunderttausende auf die Straße und forderten die Rückkehr zur umlagefinanzierten Rente.[11] Die angeblich so effizienten Pensionsfonds sorgen inzwischen für massive Altersarmut.

In Deutschland ging bislang erst ein Lebensversicherer pleite. Die Mannheimer Lebensversicherung AG musste vom brancheneigenen Sicherungsfonds »Protektor« aufgefangen werden. Doch dieses Netz wäre nicht in der Lage, die Ansprüche und Anrechte der Kunden zu erfüllen, wenn ein echtes Branchenschwergewicht in die Knie gehen würde. Das kapitalmarktabhängige Sparen liefert eben keine Sicherheit, sondern nur ein

Versprechen. Was dieses wert ist, zeigt sich erst im Jahr der Auszahlung. Die für die Altersvorsorge angelegten Finanzvermögen sind zunächst einmal nichts anderes als die Schulden derjenigen, welche die entsprechenden Wertpapiere ausgegeben haben. Das können Staaten, Unternehmen oder Immobilienfonds sein. Wenn diese in einer Krise nicht mehr in der Lage sind, die anfallenden Zinsen und Rückzahlungen zu leisten, schauen die Sparer in die Röhre. Die Finanzanlagen sind im schlimmsten Falle nichts mehr wert.[12]

Dass Versprechen keine Garantien sind, erfahren viele Kunden bereits heute: Regelmäßig werden bei privaten Renten- und Lebensversicherungen die zuvor versprochenen Schlussüberschüsse und Beteiligungen an den Bewertungsreserven urplötzlich im Schlussjahr gestrichen. Völlig legal. Und die Prognosen, mit denen die Kunden bei Vertragsschluss geködert werden, sind offenbar nicht den berühmten Schuss Pulver wert. Der Branchendienst *map-report* ermittelte, dass praktisch keine Lebensversicherung auch nur annähernd ihre Versprechungen gehalten hat.[13] Und die laufende Überschussbeteiligung ist seit Jahren im Sturzflug. Viele ältere Verträge bekommen schon lange keine Überschüsse mehr zugeteilt.[14]

Sogar die zugesagten Garantieleistungen sind nicht wirklich sicher. Falls ein Unternehmen Zahlungsprobleme bekommen sollte, darf es auch fest zugesagte Leistungen kürzen.[15]

Nicht gefeit sind die kapitalmarktabhängigen Systeme auch gegen die Inflation. Als während der Weimarer Republik die Hyperinflation wütete, lösten sich die Ansprüche der Lebensversicherten praktisch in Luft auf. Das war ein Hauptgrund, weshalb sich der Bundestag in der Rentenreform 1957 für die umlagefinanzierte Finanzierung als inflationssicheres und krisenresistentes Modell entschied. Die umlagefinanzierte Rente kann schlicht nicht pleitegehen.

Kosten

Die gesetzliche Rente ist zudem extrem kostengünstig. Die Verwaltungskosten liegen bei rund 1,4 Prozent.[16] Das bedeutet: Die Einnahmen von nahezu 300 Milliarden Euro werden fast komplett in Form von Renten und Reha-Leistungen an die Versicherten weitergegeben. Es geht praktisch nichts verloren. Anders bei privaten Renten wie Riester, Rürup & Co.: Hier liegen die Kosten in der Regel zwischen 10 und 20 Prozent.[17] Bezieht man noch die Verrentungsphase in die Rechnung mit ein, so hat Axel Kleinlein, der Chef des Bundes der Versicherten, nachgewiesen, dass die Kosten leicht 40 Prozent betragen können.[18] Hier sorgen die überzogenen Annahmen der Lebensversicherer zur Lebenserwartung dafür, dass das Startkapital auf einen sehr langen Zeitraum gestreckt wird und die monatliche Rente deshalb kümmerlich ausfällt. Folge: Wer nur durchschnittlich alt wird, bekommt womöglich nicht mal seine Beiträge zurück. Das, was verloren geht, nennt man »biometrische Kosten«.[19]

Geld, das den Kunden fehlt. Es gibt noch andere Tricks, die sich nachteilig auswirken. So werden die erheblichen Abschlusskosten – oft viele Tausend Euro – in den meisten Fällen direkt zu Beginn der Vertragslaufzeit in Rechnung gestellt. Die Versicherten bilden so zunächst sehr wenig Kapital und sparen dann dieser Lücke viele Jahre hinterher. Nicht selten dauert es 20 bis 30 Jahre, bis der Wert des Vertrages in Form des Rückkaufswerts die zuvor eingezahlten Beiträge erreicht. Für die Versicherten heißt das: Genau so lange liegen sie mit ihrem angeblich so lukrativen Vertrag tief im Minus. Steigen sie in dieser Phase aus dem Vertrag aus, erleiden sie hohe Verluste. Besonders ärgerlich: Die Kunden werden über das Ausmaß der Kostenbelastung nicht oder nur unzureichend informiert. Zwar soll das Produktinformationsblatt eigentlich genau das leisten. Doch gesetzlich vorgeschrieben ist dort nur eine nebulöse »Effektivkostenquote«, eine Kennziffer, die kaum ein Verbraucher richtig einschätzen kann und die eher geeignet ist, die wahre Kostenbelastung zu verharmlosen. Fakt ist: Nach wie vor erfährt der Kunde nicht, wie viele Euro seiner Einzahlungen für Kosten verloren gehen. »Die Kunden werden hier noch immer gezielt in die Irre geführt«, kritisiert Axel Kleinlein vom Bund der Versicherten.

So schädlich die hohen Kosten für die Sparer sind, sosehr sind sie für die Versicherer eine vortreffliche Gewinnquelle. Denn es gibt erhebliche Unterschiede zwischen den tatsächlichen Kosten etwa für Mieten, Gehälter, Werbung et cetera und dem, was dem Kunden vorsorglich in Rechnung gestellt wird. Es werden aus Vorsicht – wie die Versicherer betonen – viel höhere Kosten abgerechnet, als in der Realität anfallen. Für die Versicherer kann so praktisch nichts schiefgehen – am Ende bleibt immer etwas übrig. Branchenweit fallen Jahr für Jahr Kostengewinne in Höhe von über einer Milliarde Euro an.[20]

Die umlagefinanzierte gesetzliche Rente ist hingegen ein »Non-Profit-Unternehmen«. Hier verdient kein Aktionär, und keine »Drückerkolonne« zieht übers Land, um ahnungslosen Verbrauchern dubiose Versicherungen aufzuschwatzen. Vielleicht ist genau das das Problem der gesetzlichen Rente: Man kann kein Geld mit ihr verdienen, und so gibt es auch keine Wirtschaftsgruppen, deren elementares Eigeninteresse an der Rente hängt, keine finanzstarken Lobbyisten, die sich für die gesetzliche Rente starkmachen.

Rendite

Das war zur Jahrtausendwende der angeblich größte Trumpf der privaten Vorsorge: Die Rendite am Kapitalmarkt sollte den Rentnern das Alter so richtig vergolden. Bis heute rechnet die

Bundesregierung mit einer durchschnittlichen Rendite bei Riester-Verträgen von 4 Prozent. Damals schien das konservativ. Heute klingt es utopisch. Der Garantiezins für klassische private Rentenversicherungen beträgt seit dem 1. Januar 2017 nur noch 0,9 Prozent. Und weil dieser mickrige Zins noch nicht mal auf die gesamten eingezahlten Beiträge wirkt, sondern nur auf das, was nach Abzug der Kosten übrigbleibt, kommt am Ende so wenig raus. Immer weniger Anbieter können überhaupt noch eine positive garantierte Beitragsrendite gewähren.[21]

Die Folge: Immer mehr Versicherer bieten gar keine neuen Riester-Verträge mehr an, weil sie am Ende der Einzahlphase die ungeschmälerten Beiträge und Zulagen garantieren müssen.[22] Mit anderen Worten: Diese Versicherer trauen es sich nicht zu, den Kunden am Ende der Laufzeit die zuvor eingezahlten Beiträge und die staatlichen Zulagen wieder zurückzugeben. Der Offenbarungseid einer Branche, die angetreten war, der gesetzlichen Rente das Wasser abzugraben! Sie hatte versprochen, dass mit ihrem Konzept die in der gesetzlichen Rente gerissenen Lücken locker ausgeglichen würden. Viel heiße Luft offenbar.

Übrigens: Mit der umlagefinanzierten gesetzlichen Rente wird für die Versicherten noch immer eine positive »Rendite« erzielt. Viele mag das überraschen: Schließlich hatten falsche Rentenpropheten wie Meinhard Miegel oder Bernd Raffelhüschen das System immer wieder als Schwarzes Loch verunglimpft, hatten behauptet, dass die Jungen viel mehr einzahlten, als sie später zurückbekämen. Das war und ist Unsinn. Die besten »Renditen« erzielen jene, die in den 1950er und 1960er Jahren vergleichsweise wenig einzahlten und heute durch die jahrzehntelange Dynamisierung recht ordentliche Renten bekommen. Selbst jene, die 2040 in Rente gehen, können noch immer mit einer durchschnittlichen »Verzinsung« ihrer Beiträge von rund 3 Prozent rechnen.[23] Dabei wirken langfristig leicht steigende Rentenbeiträge im Umlageverfahren durchaus positiv. Hätte die Politik bereits 1957 die Beitragssatzstabilität zum höchsten Ziel erklärt, wie dies später unter Kanzler Schröder erfolgte, wären die Renten wohl niemals aus der Armutszone geklettert. So aber stiegen mit dem Wirtschaftswunder nicht nur die Löhne, sondern auch die Beitragssätze von anfangs 14 Prozent bis auf 20,3 Prozent (Ende der 1990er Jahre), um nach den Riester-Reformen wieder auf 18,7 Prozent abzusinken. Es war die Kombination aus dynamischer Rente (Koppelung an die Lohnentwicklung) und leicht steigenden Beitragssätzen, die der heutigen Rentnergeneration ihre noch vergleichsweise ordentlichen Renten sicherte.

Ein höherer Beitragssatz ist im Umlageverfahren nicht zwingend gleichbedeutend mit einer Überforderung der Beschäftigten. Wenn auch die Löhne deutlich steigen, können sich die Beschäftigen die höheren Beiträge durchaus leisten. Vermutlich waren die 7 Prozent Arbeitnehmerbeitrag vom durchschnittlichen Jahreseinkommen in Höhe von 3 119 Euro im Jahr 1960[24] schwerer zu stemmen als die 9,35 Prozent von einem durchschnittlichen Jahreseinkommen in Höhe von 37 103 Euro im Jahr 2017.[25] Reale Lohnzuwächse eröffnen ganz neue Spielräume. Auf diesen Zusammenhang weist der Statistikprofessor Gerd Bosbach von der Hochschule Koblenz immer wieder hin: »Steigen die Löhne mit der Wirtschaftsentwicklung auch real an, sind höhere Beitragssätze leicht zu meistern. Werden die Arbeitnehmer fair am Produktivitätsfortschritt beteiligt, könnten sie sich auch Rentenbeiträge von 25 Prozent oder noch mehr leisten und sie hätten trotzdem noch mehr verfügbares Einkommen als heute.«

Auf die Lukrativität der gesetzlichen Rente hat jüngst auch die Zeitschrift *Finanztest* hingewiesen: Wer als Selbstständiger freiwillige Einzahlungen leiste, bekomme später deutlich mehr heraus als beispielsweise aus einer privaten Rürup-Rente.[26] Daraus folgt: Die umlagefinanzierte Rente ist sicherer, kostengünstiger und renditestärker als die privaten Alternativen.

Damit ist aber auch klar: Für den einzelnen Beschäftigten war der Umstieg auf das von Rürup und Riester konzipierte Mischsystem ein denkbar schlechtes Geschäft. Da die Privatvorsorge mit deutlich höheren Kosten verbunden ist, wird die Umstellung von einem reinen Umlagesystem zu einem Mischsystem zwangsläufig erheblich teurer – vor allem für die Arbeitnehmer. Oder andersherum: Die Rückkehr zu einer auskömmlichen gesetzlichen Rente ohne impliziten Zwang zum »Riestern« wäre für die Versicherten sehr viel preiswerter.

Das belegt ein Vergleich der Optionen: 2001 schätzte die Bundesregierung, dass die Beibehaltung des bis dato bestehenden Rentenniveaus bis zum Jahr 2030 eine Anhebung der Beitragssätze in der gesetzlichen Rente auf 26 Prozent erforderlich machen würde. Hälftig finanziert wären das jeweils 13 Prozent für Arbeitnehmer und Arbeitgeber. Das galt seinerzeit politisch als unzumutbar. Also beschloss man die Senkung des Rentenniveaus, mit dem Ziel, damit den Beitragssatzanstieg zu begrenzen: auf höchstens 22 Prozent bis zum Jahr 2030. Zum Ausgleich für die sinkenden Renten wurde die Riester-Rente eingeführt. Was heißt das nun für den Arbeitnehmer? Er soll im Jahr 2030 bis zu 11 Prozent Arbeitnehmerbeitrag zuzüglich 4 Prozent Riester-Beitrag zahlen. Macht zusammen 15 Prozent und damit 2 Prozent mehr als in der angeblich unzumutbaren Projektion vor der Riester-Reform. Doch es kommt für den Arbeitnehmer noch schlimmer. Denn selbst diese höheren Einzahlungen werden – das ist schon jetzt klar – nicht ausreichen, um das alte Rentenniveau zu erhalten (siehe Kapitel 9, »Das Ende des Drei-Säulen-Modells«). Die Lösung der Bundesregierung: Wenn das Gift nicht wirkt, einfach die Dosis erhöhen! Und so legt sie allen Arbeitnehmern verstärkt die Nutzung der Betriebsrente in Form der Entgeltumwandlung ans Herz. In ihren neuen

Projektionen geht sie davon aus, dass im Jahr 2030 ein Arbeitnehmer zusätzlich zum Riester-Beitrag noch weitere rund
3 Prozent Altersvorsorge betreiben muss, um das Rentenniveau
vor Riester zu erreichen.[27] Damit würde der Gesamtbeitrag allein für den Arbeitnehmer auf eine Höhe von 18,0 Prozent seines Bruttoverdienstes klettern. Zur Erinnerung: Der Arbeitgeber soll weiter nur 11 Prozent zahlen.

»Der Versicherte verliert immer«, stellt Ulrich Schneider
vom Paritätischen fest. Die Politik sei dabei, mit der Rente das
Herzstück des deutschen Sozialstaates zu ruinieren. »Völlig
paradox« sei es, die private Vorsorge zu fördern und gleichzeitig aus der gesetzlichen Rente die Luft rauszulassen. »Es
gibt nur einen, der bei diesem sozialpolitisch sinnlosen Spiel
gewinnt«, so Schneider, »und das ist die Versicherungswirtschaft.«[28]

Wo bleibt der politische Wille?

Und nun endlich die gute Nachricht: Dieser ganze Wahnsinn
könnte in kürzester Zeit wieder korrigiert werden. Die Förderung der zusätzlichen privaten Vorsorge könnte beendet und
die umlagefinanzierte Rente auf ein höheres Niveau gebracht
werden. Wie gesagt, ein Ansparprozess ist zum Glück nicht notwendig. Nur der politische Wille.

Dass es sich lohnen würde, darüber kann kein Zweifel bestehen. Neben dem Vorteil höherer Renten bei niedrigeren Kosten
bietet die umlagefinanzierte solidarische Rente noch weitere
Pluspunkte verglichen mit der Privatvorsorge. Sie ist sozial gerechter. Sie bietet die Chance für ein politisch gewünschtes Maß
an Umverteilung, beispielsweise indem geringe Löhne aufgewertet werden. Auch Zeiten der Ausbildung, Kindererziehung,
Pflege von Angehörigen oder Arbeitslosigkeit können bewertet

werden. Damit würden die Betroffenen so gestellt, als hätten sie versicherungspflichtig gearbeitet und eingezahlt.

Diese Möglichkeiten werden derzeit nur teilweise genutzt. Was jedoch bereits heute passiert: Die gesetzliche Rente gewährt allen, die wegen Krankheit oder nach einem Unfall nicht mehr arbeiten können, eine Erwerbsminderungsrente. Sie gewährt Hinterbliebenenrenten für Ehepartner und Kinder von verstorbenen Versicherten. Und sie zahlt Gelder für Maßnahmen der beruflichen Rehabilitation, um kranke Menschen wieder fit für den Beruf zu machen. All das ist im Beitrag für die Rentenversicherung enthalten. Und ausnahmslos alle erhalten diesen Schutz, auch Menschen mit Vorerkrankungen. Private Anbieter leisten das entweder gar nicht oder nur gegen einen gewaltigen Aufpreis.

Und noch einmal zurück nach Köln zur Rentenfachtagung der Rosa-Luxemburg-Stiftung. Viel war da von der gescheiterten Riester-Rente die Rede und dem Ziel, zu einer Rente zurückzukehren, die wirklich Armut vermeiden hilft. Das entschiedenste Konzept für bessere Renten und die Bekämpfung von Altersarmut präsentierte der rentenpolitische Sprecher der LINKEN, Matthias W. Birkwald: eine Rückkehr zum Rentenniveau vor Riester, eine Mindestrente für Geringverdiener und die zügige Einführung einer Erwerbstätigenversicherung. Was treibt ihn persönlich an? »Alle Bundesregierungen seit Gerhard Schröder haben die Rente ruiniert und jetzt soll das Rentenniveau noch weiter sinken. Betroffen sind davon nahezu alle Bürgerinnen und Bürger. Den Marsch in die Altersarmut noch zu stoppen, das gibt mir die Motivation, mich für gute Renten richtig reinzuhängen.«

Die Vermeidung von Altersarmut als Hauptziel, darin war sich der Linke überraschend einig mit Bert Rürup: »Bei der nächsten Rentenreform sollte angesichts der vielen prekären und diskontinuierlichen Beschäftigungsverhältnisse die Armutsvermeidung im Vordergrund stehen.«

Kapitel 3
Altersarmut – Chronik einer programmierten Katastrophe

Ein Gespenst geht um in Deutschland: das Gespenst der Altersarmut. Laut einer Forsa-Umfrage glauben 82 Prozent der Deutschen, dass ihre spätere Rente nicht reichen wird.[1] Das hat auch die Gewerkschaften aufgeschreckt. Im Herbst 2016 haben DGB, IG Metall und ver.di flammende Appelle und Konzepte zur Rente verabschiedet, im Wahljahr sollen nun machtvolle Aktionen folgen. Den Auftakt machte eine rentenpolitische Kampagnenkonferenz der IG Metall Ende Februar in Berlin.[2] Unter dem Motto »Mehr Rente – mehr Zukunft« strömten rund 250 Gewerkschafter ins Hotel Leonardo Royal. Und bereits der Weg in den Versammlungssaal war gepflastert mit klaren Signalen: »Vorsicht Rentenabgrund!«, »Lebensstandard in Gefahr!«, »Private Versicherer verschleudern Geld!« war auf umgestalteten dreieckigen Verkehrswarnschildern zu lesen.

IG-Metall-Vorstandsmitglied Hans-Jürgen Urban empfing die aus ganz Deutschland angereisten Metaller mit eindringlichen Appellen: »Armut im Alter ist ein Anschlag auf die Menschenwürde!« – »Wir brauchen einen Kurswechsel, und zwar schnell!« Und Hans-Jürgen Urban weiß auch genau, was passieren muss: »Die Sache ist eigentlich ganz einfach: Das Rentenniveau muss rauf und die Lebensarbeitszeit muss runter!« Dankbarer, kräftiger Applaus. Urban war schon früh am Morgen in Bestform.

Und an diesem Tag sollte es noch mehrfach deutlich werden: Die Menschen an der gewerkschaftlichen Basis sind unzufrieden; sie wollen, dass sich wirklich etwas ändert.

Altersarmut. Ist das Gespenst etwa bereits Realität? Wie groß ist die Bedrohung wirklich? Und wie viele Personen wird es demnächst betreffen?

Für manche sind diese Fragen sehr schnell beantwortet. Beispielsweise für Bernd Raffelhüschen. In einem Video der Initiative Neue Soziale Marktwirtschaft[3], für die er seit Jahren als Botschafter auftritt, verkündet der Freiburger Uniprofessor im September 2016: »Es gibt keine Altersarmut in Deutschland. Sie ist quasi irrelevant. Alte sind weit unterdurchschnittlicher von Armut bedroht als jede andere Altersgruppe.«[4] So oder so ähnlich behaupten es postfaktisch auch die Funktionäre der Arbeitgeberverbände, der Beirat im Bundeswirtschaftsministerium und jede Menge Politiker wie etwa der Finanzstaatssekretär Jens Spahn (CDU). Und doch ist die Aussage falsch. Bereits heute sind laut Armutsbericht des Paritätischen Wohlfahrtsverbands die Rentner stärker von Armut betroffen als der Durchschnitt der Bevölkerung.[5] Auch das Bundessozialministerium bestätigte auf eine parlamentarische Anfrage: Die Armutsrisikoquote der Rentner ist höher als die der unter 18-Jährigen, also der Kinder und Jugendlichen.[6] »Nur Zyniker oder dreiste Realitätsverweigerer können abstreiten, dass es schon heute Altersarmut gibt«, so der Hauptgeschäftsführer des Paritätischen Ulrich Schneider.

Auch wenn es sich über das exakte Ausmaß der Armut trefflich streiten lässt, so ist doch eines klar: Wer in Deutschland Grundsicherungsleistungen bezieht – also Sozialhilfe für Alte und Kranke –, der ist arm. Diese Leistung sichert wirklich nur das absolute Existenzminimum ab. Über eine Million Altersoder Erwerbsminderungsrentner beziehen schon Grundsicherung.[7] Das heißt, ihre Rentenzahlbeträge liegen unter 800 Euro[8], sie haben keine weiteren Einkünfte oder Vermögen und keinen

Partner, der sie unterstützen könnte. Auf Antrag bekommen sie daher aufstockende Grundsicherungsleistungen. Hinzu kommt die Dunkelziffer derjenigen, die ebenfalls Ansprüche haben, diese aber nicht geltend machen – und die ist hoch.[9] Viele scheuen den Gang zum Amt, etwa weil sie fürchten, ihre Kinder würden dann herangezogen. Experten schätzen ihre Zahl auf bis zu zwei Millionen. Damit sind bereits heute rund drei Millionen Rentner unstreitig arm.[10] Tendenz stark steigend.

Das hat zwei fundamentale Ursachen: Zum einen sind es die unzähligen Rentenreformen der vergangenen 30 Jahre (siehe Kapitel 4). Nach Art einer Salamitaktik folgte eine Leistungsverschlechterung auf die andere bis hin zum GAU unter der rot-grünen Bundesregierung: Erstmals verkündete eine Regierung hochoffiziell, dass ohne private Altersvorsorge nichts mehr läuft. Die gesetzliche Rente wurde fortan auf Diät gesetzt, stattdessen sollten es die neue sogenannte Betriebsrente und vor allem die Riester-Rente richten.

Zum anderen sind es die ebenfalls unter Kanzler Schröder angeschobenen Reformen am Arbeitsmarkt, die Armut begünstigen, denn sie sorgten für mehr Niedriglöhner, mehr Leiharbeit und viel mehr Teilzeitbeschäftigung. All das zeigt sich bereits heute an der Entwicklung der ausgezahlten Renten – und zwar vor allem an der Höhe der neu bewilligten. Denn die Bestandsrenten dürfen – das ist gesetzlich garantiert – nicht sinken. Die Neurenten allerdings fallen in vielen Rentenarten Jahr für Jahr immer etwas niedriger aus als die »Altrenten«. Real, also nach Abzug der Preissteigerung, sind sie heute für viele schon 20 bis 30 Prozent weniger wert als unmittelbar vor der Riester-Reform. »Die Rentner werden quasi auf eine ökonomische Zeitreise geschickt«, stellt Reiner Heyse fest, einer der Sprecher des Seniorenaufstands[11]. Die heutigen Renten lägen bezogen auf ihre Kaufkraft nur mehr auf dem Stand des Jahres 1986.[12] »Wir sind gespannt, wie weit es noch bergab gehen wird.«

Wie lässt sich herausfinden, wie niedrig die Renten künftig ausfallen und wie viele Rentner dann von Altersarmut betroffen sein werden? Wir fragten Winfried Schmähl, emeritierter Professor und lange Jahre Chef des Sozialbeirats der Bundesregierung. Auf eine exakte Zahl will er sich nicht festlegen. Er nähert sich dem Problem anders und stellt seit vielen Jahren Berechnungen an, die Antwort geben auf folgende Frage: Wie lange muss ein Durchschnittsverdiener[13] arbeiten und einzahlen, um mit 65 Jahren eine Rente zu beziehen, die gerade so das Grundsicherungsniveau erreicht? In der Vor-Riester-Ära waren das noch 25,7 Jahre. Doch für das Jahr 2030 errechnet Schmähl schon 37,3 Jahre, falls die aktuell gültigen Regierungspläne umgesetzt werden. Das heißt also: Es wäre fast ein ganzes Berufsleben mit einem Durchschnittsverdienst nötig, um eine Rente auf Grundsicherungsniveau zu erhalten. Damit wäre man dann so gestellt, als hätte man nie gearbeitet. Und weil Schmähl weiß, dass die meisten Arbeitnehmer über eine so lange Zeit nicht den Durchschnittsverdienst erreichen, hat er auch errechnet, wie viele Jahre ein Versicherter einzahlen müsste, der im Schnitt nur 80 Prozent des Durchschnittsverdienstes erreicht: über 43 Jahre! Das ist eine schockierende Aussicht und bedeutet im Klartext: Alle, die nicht über sehr lange Zeit überdurchschnittlich verdienen, werden nach den Regierungsplänen schon in naher Zukunft mit Renten abgespeist, die allenfalls auf Grundsicherungsniveau liegen. »Dabei spielt keine Rolle«, so betont Schmähl, »ob die Betroffenen später tatsächlich Grundsicherung beziehen werden. Vielleicht können sie ja in der Familie noch auf andere Einkünfte zurückgreifen. Aber alleine die Tatsache, dass große Teile der Versicherten später nicht mehr Rente bekommen werden als die bedürftigkeitsgeprüfte Grundsicherung, führt dazu, dass dieses System seine Legitimation und Akzeptanz verliert.«

Bereits heute hat das fatale Folgen, wie Betriebsrätin Elke Meyer auf der IG-Metall-Kampagnenkonferenz im Februar 2017 berichtete: »Viele junge Kolleginnen und Kollegen sagen mir immer: Vielleicht gibt es mal einen Schlag Erbsensuppe. Mehr bleibt wohl nicht.«

Doch für wie viele Menschen wird diese sarkastische Befürchtung zur bitteren Realität werden? Wir fragten dies auch ver.di-Chef Frank Bsirske, also den Vorsitzenden jener Gewerkschaft, die unter anderem Verkäuferinnen im Handel, Erzieherinnen in Kitas, Servicekräfte in der Gastronomie und Packer in Speditionen organisiert. »Was da auf uns zukommt, ist massenhafte Altersarmut, wenn nicht gegengesteuert wird«, ist Bsirske überzeugt, und er nennt auch eine Einkommensgrenze, bei der für ihn die Bedrohung anfängt: ein Bruttogehalt von 2 500 Euro monatlich. Wer weniger verdient, kann angesichts des weiter sinkenden Rentenniveaus nur mit einer Armutsrente rechnen. Frank Bsirske: »Das trifft Millionen.«

Beispielsweise eine Erzieherin in der Kita eines Studierendenwerkes. Sie kommt bei 20 Wochenstunden auf einen monatlichen Bruttoverdienst von 1 774 Euro. Auch wenn man alle Sonderzahlungen einrechnet, bringt das später eine Rente von gerade mal 682 Euro – nach 40 Jahren Berufstätigkeit. Würde sie 45 Jahre schaffen, stiege die Rente auf 767 Euro.[14]

Eine Küchenhelferin in der Mensa bekommt noch deutlich weniger: Für ebenfalls 20 Wochenstunden kann sie nach 40 Jahren mit einem Rentenzahlbetrag von 456 Euro rechnen. Hielte sie 45 Jahre durch, wären es 513 Euro. Beide fallen also mit großer Wahrscheinlichkeit bei Renteneintritt in den Armutsbereich. Bereits heute ist das für viele Frauen der Normalfall. Der durchschnittliche Rentenzahlbetrag für Frauen, die 2015 in Altersrente gegangen sind, betrug 679 Euro.[15]

Sind unsere Annahmen insbesondere zur Teilzeitbeschäftigung realistisch? Eindeutig ja. Tatsächlich arbeitet derzeit rund die Hälfte aller Frauen in Deutschland in Teilzeit.[16] Und die Unterstellung von 40 Versicherungsjahren überzeichnet die Rentenhöhe vermutlich sogar noch. Derzeit kommen Frauen, die neu eine Altersrente beziehen, im Schnitt gerade mal auf 35,1 Jahre.[17]

Die zur IG-Metall-Konferenz entsandten Politiker[18], vor allem die beiden Vertreter der großen Koalition Matthias Zimmer (CDU) und Katja Mast (SPD), bekamen denn auch deutlichen Unmut zu spüren: »Die Ignoranz und Arroganz ist unglaublich« oder »Das ist eine Schande für unser Land« schallte es ihnen entgegen, als die Zuhörer um Fragen und Kommentare gebeten wurden. Und als Katja Mast – immerhin die Sprecherin für Arbeit und Soziales der SPD-Bundestagsfraktion – von Leitplanken sprach, die man noch einziehen wolle, polterte es zurück: »Die Leitplanken sind doch so hoch, dass die meisten drunter durchfallen!«

Bleibt noch immer die Frage: Wie viele der heute Beschäftigten sind von Altersarmut bedroht? Wir fragten den rentenpolitischen Sprecher der Partei DIE LINKE, Matthias W. Birkwald. Auch er weiß, das Problem wächst dramatisch. Seitdem er für seine Partei die Rentenpolitik beackert, hat sich die Zahl der armen Alten bereits vervielfacht. Und bis 2030 rechnet er mindestens mit einer weiteren Verdopplung: Rund 35 Prozent der Altersrentner wären dann arm. Für ihn ist das leider eine »Katastrophe auf Ansage«. Denn davor hätten, so betont Birkwald, DIE LINKE und ihre Vorgängerparteien schon immer gewarnt. »Wir waren die einzige der heute im Bundestag vertretenen Parteien, die von Anfang an gegen die Zerstörung der gesetzlichen Rente unter Schröder-Riester waren. Wir haben immer gesagt, wohin das führen wird.«

Auf eine Prognose, wie viele Rentner in Zukunft von Altersarmut betroffen sein werden, will sich Birkwald aber nur ungern einlassen. Die Lebensumstände seien schlicht zu unterschiedlich: Viele Menschen mit kleinen Renten hätten noch einen Partner mit höheren Ansprüchen, andere verfügten etwa über Wohneigentum und kämen dadurch besser über die Runden. Es komme also auf den Einzelfall an, doch klar sei: Die Tendenz ist höchst alarmierend.

Die Zahl der armen Alten in 20 oder 30 Jahren lässt sich also seriös kaum abschätzen. Was wir jedoch tun können, ist die Zahl derjenigen zu ermitteln, deren heutiges Einkommen so niedrig liegt, dass sie aus eigener Kraft keine Rente erzielen werden, die sie über die Armutsgrenze bringt. Es geht also um die Bedrohungslage der heute Beschäftigten. Und die lässt sich aus hochoffiziellen Quellen ableiten. Die Zahlen dafür liefert die einschlägige Statistik der Bundesagentur für Arbeit, denn die erfasst haarklein die Monatseinkommen aller versicherungspflichtig Beschäftigten in riesigen Excel-Tabellen.[19] Was man zunächst für eine Abschätzung braucht, ist die Höhe der Grundsicherungsleistung (Regelsatz plus Warmmiete). Sie liegt für alleinstehende Personen in Privathaushalten aktuell bei rund 800 Euro. Einen Rentenzahlbetrag in dieser Höhe bekommt, wer 40 Jahre lang knapp 2300 Euro brutto verdient.[20] Und nun kommt wieder die Excel-Tabelle ins Spiel. In Zeile 26, Spalte D, ist ablesbar, welcher Anteil der Versicherten maximal 2300 Euro monatlich verdient: 44,7 Prozent. Ein schockierender Wert. Denn bezogen auf die Gesamtzahl von derzeit 31,7 Millionen versicherungspflichtig Beschäftigten[21] bedeutet das, dass über 14 Millionen Menschen auf 40 Versicherungsjahre hochgerechnet eine Rente droht, die allenfalls auf Grundsicherungsniveau liegt. Selbst wenn man die Auszubildenden aus der Statistik herausrechnet, verbleiben noch immer 12,6 Millionen Personen.[22].

Wir halten diese Zahl noch für eine defensive Prognose. Denn wir unterstellen damit zum einen, dass ausnahmslos alle Auszubildenden später ein Einkommen erzielen, das ihre Rente über die Armutsschwelle hebt. Das ist unwahrscheinlich. Zum anderen ist die von der Bundesregierung geplante weitere Absenkung des Rentenniveaus noch nicht berücksichtigt.[23] Damit würde der gefährdete Personenkreis auf rund 15 Millionen steigen. Wie sagte IG-Metall-Vorstand Hans-Jürgen Urban auf der Berliner Kampagnenkonferenz so treffend:»Manchmal beginnt die Lösung eines Problems damit, dass man das Problem überhaupt erst mal offen benennt.« Dennoch hören wir schon den Chor der Kritiker laut aufheulen.

Einwand Nr. 1: So könne man keinesfalls rechnen. Das Einkommen eines Jahres auf 40 Jahre hochzurechnen sei unseriös. Wer heute mies verdiene, könne möglicherweise später Jahrzehnte lang ein prächtiges Einkommen erzielen. Zugegeben, für eine exakte Vorhersage taugt das Verfahren vielleicht nicht. Will man über die heute Beschäftigten eine Prognose abgeben, gibt es jedoch keinen anderen Weg als die von uns gewählte Stichtagsbetrachtung. Natürlich werden einige der heutigen Niedriglöhner später etwas mehr verdienen. Dafür sind andere in der Statistik mit besseren Verdiensten vermerkt, die zuvor viele Jahre schlechter verdient haben. Die beiden Effekte gleichen sich also tendenziell aus. Allerdings sollte man die Dynamik in der Einkommensstatistik auch nicht überschätzen. Die meisten Niedriglöhner bleiben über sehr lange Zeit quasi in einem »Armutskäfig« gefangen. Die Einkommensentwicklung bei den unteren 40 Prozent stagnierte seit den 1990er Jahren erheblich oder war sogar real rückläufig, während die oberen 20 Prozent beim Lohn erheblich zulegen konnten.[24] Platt gesagt: Wer schon viel hatte, bekam noch mehr. Wer wenig hatte, blieb arm. Und das geht in der Regel so bis ins Rentenalter.

Einwand Nr. 2: Allein aus einer niedrigen Rente auf Armutsgefährdung zu schließen sei vollkommen unseriös. Schließlich kämen dazu möglicherweise noch andere Einkünfte: Betriebsrenten, Riester-Renten, Einnahmen aus Vermietung oder Kapitalanlagen. Dies trifft grundsätzlich zu. Nur gilt eben auch: Für die meisten Arbeitnehmer ist die gesetzliche Rente im Alter noch immer die wichtigste Einkunftsquelle. Besonders in Ostdeutschland. Sonstige Einkünfte werden mit großer Wahrscheinlichkeit vor allem von Personen erzielt, die bereits über hohe Renten verfügen oder von anderen Versorgungszweigen (Beamte, Freiberufler) profitieren. Gute Betriebsrenten beziehen vor allem die Ex-Beschäftigten von Großbetrieben, während Friseurinnen, Wachmänner oder Verkäuferinnen in der Regel leer ausgehen.[25] Auch die Riester-Rente ist hier eher der sprichwörtliche Tropfen auf den heißen Stein. Soll heißen: Die Mehrzahl der früheren Geringverdiener wird auch im Alter nicht über wesentliche Zusatzeinkünfte verfügen und die Armutsschwelle allenfalls unwesentlich überschreiten.[26]

Einwand Nr. 3: Es komme bei einer Armutsgefährdung doch immer auf das Haushaltseinkommen an. Sprich: Erst bei Berücksichtigung eines möglichen Ehe- oder Lebenspartners entscheide sich das Armutsschicksal. Der Verweis auf einen möglichen Ehepartner ist zwar grundsätzlich richtig, aber er macht auch die Zwangslage vieler Frauen deutlich. Sie arbeiten besonders häufig zu Niedriglöhnen und in Teilzeit. Wer hier eine massive Armutsgefährdung mit dem Hinweis auf ein möglicherweise höheres Haushaltseinkommen bestreitet, offenbart ein erstaunliches Rollenverständnis zwischen Mann und Frau. Sollen Frauen im Alter allein auf das Wohlwollen eines besser abgesicherten Ehemannes angewiesen sein? Sieht so noch immer die erfolgversprechende Strategie zur Vermeidung von Altersarmut für Frauen aus?

Dass das nicht die Lösung sein kann, zeigen Schicksale wie das von Heide M. aus Lingen. Die 65-Jährige bekommt nach einem langen Arbeitsleben mit Höhen und Tiefen nur 472 Euro Rente.

Sie fühlt sich im Stich gelassen: »Das sollte es eigentlich in einem reichen Land wie Deutschland gar nicht geben.« Ihr Fall zeigt, wie auch Menschen, die immer gearbeitet haben, in die Armutsfalle geraten können. Heide M. hat »nebenbei« auch noch drei Kinder großgezogen. Bereits mit 16 machte sie eine Lehre als kaufmännische Angestellte in einem Warenhaus. Mit 20 kam das erste Kind, aber Heide arbeitete mit kleinen Unterbrechungen weiter. Dann lernte sie ihren späteren Ehemann kennen. Der hatte ein Baugeschäft und sie machte dort fortan die Buchführung. Doch die Geschäfte gingen schlecht, vor allem weil Kunden nicht zahlten und Lieferanten irgendwann nicht mehr lieferten. Die Pleite. Heide M. wollte genau wie ihr Mann nicht aufgeben, das Geschäft sollte weitergehen – und so sprang sie als Geschäftsführerin der Nachfolgefirma ein: 14 Jahre lang. Diese Zeit fehlt ihr heute für die Rente, doch sie sagt: »Damals ging es nur darum, unsere Existenz zu retten.« Und sie bekam in dieser Zeit das zweite und dritte Kind, doch die Ehe hielt nicht. Es folgte die Scheidung. Nun stand Heide M. ganz allein da – ohne Geld und mit drei Kindern. Sie wollte noch einmal ganz neu anfangen und machte eine Ausbildung zur Altenpflegerin. Anschließend arbeitete sie leidenschaftlich und gerne 20 Jahre lang in diesem harten Job. »Damals habe ich schon viele Alte kennengelernt, die mit 300 bis 400 Euro rumkommen mussten, und ich hätte nicht gedacht, dass mir das auch später blüht.« Sie wusste auch nicht, dass die Altenpflege schon mit 59 ihren Tribut fordern würde: Bandscheiben und Knie machten nicht mehr mit. Krankengeld und Arbeitslosengeld folgten, dann Hartz IV und mit 62 Jahren schließlich die Zwangsverrentung. Dadurch fällt ihre Rente wegen der Abschläge noch geringer aus. Trotz Krankheit pflegte sie weiterhin stundenweise alte Menschen und machte einen kleinen Job als Hausmeisterin in ihrer Wohnanlage. Doch das zählt nicht für die Rente. Sie bekommt die Quittung eines Alterssicherungssystems, das ein Leben mit Brüchen und Wendungen hart bestraft.

Doch ist es wirklich ihre eigene Schuld, dass Altenpflege so schlecht bezahlt wird? Dass sie mit der zwischenzeitlichen Selbstständigkeit den Familienbetrieb retten wollte? Dass sie schwer erkrankte und keine reguläre Beschäftigung mehr bekam? Dass sie nun zum Grundsicherungsamt gehen muss, um dort die Sozialhilfe für Rentner zu beantragen, obwohl sie sich rund 45 Jahre abgerackert hat? Was sie besonders ärgert: Von den Verbesserungen bei der Mütterrente hat sie gar nichts, denn die höheren Leistungen für ihre Erziehungszeiten werden gleich wieder mit der Grundsicherung verrechnet.

Auf die Politik ist sie jedenfalls nicht gut zu sprechen. Das war einmal anders: In besseren Zeiten hatte sie bei Feiern im örtlichen SPD-Ortsverein den damaligen Ministerpräsidenten von Niedersachsen Gerhard Schröder kennengelernt. Der zeigte sich offen und interessiert auch gegenüber den einfachen Leuten, ein Kumpeltyp: »Wir waren damals von Schröder total begeistert, der war bodenständig und ganz normal. Ich hätte nie gedacht, dass der sich als Kanzler mal so wendet.«

Zurück zum Podium auf der IG-Metall-Kampagnenkonferenz. Der CDU-Vertreter Matthias Zimmer und die sozialdemokratische Katja Mast suchten die Erwartungen des Publikums, etwa auf eine deutliche rentenrechtliche Aufwertung der Kleinverdienste, deutlich zu dämpfen. Das bewährte Äquivalenzprinzip (wer wenig verdient, bekommt später eine kleine Rente – wer viel verdient, bekommt später eine hohe Rente) solle man nicht aufgeben. Für eine von vielen Gewerkschaftern als notwendig und gerecht empfundene soziale Umverteilung sei die Rente der falsche Platz, erklärten die Vertreter der großen Koalition. Das brachte den Saal zum Kochen: »Ich bin schockiert über das, was ich hier höre«, kommentierte einer. »Ich fühle mich durch Sie verarscht, sind Sie nicht bereit zu lernen?«, fragte eine andere.

Helfen könnte ein Blick in das Blatt mit den vier großen Buchstaben. Dort ist die Altersarmut thematisch schon auf Seite 1 angekommen: »Die Rente reicht nicht. Wir müssen Flaschen sammeln«, titelte *Bild*.[27] Beschrieben werden die Schicksale von sechs Rentnern, die sich mit Flaschensammeln täglich 4 bis 5 Euro extra verdienen. Besonders begehrt: PET-Flaschen, die bringen 25 Cent das Stück. Selbst bis in die Chefetagen der deutschen Lebensversicherer ist das Problem vorgedrungen: »20 Prozent der Bevölkerung verdienen über den Daumen weniger als 1 600 Euro brutto«, erläutert Uwe Laue, der Vorstandsvorsitzende der Debeka. Solche Leute brauchen heute jeden Cent, können nicht vorsorgen und bekommen später Minirenten. »Die Generation der armen Rentner kommt noch. Davor habe ich Angst«, sagt der Debeka-Chef.[28]

Der Chef eines der führenden Finanzunternehmen widerlegt damit eindrucksvoll die Sprachregelung der Bundesregierung, nach der Altersarmut kein wirklich drängendes Problem sei. Den Praktikern der Debeka bleibt nicht verborgen, dass sich große Teile der Bevölkerung weder eine private Rente noch Wohneigentum leisten können – dass nahezu die Hälfte der Bevölkerung kein Vermögen bilden kann. Wahrlich beängstigend.

Ist es wirklich zumutbar, dass auch 40 Jahre Erwerbstätigkeit im Alter nicht für eine auskömmliche Rente reichen, nur weil man einen Beruf ergriffen hat, der zu schlecht bezahlt wird? Und wir reden hier nicht nur von Hungerlöhnen im Bereich des Mindestlohns, der seit 2017 bei 8,84 Euro pro Stunde liegt.[29] Auch wer deutlich mehr verdient, ist noch längst nicht vor Minirenten geschützt. Erst bei einem Stundenlohn von mehr als 14 Euro übertrifft man bei einer Vollzeitbeschäftigung einen monatlichen Bruttolohn von 2 300 Euro.[30] Nur dann gibt es nach 40 Jahren eine Rente oberhalb der Grundsicherungsgrenze. Oder anders ausgedrückt: Jedem, der weniger verdient, droht nach 40 Arbeitsjahren eine Armutsrente.

Die IG-Metall-Chefs wissen sehr genau: Sie müssen sowohl bessere Löhne als auch bessere Renten erkämpfen. Wenn das nicht gelingt, wächst nicht nur die Armut und damit das Potenzial an Flaschensammlern – auch die ordentlich verdienenden Facharbeiter, das Rückgrat der IG Metall, kommen dann im Alter ins Rutschen. »Die Perspektive ist real«, stellt Hans-Jürgen Urban klar, »auch die Normalos werden im Lebensstandard abstürzen, wenn sich nichts ändert. Deshalb ist unsere Forderung klar: Nach Jahrzehnten guter Arbeit muss mehr rauskommen als der blanke Schutz vor Armut.«

Die skandalös große Gruppe der Armutsgefährdeten ist mit den 12,6 beziehungsweise 15 Millionen versicherungspflichtig Beschäftigten mit niedrigem Einkommen noch längst nicht vollständig beschrieben. Da sind noch rund 3,5 Millionen Arbeitslose, für die wenig oder gar keine Rentenbeiträge eingezahlt werden.[31] Spätestens wer als Langzeitarbeitsloser in den Hartz-IV-Bezug rutscht, für den ist die spätere Altersarmut quasi programmiert: Seit 2011 zahlt für diese Personen niemand auch nur einen Cent in die Rentenkasse.[32] Ihr Rentenanspruch für diese Jahre der Arbeitslosigkeit ist damit gleich null. Dazu kommen fast fünf Millionen Mini-Jobber, für die ebenfalls keine oder allenfalls minimale Beiträge entrichtet werden. Außerdem gibt es rund 1,8 Millionen Erwerbsminderungsrentner, deren Minirenten später in ebenso kümmerliche Altersrenten umgewandelt werden.[33] Sowie noch fast drei Millionen Solo-Selbstständige, die ganz überwiegend noch schlechter verdienen als die abhängig Beschäftigten. Sie erwerben gar keine Ansprüche aus der gesetzlichen Rente, dürfen nicht riestern und haben in den meisten Fällen auch kein Geld übrig für eine andere private Vorsorge.

Was sich damit abzeichnet: Von der Generation im erwerbsfähigen Alter laufen weit über 20 Millionen Menschen Gefahr, später eigene Renten zu beziehen, die allenfalls im Bereich des

Grundsicherungsanspruchs liegen. Damit können sie grundsätzlich als akut armutsgefährdet gelten.

Gibt es denn überhaupt keine reichen Rentner? Doch, die gibt es. Allerdings nur sehr wenige mit einer gesetzlichen Rente: So erreichten 109 532 Rentner im Jahr 2015 einen Rentenzahlbetrag von mehr als 2 100 Euro. Das sind rund 0,5 Prozent der Rentner.[34] Bei den Selbstständigen, Freiberuflern und Beamten sieht das sehr viel besser aus. Beispiel Beamte: Die Pensionen erreichen in der Spitze rund 9 000 Euro.[35] Selbst die Durchschnittspensionen liegen noch deutlich über den höchsten gesetzlichen Renten. So betrug das durchschnittliche monatliche Ruhegehalt 2015 für männliche Bundesbeamte 3 070 Euro brutto und für Frauen 2 640 Euro brutto. Landesbeamte bekamen im Durchschnitt brutto 3 260 Euro (Männer) beziehungsweise 2 750 Euro (Frauen). Kommunalbeamten zahlte der Staat durchschnittlich 3 100 Euro (Männer) beziehungsweise 2 620 Euro (Frauen).[36]

Rentenexperte Winfried Schmähl fordert denn auch vehement eine Rentenkehrtwende, einen Ausstieg aus der seit der Jahrtausendwende praktizierten Politik der Demontage der gesetzlichen Rentenversicherung. Das erfordere Mut und müsse gegen mächtige Interessengruppen durchgesetzt werden: »Doch wenn man sieht, dass frühere Entscheidungen für einen Großteil der Bevölkerung mehr Schaden als Nutzen stiften, dann sollte man diesen Mut haben. Es ist noch nicht zu spät, aber höchste Zeit.«

Kapitel 4
Von Fehlkonstruktionen und Fehlentscheidungen

Es gibt Fehler, die lassen sich nur sehr schwer korrigieren. Am 24. Mai 1889 passierte so einer. An diesem Tag beschloss der deutsche Reichstag das »Invaliditäts- und Altersversicherungsgesetz«, quasi die Geburtsstunde der deutschen Rentenversicherung. Das war gut, weil die Arbeiter damit endlich eine Absicherung gegen Invalidität bekamen. Gut war auch, dass dies rein staatlich und nicht privatwirtschaftlich organisiert wurde. Dafür hatte Otto von Bismarck gesorgt, der argumentierte, man könne doch den »Sparpfennig der Armen« nicht »dem Konkurse aussetzen« oder gestatten, »dass ein Abzug von den Beiträgen als Dividende und zur Verzinsung von Aktien gezahlt würde«.[1]

Schlecht war hingegen, dass es eine Altersrente erst mit 70 Jahren gab – ein Alter, das damals kaum ein Arbeiter erreichte. Und schlecht war auch, dass die neue Versicherung nur für Arbeiter und schlecht verdienende Angestellte galt. Erst ab 1911 wurde die Versicherung auf die meisten anderen Angestellten ausgeweitet.[2] Gleichzeitig wurde die Altersgrenze auf 65 Jahre gesenkt.[3] An dem begrenzten Versichertenkreis hat sich (mit Ausnahme einer geringen Zahl von pflichtversicherten Selbstständigen) bis heute nichts geändert: Grundsätzlich sind weder Beamte noch Freiberufler oder Selbstständige Teil der gesetzlichen Rentenversicherung. Das ist ein schwerer Fehler, der auch 1957 anlässlich der großen Rentenreform nicht behoben wurde. 1957 wurde die Rentenversicherung, wie wir sie heute kennen, quasi neu erschaffen: eine rein umlagefinanzierte, lohnbasierte Rente, finanziert zu gleichen Teilen von Arbeitnehmern, Arbeitgebern und dem Bundesbeitrag aus Steuermitteln. Aber eben leider nach wie vor nur als staatlich organisierte Solidarveranstaltung von Arbeitern und Angestellten sowie einigen wenigen Selbstständigen. Beamte und Freiberufler wie Ärzte, Apotheker, Notare oder Rechtsanwälte bleiben außen vor.[4] Das gilt sogar dann, wenn diese gar nicht frei, sondern angestellt arbeiten. Auch dann können sie sich aus der staatlichen Rentenkasse ausklinken, solange sie in einem berufsständischen Versorgungswerk fürs Alter vorsorgen. »Wir haben damit ein Rentensystem, in dem nur kleine und mittlere Einkommensbezieher füreinander einstehen. Eine Solidarität nur unter Armen, das ist platt gesagt Nonsens«, klagt IG-Metall-Vorstand Hans-Jürgen Urban.

Auch in einem anderen Punkt hakt es von Beginn an mit der Solidarität: Selbst wenn die Pflichtversicherten sehr hohe Einkommen erzielen sollten, werden diese wegen der Beitragsbemessungsgrenze von der Rentenversicherung gar nicht erfasst. Diese liegt aktuell (2017) bei 6 350 Euro monatlich im Westen und bei 5 700 Euro im Osten. Alle Brutto-Einkommen darüber hinaus bleiben beitragsfrei. Damit zahlen Versicherte mit Einkünften von 50 000 oder 100 000 Euro monatlich denselben Beitrag wie jene, die exakt an der Grenze verdienen. 1957 betrug diese Grenze übrigens 750 Mark. Von Beginn an war die Beitragsbemessungsgrenze ebenso wie die Nichteinbeziehung der freien Berufe ein Zugeständnis an die Lebensversicherungswirtschaft. Statt die Besserverdiener vollständig in die staatliche Rentenkasse zu integrieren, konnte die private Versicherungswirtschaft fortan mit dieser gut verdienenden Klientel Geschäfte machen.

Ein weiteres Grundproblem der deutschen Rentenversicherung ist geschlechtsbedingt: Für Frauen ist es extrem schwierig, sich aus eigenen Kräften eine auskömmliche Altersrente zu erarbeiten. Dies gelingt nur bei Vollzeiterwerbstätigkeit ohne längere Unterbrechungen. Das Alterssicherungssystem orientiert sich damit eindeutig an der traditionellen männlichen Erwerbsbiografie. Jahrzehntelang schien das kein Problem und entsprach der althergebrachten Rollenverteilung: Der Mann als »Ernährer« der Familie erwarb den Rentenanspruch, die Frau verdiente bestenfalls etwas hinzu und wurde im Alter über die Hinterbliebenenrente abgesichert. Eine eigene Rente von Bedeutung hatte sie sehr oft nicht. Nun haben sich die Zeiten gewandelt. In den meisten Familien arbeiten beide Ehepartner, allerdings erwerben die Frauen noch immer einen geringeren Rentenanspruch als die Männer. Das liegt an der schlechteren Bezahlung, an der deutlich geringeren Zahl an Versicherungsjahren und an dem hohen Anteil von Frauen, die in Teilzeit arbeiten. Die in der Familie erbrachte Arbeit schlägt sich in der Rente mit Ausnahme der Kindererziehungszeiten nicht nieder. Dies alles führt dazu, dass auch langjährig versicherte Frauen im Rentenzugang rund 30 Prozent weniger Rente bekommen als Männer.[5] Im Zuge der Rentenreform 2001/2002 wurden die Hinterbliebenenrenten, die überwiegend von Frauen bezogen werden, deutlich beschnitten. Auch Betriebsrenten erhalten Frauen deutlich seltener und zudem in geringerer Höhe.[6] Das alles hat zur Folge, dass die durchschnittliche gesetzliche Rente für Frauen bereits heute unterhalb der Grundsicherungsgrenze liegt.[7] Altersarmut ist deshalb ganz überwiegend weiblich.

Dennoch war die Rentenreform von 1957 ein Meilenstein: Aus den leidvollen Erfahrungen von Inflation, Krieg und Diktatur entschied man sich für das sichere Umlageverfahren. Und bei der Finanzierung sollte die Faustregel gelten, dass neben Arbeitnehmern und Arbeitgebern der Staat rund ein Drittel zu den Kosten beiträgt. Wenn heute die rund 85 Milliarden Euro, die der Bund beisteuert, als völlig überzogene »Subvention« gegeißelt werden, dann entspricht dieser Bundesanteil in Wahrheit noch nicht mal jenem Anteil, der von Anfang an vorgesehen war.[8]

Mit der Reform von 1957 wurden Millionen Altersrentner aus der bittersten Altersarmut geholt. Die Arbeiterrenten stiegen um 60 Prozent, die Angestelltenrenten um 66 Prozent und die Hinterbliebenenrenten sogar noch stärker.[9] Fortan galt das Prinzip der dynamischen Rente, das heißt die Renten sollten genauso steigen wie die Bruttolöhne. Damit profitierten die Rentner vom Wirtschaftsaufschwung der Nachkriegsjahre ebenso wie die Beschäftigten. Besonders deutlich wurde das in den 1970er Jahren: Viermal in Folge bekamen sie Rentensteigerungen in Höhe von mindestens 11,0 Prozent.[10] Die Altersrenten bekamen damit den Charakter einer lebensstandardsichernden Leistung mit Lohnersatzfunktion. Mit der Rentenreform von 1972 wurden dann weitere Leistungsverbesserungen eingeführt: vor allem durch eine abschlagsfreie flexible Rente ab 63 und die Aufwertung von Kleinverdiensten im Rahmen der »Rente nach Mindesteinkommen«. Bereits vorher galt für Frauen, dass sie bereits mit 60 Jahren abschlagsfrei in Rente gehen konnten.[11]

Ende der 1970er Jahre und in den 1980er Jahren begannen dann jedoch die ersten Leistungskürzungen und Reformen zu Lasten der Rentner: Die ehedem großzügige Anrechnung der Ausbildungszeiten wurde schrittweise gestrichen, Rentenerhöhungen wurden ausgesetzt oder verschoben, Zeiten der Arbeitslosigkeit wurden für die Rente schlechter bewertet und Rentner mussten erstmals Beiträge für ihre Krankenversicherung zahlen.[12]

Die Rentenversicherung geriet in dieser Zeit gesellschaftlich zunehmend unter Druck: Bereits in den 1980er Jahren wurde die Veränderung des Verhältnisses von Jungen und Alten als sogenannte »demografische Katastrophe« an die Wand gemalt – angeblich drohte eine Explosion der Rentenbeiträge. Die Politik reagierte. Im Konsens handelten SPD und Union das Rentenreformgesetz (RRG) aus. Mit dieser am 9. November 1989 beschlossenen und 1992 in Kraft getretenen Reform sollte die Rente langfristig auf eine stabile Grundlage gesetzt werden: Die Renten sollten nicht mehr wie die Bruttolöhne steigen, sondern nur noch wie die Nettolöhne, die Anrechnung von Ausbildungszeiten wurde weiter gekürzt und das Renteneintrittsalter auf 65 Jahre erhöht. Gleichzeitig wurden Abschläge für einen vorzeitigen Rentenbeginn eingeführt. Renten mit 60 für Frauen und mit 63 für Männer gab es fortan nur noch gegen Rentenkürzungen.[13] Die 1972 eingeführte Rente nach Mindesteinkommen wurde für Neurenten durch die Rente nach Mindestentgeltpunkten ersetzt. Sie bewirkt eine Aufwertung von kleinen Einkommen, die vor 1992 erzielt wurden – ab 1992 gibt es eine solche Förderung von kleinen Einkommen im deutschen Rentenrecht jedoch nicht mehr.[14]

Mit diesen Maßnahmen – vor allem die Nettolohnanpassung und die Erhöhung des Renteneintrittsalters wirkte ausgabendämpfend – schienen die Rentenfinanzen auf Dauer gesichert. Es herrschte Konsens, dass langfristig ein Beitragssatzanstieg auf 26 Prozent hinnehmbar sei. Wenige Stunden nachdem der Bundestag die Reform beschlossen hatte, fiel die Berliner Mauer. Es folgte die deutsche Vereinigung. Für die Rentenversicherung war die Integration der ostdeutschen Rentner eigentlich eine Erfolgsgeschichte ohnegleichen: 3,8 Millionen ostdeutsche Rentner wurden praktisch über Nacht in die deutsche Rentenversicherung integriert und bekamen deutliche Rentenerhöhungen.[15] Ein Ausgleich über deutlich erhöhte Bundesbeiträge erfolgte nicht. Gleichzeitig brachen aber die Einnahmen der Rentenversicherung in Ostdeutschland durch eine stark steigende Arbeitslosigkeit weg. Das Ergebnis war ein deutlicher

Beitragssatzanstieg nicht nur in der Arbeitslosen-, sondern auch der Rentenversicherung.[16]

Dieser Anstieg der Sozialbeiträge war schlicht das Ergebnis einer falschen Finanzierung der Deutschen Einheit. Diese wurde überwiegend über die Sozialkassen finanziert und nicht, wie bei der Bewältigung einer gesamtstaatlichen Aufgabe eigentlich erforderlich, über Steuern. Mit fatalen Folgen: Interessierte Wirtschaftskreise machten in der öffentlichen Debatte zunehmend die hohen Sozialversicherungsbeiträge – Stichwort »Lohnnebenkosten« – für die hohe Arbeitslosigkeit verantwortlich. In Wahrheit war es genau umgekehrt.[17] Dennoch stieg der Druck auf die Rentenversicherung und den damaligen Arbeitsminister Norbert Blüm enorm. Die noch wenige Jahre zuvor einvernehmlich vereinbarten Ziele von Rentenniveau und künftigen Beitragssätzen (rund 26 Prozent im Jahr 2030) wurden in Horrorszenarien als Gefahr für den Wirtschaftsstandort und unzumutbar für die junge Generation gebrandmarkt. Norbert Blüm reagierte und präsentierte zunächst 1996 mit dem »Wachstums- und Beschäftigungsförderungsgesetz« weitere Leistungsverschlechterungen[18] und schließlich 1998 den »demografischen Faktor« für die Rentenformel: Wenn die Lebenserwartung steigt, sollten die Rentensteigerungen etwas geringer ausfallen. Blüm wollte so den Beitragssatzanstieg bis 2030 auf rund 24 Prozent begrenzen.[19] Gegen diese Pläne machte die SPD seinerzeit massiv Wahlkampf und kassierte die angeblich »unsoziale« Blüm-Reform nach dem Wahlsieg umgehend – nur um sie später zum Entsetzen vieler durch die weitaus radikalere Riester-Reform zu ersetzen.

Der größte Anschlag auf das Konzept einer lebensstandardsichernden Rente erfolgte wohl tatsächlich unter Kanzler Schröder. Angriffe, Einschränkungen und Kürzungen gab es auch schon vorher, und wirklich lebensstandardsichernd waren die Renten wohl nie. Doch gab es immerhin seit 1957 den klaren

Anspruch, dass die Renten im Gleichklang mit den Löhnen wachsen sollten. Und die Beitragssatzentwicklung sollte sich dem Ziel unterordnen, gute und armutsvermeidende Renten zu zahlen. Seit den Schröder-Riester-Reformen von 2001 ist es umgekehrt: Die Rentenhöhe passt sich nun dem Ziel möglichst niedriger Beiträge an, wovon letztlich die Arbeitgeber am meisten profitieren.

Fetisch Äquivalenzprinzip – oder doch mehr Umverteilung?

In Deutschland wird es bis heute überwiegend als gerecht empfunden, wenn Menschen, die im Beruf viel verdienen, später auch viel Rente bekommen. Und auch diejenigen, die länger gearbeitet haben, sollen eine höhere Rente bekommen. Im Umkehrschluss bedeutet das aber ebenfalls: Wer kürzer arbeitet oder weniger verdient, bekommt am Ende auch deutlich weniger Rente. Im Kern ist es genau dieser Zusammenhang, der mit dem sperrigen Begriff »Äquivalenzprinzip« umschrieben wird. Mit Sozialversicherung hat das zunächst nichts zu tun. Im Gegenteil, es handelt sich um ein Prinzip, wie es zum Beispiel auch kapitalbildenden Lebensversicherungen eigen ist: Wer viel einzahlt, soll auch viel rausbekommen.

Dieses Prinzip wurde 1957 eingeführt und mit kleinen Abstrichen bis heute durchgehalten. Und so funktioniert die Rentenberechnung: Jedes Jahr wird festgestellt, wie viel ein Versicherter brutto verdient. Liegt sein Jahresverdienst genauso hoch wie der durchschnittliche Jahresverdienst aller Versicherten[20], bekommt er dafür einen Rentenpunkt. Verdient er nur halb so viel, bekommt er einen halben Rentenpunkt, verdient er doppelt so viel, sind es zwei Punkte. Viel mehr geht nicht, denn die Höhe der jährlich gutgeschriebenen Rentenpunkte wird genau wie die

Beitragszahlung durch die Beitragsbemessungsgrenze gedeckelt. Sie liegt 2017 bei 76 200 Euro (West). Darüber hinaus werden Einkünfte nicht mehr erfasst und auch nicht mehr in Form von Rentenpunkten gutgeschrieben. Letztlich wird so Jahr für Jahr die relative Einkommensposition jedes Versicherten errechnet und vermerkt. Wer 45 Jahre lang immer das Durchschnittseinkommen erreichte, sammelt somit 45 Rentenpunkte. Das ist übrigens exakt die Position des sogenannten Standardrentners. Die Rentenpunkte werden dann mit dem aktuellen Rentenwert (seit dem 1. Juli 2017 im Westen 31,03 Euro) multipliziert. So beträgt die Standardrente West aktuell 1 396,35 Euro. Davon sind noch der Krankenkassen- und Pflegeversicherungsbeitrag (und gegebenenfalls Steuern) zu entrichten.

Daraus folgt: Wer immer top verdient hat, könnte eine Rente von knapp 2 800 Euro brutto erreichen. Das schafft jedoch niemand. In Wirklichkeit liegt die Masse der Rentner sogar deutlich unter der Standardrente, die also keinesfalls mit einer Normal- oder Durchschnittsrente verwechselt werden darf. Das hat vor allem zwei Gründe: Erstens schaffen die meisten keine 45 Versicherungsjahre. Und zweitens verdienen die meisten unterdurchschnittlich. Weit über 50 Prozent der Beschäftigten erreichen nicht das offizielle Durchschnittseinkommen und bekommen dann natürlich stets weniger als einen Rentenpunkt pro Jahr gutgeschrieben.[21] Sie haben praktisch keine Chance, die in den Medien immer wieder zitierte Standardrente zu erreichen! Einem Großteil dieser Versicherten droht später gar Altersarmut: Über 40 Prozent der versicherungspflichtig Beschäftigten verdienen so schlecht, dass sie nur mit einer Rente auf Grundsicherungsniveau oder darunter rechnen können (siehe Kapitel 3). Das ist eine logische Folge des Äquivalenzprinzips: niedriger Lohn – niedrige Rente.

Doch ist es wirklich gerecht, dass allen mit einem Brutto-Stundenlohn von 14 Euro oder weniger später Altersarmut droht? Ist es wirklich gerecht, dass Menschen, die länger arbeitslos waren oder sich um ihre Kinder oder pflegebedürftigen Eltern gekümmert haben, dafür später bestraft werden?

Viele Experten fordern deshalb einen Kurswechsel: »Wir brauchen eindeutig mehr Umverteilung in der Rente, denn sozialer Ausgleich kann dort am besten organisiert werden«, sagt ver.di-Chef Frank Bsirske, und Ulrich Schneider vom Paritätischen fragt: »Ist es nach fast 130 Jahren Rentenversicherung nicht langsam an der Zeit, neben dem Äquivalenzprinzip das Solidaritätsprinzip deutlich zu stärken? Warum sollen die Starken in der Rente nicht stärker für die Schwachen einstehen?«

Tatsächlich sind Elemente der Umverteilung sehr typisch für eine Sozialversicherung. In den meisten europäischen Ländern sind sie in der Altersversorgung auch deutlich ausgeprägter als bei uns. Wir müssen leider feststellen: Kein Land in Westeuropa behandelt seine Kleinverdiener im Alter so schlecht wie Deutschland.[22] Sogar OECD-weit stehen deutsche Geringverdiener ganz hinten. Nirgendwo sonst führen miese Löhne in dieser gnadenlosen Konsequenz auch zu miesen Renten. [23] Früher existierende Elemente des Sozialausgleichs – etwa die Rente nach Mindesteinkommen oder die Rente nach Mindestentgeltpunkten, eine generelle Aufwertung der ersten Berufsjahre, keine oder geringe Einbußen für Zeiten der Arbeitslosigkeit – sind nahezu komplett den diversen Rentenreformen zum Opfer gefallen. Das Ergebnis: Ausfälle und Nachteile im Berufsleben spiegeln sich hierzulande nahezu eins zu eins in der späteren Rente wider.[24]

Dabei wären die Geldmittel für eine Stärkung des Solidarprinzips durchaus vorhanden. Allein eine korrekte Finanzierung der versicherungsfremden Leistungen (siehe nächsten Abschnitt) durch einen höheren Bundesbeitrag eröffnete weite Spielräume. Dazu könnten viele Milliarden, die jährlich in die fragwürdige Subventionierung von Riester-Renten und Betriebsrenten in Form der Entgeltumwandlung (siehe Kapitel 5) fließen, für die Rentenkasse umgewidmet werden. Außerdem sollte ein Teil der durch die Agenda-Politik erfolgten gesellschaftlichen Umverteilung wieder korrigiert werden. So hat die Arbeitsgruppe alternative Wirtschaftspolitik (»Memorandumgruppe«) errechnet, dass allein durch die gesunkene Lohnquote von 2001 bis 2014 zusätzlich rund 1,2 Billionen Euro von den Arbeitnehmern zu Gunsten der Unternehmenseinkünfte umverteilt worden sind.[25] Es wäre durchaus denkbar, dass man einen Teil des stark – in den Händen weniger – gestiegenen Reichtums nutzt, um mehr soziale Umverteilung und bessere Renten für alle zu finanzieren. Die Höhe der deutschen Privatvermögen ist mittlerweile auf über zwölf Billionen Euro gestiegen.[26] Vereinfacht ausgedrückt: Würde man auch nur ein Prozent davon jährlich im Rahmen eines Renten-Solis für bessere Renten anzapfen, ergäbe das ein Volumen von 120 Milliarden Euro. Und das entspricht fast der Hälfte der von der Deutschen Rentenversicherung gezahlten Renten.[27]

Die Plünderung durch den Staat – versicherungsfremde Leistungen

Die Erfahrungen der Vergangenheit geben allerdings leider wenig Hoffnung auf mehr Umverteilung von oben nach unten. Auch wenn in der Öffentlichkeit mitunter der Eindruck erweckt wird, der Staat stütze die Rentenkasse mit üppigen Bundeszuschüssen bereits über Gebühr, so ist dies schlicht falsch. Tatsächlich hat der Bund seine Pflicht, der Rentenkasse die Ausgaben für sogenannte »versicherungsfremde Leistungen« voll zu erstatten, fast nie erfüllt. Unter solchen Leistungen versteht man alle Ausgaben der Rentenkasse, für die zuvor keine Beiträge geflossen waren. Klassische Beispiele sind die Anrechnung von Zeiten für Kriegsdienst oder Gefangenschaft, die Zahlung von Renten an deutsche Spätaussiedler, die abschlagsfreie Frühverrentung von Arbeitslosen, die Lasten aus der Schaffung eines einheitlichen Rentensystems in Ost- und Westdeutschland oder die 2014 beschlossene erhöhte Mütterrente für die Kindererziehung aller vor 1992 geborenen Kinder.

In anderen Fällen ist die Abgrenzung strittig. Winfried Schmähl hält beispielsweise auch die Hinterbliebenenrenten für eine vom Staat zu finanzierende Leistung. Da die Auszahlung in weiten Teilen von der Bedürftigkeit abhänge, sei dies keine beitragsabhängige Leistung. Und die Zahlungen an Hinterbliebene sind für die Rentenkasse keine Kleinigkeit: Derzeit werden rund 40 Milliarden Euro jährlich an Witwen, Witwer und Waisen ausgezahlt. Aus dem Bundeshaushalt gibt es dafür keinen Cent. Genauso wenig wie für die 2014 neu beschlossenen Mütterrenten. Allein die kosten pro Jahr sechs Milliarden Euro.

Würde der Bund die Sozialversicherung korrekt entschädigen, könnten die Beitragssätze wesentlich niedriger sein – oder eben die Leistungen wesentlich höher ausfallen.[28] Bereits 1995 ermittelte Winfried Schmähl, »dass die lohnbezogenen Beitragssätze in der Sozialversicherung bei vorsichtiger Kalkulation um 7 bis 8 Beitragssatzpunkte niedriger sein könnten«.[29] In der Rentenkasse deckte der Bundesbeitrag damals nur etwas mehr als die Hälfte der versicherungsfremden Leistungen ab. Mit anderen Worten: Der sogenannte Bundeszuschuss hätte fast doppelt so hoch sein müssen. Der Staat verhielt und verhält sich damit bis heute wie ein Zechpreller, der zunächst großspurig eine Lokalrunde bestellt und dann klammheimlich die Kneipe verlässt. Seinerzeit mit fatalen Folgen: Die ungerechtfertigt hohen Beitragssätze waren zur Jahrtausendwende einer der Hauptgründe für Riester-Rentenreform und die Agenda-Politik. So haben sich die Bundesregierungen mit einer skandalös falschen Finanzierung der Sozialversicherungen selbst die Vorlage gegeben, um später scheinheilig die Axt an eben jene Versicherungen zu legen. Es gibt einen Mann, den das seit vielen Jahren umtreibt: Otto W. Teufel. Der Ex-Siemens-Ingenieur und Bruder des früheren Kommunarden Fritz Teufel gründete 1996 mit sechs Mitstreitern die Aktion Demokratische Gemeinschaft (ADG). Hauptzweck: die Machenschaften des Staates rund um die Rente offenzulegen. Teufel hat akribisch nachgerechnet, wie viel Geld seiner Meinung nach den Versicherten seit 1957 vorenthalten wurde. Alles in allem kommt Teufel auf die unvorstellbare Summe von rund 750 Milliarden Euro.[30] »Dass deutlich höhere Renten nicht bezahlbar sind, ist eine glatte Lüge«, kommentiert der Rentenrebell Otto W. Teufel.[31]

Nun könnte man einwenden, dass die erschreckend hohe Summe aus der »Teufel-Liste« ja über einen sehr, sehr langen Zeitraum zustande kommt. Zudem ist das im Umlageverfahren, das ohne Ersparnisse jedes Jahr wieder neu die Ausgaben durch Einnahmen decken muss, quasi Schnee von gestern. Doch es macht eines deutlich: Der Staat hat hier eine Bringschuld. Die Regierungen haben die Rentenkarre in den Dreck gefahren, sie haben sich in der Vergangenheit erfolgreich aus der Verantwortung gestohlen, haben den Versicherten viel Geld vorenthalten und tun es noch heute.[32]

Und all die Begründungen, man habe das Rentenniveau wegen demografischer Entwicklungen, zu hohen Lohnnebenkosten oder fehlender Generationengerechtigkeit kürzen müssen, waren wohlmeinend gesprochen nichts als dummes Gerede – oder wie Otto W. Teufel sagen würde: »glatte Lügen«. Es ist an der Zeit, das zu ändern.

Kapitel 5

Das Märchen von den guten Betriebsrenten

Eine wichtige Maßnahme der Schröder'schen Rentenpolitik wird bis heute in ihrer Bedeutung noch oft unterschätzt: Die Wandlung der Betriebsrente von einer Leistung des Arbeitgebers zu einem privaten Lebensversicherungsangebot, das der Arbeitnehmer ganz überwiegend allein finanziert. Diese neue »Betriebsrente« nutzt neben den Versicherungen vor allem den Arbeitgebern. 2001 wurde nämlich nicht nur die Riester-Rente beschlossen, sondern auch das Recht der Arbeitnehmer auf die sogenannte »Entgeltumwandlung«. Diese direkte Einzahlung (»Umwandlung«) von Teilen des Bruttolohns zum Beispiel in eine Pensionskasse oder eine Direktversicherung gab es schon vorher, doch seitdem ein gesetzlicher Anspruch hierauf eingeführt wurde, verabschieden sich die Arbeitgeber immer mehr von den klassischen arbeitgeberfinanzierten Betriebsrenten. Die Entgeltumwandlung wurde quasi das neue Leitbild in Sachen Betriebsrente. »Das darf man eigentlich gar nicht Betriebsrente nennen«, erklärte der Politikwissenschaftler Christoph Butterwegge auf der Kölner Rentenfachtagung im Januar 2017, »denn es handelt sich ja bloß um eine vom Betrieb initiierte, zusätzliche private Altersvorsorge. Dies ist nur eine Neuauflage der Riester-Rente und führt auch zu demselben Desaster.« Also ein Etikettenschwindel.[1]

Doch so sehr Butterwegges Einschätzung den Nagel auf den Kopf trifft, es ist leider eine Minderheitsmeinung in der Gesellschaft. Die neue »Betriebsrente« ist bis heute ein Lieblingskind der Politik und leider auch vieler Gewerkschaften. Während die Riester-Rente immer wieder in die Schusslinie gerät und auch die Finanzwirtschaft sie nur noch halbherzig verteidigt, wird die neue »Betriebsrente« noch immer wie ein leuchtender Stern am Himmel der Altersvorsorge gehandelt. Angeblich ist sie kostengünstig, nutzt direkt und effektiv den Beschäftigten und – so wird gerne suggeriert – die bösen Versicherungskonzerne und ihre Vertreter bleiben außen vor. Das ist natürlich glatter Unfug – und dennoch stehen die führenden Politiker der großen Koalition in Treue fest zur neuen »Betriebsrente«. Auf einem Branchentreff im Hotel Steigenberger Berlin, dem »Zukunftsmarkt Altersvorsorge 2017« agierte Andrea Nahles als sogenannte Keynote-Speakerin[2] und enttäuschte ihre Zuhörer nicht: »Eine lebensstandardsichernde Rente schafft die gesetzliche Rentenversicherung nicht allein.« Es folgte ein klares Bekenntnis zum Drei-Säulen-Modell: »Der beste Baustein ist dabei eine Betriebsrente.« Die über 200 versammelten Manager, Makler und Unternehmensberater waren zufrieden mit der politischen Rückendeckung. Und gegen einen Tagungsbeitrag von 2 095 Euro pro Kopf ergaben sich zudem jede Menge Kontakte untereinander und zu zahlreichen weiteren Politikern, die das Feld der Altersvorsorge beackern.[3] Als Tagungsleiter des Branchentreffs fungierte wie im Vorjahr: Prof. Dr. Dr. h.c. Bert Rürup.

Das Programm war eindeutig auf die neue Betriebsrente fokussiert. Finanzstaatssekretär Dr. Michael Meister (CDU) erläuterte als zweiter Keynote-Speaker eingehend, welche Zuschüsse der Bund dafür lockermachen will. Rund um die Veranstaltung ist wie üblich eine Art Messe aufgebaut, auf der die Top-Anbieter und Beratungsfirmen gegen saftige Standmieten auf sich aufmerksam machen. Einen Referenten auf diesem Meeting der Hochkaräter zu platzieren scheint Gold wert zu sein. Am »point of action« – wie der Veranstalter wirbt – vertreten zu sein, das lassen sich Unternehmen offenbar Zehntausende Euro kosten. Fazit: Wer als Außenstehender diese Veranstaltung im Steigenberger Hotel besuchte, der verlor den letzten Funken Hoffnung, bei der betrieblichen Altersvorsorge ginge es um die Interessen der Beschäftigten. Es geht dabei vor allem um eines: sehr viel Geld.

Für die Lebensversicherer lässt sich das relativ exakt beziffern: 18,3 Milliarden Euro nahmen sie 2016 mit den sogenannten Betriebsrenten ein. Schon über 20 Prozent ihrer Einnahmen kommen aus diesem Bereich – fast doppelt so viel, Schröder sei Dank, wie vor der Riester-Reform. Und sie sehen – so Verbandspräsident Alexander Erdland – noch »erhebliches Wachstumspotenzial«.[4] So ist die Begeisterung groß, als Andrea Nahles eng abgestimmt mit Wolfgang Schäuble Ende 2016 das Betriebsrentenstärkungsgesetz auf die Schiene bringt. Die *FAZ* meldet »Versicherer loben Nahles-Reform«[5] und »Große Versicherer profitieren von Betriebsrentenreform«[6]. Ohne Zweifel, die neue Betriebsrente ist für die Branche mindestens so bedeutsam wie Maschmeyers »Ölquelle« zu Beginn des Jahrtausends.[7] Und am 1. Juni 2017 war es dann endlich so weit: Der Deutsche Bundestag beschloss mit seiner schwarz-roten Mehrheit das von Nahles eingebrachte Betriebsrentenstärkungsgesetz. Es war ein schwarzer Tag für die gesetzliche Rente. Denn wenn sich eine Bundesregierung so klar für die neue Betriebsrente positioniert, heißt das im Umkehrschluss: Die Bereitschaft zu einer Leistungsverbesserung der gesetzlichen Rente ist nahe null (mehr zum Betriebsrentenstärkungsgesetz in Kapitel 8).

Doch worin ist für den Arbeitnehmer das Problem mit der neuen Betriebsrente? Und weshalb hat sie mit der alten Betriebsrente fast nichts mehr tun? Ganz einfach: Weil der Beschäftigte diese Vorsorge grundsätzlich weitgehend allein zahlen muss und sich die Sache am Ende für die meisten als Verlustgeschäft herausstellen wird. Doch zunächst eine wichtige Klarstellung: Wenn der Chef früher seinen Arbeitern und Angestellten eine Betriebsrente zusagte und der Betrieb später aus den Rückstellungen eine Rente zahlte, dann war und ist das eine gute Sache. Die Arbeitnehmer müssen für solche echten Betriebsrenten keine Beiträge zahlen und ihre gesetzlichen Renten werden dadurch nicht geschmälert. Ähnliches gilt bis heute für die weitgehend arbeitgeberfinanzierten Formen der Zusatzversorgung im öffentlichen Dienst. Das sind für den Arbeitnehmer gute Renten, vom Betrieb zugesagt und vom Betrieb bezahlt.

Ganz anders funktioniert jedoch die Entgeltumwandlung, die seit den Schröder-Riester-Reformen zum neuen Standard geworden ist. Hier zahlt zunächst in der Regel der Arbeitnehmer den Beitrag aus seinem Bruttoeinkommen allein.[8] Gelockt wird er mit Steuer- und Sozialabgabenersparnissen. Und tatsächlich erfolgt die Einzahlung bei der Entgeltumwandlung in gewissen Grenzen steuer- und sozialabgabenfrei.[9] Was zunächst wie ein tolles Sparprogramm aussieht, wird aber auf lange Sicht für viele zu einer bitteren Enttäuschung werden. Denn am Ende bekommen sie ein sehr schlecht verzinstes Lebensversicherungsprodukt und müssen darauf noch die vollen Steuern und die vollen Beiträge für Krankenkasse und Pflegeversicherung zahlen.[10] Da kommen in Zukunft schnell Abzüge von rund 45 Prozent zustande. Fast die Hälfte der Betriebsrente ist damit weg. Obendrein mindert die Entgeltumwandlung noch die gesetzliche Rente, denn wer als Arbeitnehmer für das umgewandelte Gehalt keine Beiträge zahlt, bekommt dafür später natürlich auch keine Rente. Doch das sagt man den sogenannten Betriebsrentnern entweder nicht – oder nicht so deutlich. Das wäre ja schlecht fürs Geschäft.

Ulrich-Arthur Birk beschäftigt sich als Professor an der Universität Bamberg seit Langem mit dem Modell »Betriebsrente durch Entgeltumwandlung«. Die Arbeitnehmer seien damit »in eine Falle geraten«. Es rechne sich eigentlich nur noch für jene, die vom Arbeitgeber einen hohen Zuschuss bekommen oder privat krankenversichert sind.[11] Auch Leni Breymaier (SPD) sieht die Entgeltumwandlung sehr kritisch: »Also wenn ich ›Bezaubernde Jeannie‹ wäre und die Rentenpolitik nach meinen Wünschen machen dürfte, dann würde ich alles abschaffen, was vermeintlich zur Stärkung der Alterssicherung führt, aber in Wirklichkeit die gesetzliche Rente schwächt. Alles, was die gesetzliche Rente schwächt, darf nicht gemacht werden.« Und weshalb betrifft das auch die Entgeltumwandlung? »Mal angenommen, ich verdiene 2500 Euro brutto und zahle 150 Euro in die Entgeltumwandlung ein, dann bleiben noch 2350 Euro brutto, die verbeitragt werden – statt 2500 Euro. Und damit reduziere ich später meine gesetzliche Rente, das ist einfach Quatsch!« Leni Breymaier, die lange Jahre ver.di-Vorsitzende in Baden-Württemberg war, kritisiert außerdem, dass sich die Arbeitgeber an der Entgeltumwandlung nur sehr unzureichend beteiligen müssen: »Mir geht's ja auch um die Parität. Der große Charme der gesetzlichen Rentenversicherung ist ja, dass die Arbeitgeber sich daran hälftig beteiligen. Alles, was diese paritätische Finanzierung zerstört, wie die Riester-Rente oder die Entgeltumwandlung, lehne ich ab.«

Leider ist Leni Breymaier nicht die »Bezaubernde Jeannie«, die eine bessere Rente herbeizaubern könnte. Zwar müssen sich die Arbeitgeber – so sieht es das Betriebsrentenstärkungsgesetz vor – demnächst mit 15 Prozent an den Einzahlungen aus Entgeltumwandlungen beteiligen, doch sollte ihnen diese Beteiligung nicht allzu schwer fallen. Denn von jedem umgewandelten Euro spart der Arbeitgeber rund 20 Prozent, die er sonst als Arbeitgeberbeitrag hätte zahlen müssen. Unterm Strich bleibt immer noch ein Plus. Zudem greift die Beteiligungsverpflichtung bei Altverträgen erst ab dem 1. Januar 2022. Klar wird: Die Entgeltumwandlung ist tatsächlich ein Sparprogramm – aber vor allem für die Arbeitgeber. Und es ist tatsächlich ein Erfolgsprogramm, aber vor allem für die Versicherungswirtschaft.

Denn wohin fließt nun das umgewandelte Gehalt? In der Regel dorthin, wo auch die meisten Riester-Beiträge hinfließen: zu den Lebensversicherungen. Die Betriebsrenten werden nämlich nur noch selten von den Betrieben selbst verwaltet. Längst haben Allianz, Ergo & Co. das Geschäft übernommen. Sie betreiben mittlerweile rund 15,5 Millionen betriebliche Verträge.[12] Für die Konzerne wird dieses Geschäftsfeld immer wichtiger. Dafür haben sie seit Jahren intensiv gekämpft, haben ihre Lobbyisten ins Feld geschickt und fahren nun die Ernte ein: das schon erwähnte Betriebsrentenstärkungsgesetz. Noch am Tag der Verabschiedung heben die fünf Lebensversicherer Barmenia, Debeka, Gothaer, HUK-Coburg und Stuttgarter »Das Rentenwerk« aus der Taufe. Einzige Aufgabe des neuen Konsortiums: maßgeschneiderte Angebote nach dem Betriebsrentenstärkungsgesetz.[13]

Weil es sich bei den neuen »Betriebsrenten« faktisch um Lebensversicherungsprodukte handelt, leiden auch sie unter der unseligen Mischung aus hohen Kosten, Renditeschwäche und weiteren Nachteilen privater Renten.[14] In der Vergangenheit konnten alle Beteiligten wenigstens noch darauf vertrauen, dass zum Rentenanfang zumindest die in den Vertrag geflossenen Gelder beispielsweise für eine Verrentung vorhanden sind. Das ändert sich gerade auf breiter Front. Einen Vorgeschmack darauf bekam die Arbeiterwohlfahrt (AWO) in Heilbronn zu spüren. Ihr bisheriger Betriebsrenten-Dienstleister, eine renommierte große deutsche Lebensversicherung, wollte ab 2017 für neue Verträge keinerlei Garantien mehr abgeben: also keine Garantieverzinsung und auch keinen garantierten Beitragserhalt. Was etwas technisch klingt, könnte böse Folgen haben: Es könnte am Ende weniger Geld herauskommen, als eingezahlt worden ist. Ein schlechtes Geschäft. Da wäre es besser, das Geld unters Kopfkissen zu legen. Der AWO-Geschäftsführer Walter Burkhardt war entsetzt:»Solche Verträge kann ich doch meinen Mitarbeitern nicht mit gutem Gewissen anbieten.« Übrigens: Die AWO Heilbronn gehört zu den wenigen Arbeitgebern, die ihren Mitarbeitern die Betriebsrente überwiegend finanzieren, nämlich zu zwei Dritteln.[15] Dennoch machen viele Mitarbeiter davon keinen Gebrauch, da sie sich selbst das verbleibende Drittel an Eigenleistung nicht leisten können.

Die Entgeltumwandlung wirkt aber auch zerstörerisch für das gesamte Sozialversicherungssystem. Nicht nur der Rentenkasse gehen Milliarden an Einnahmen verloren, auch den Krankenkassen und der Agentur für Arbeit werden weniger Beiträge überwiesen. Damit sinkt aber auch der Schutz der Arbeitnehmer: Sie bekommen bei Krankheit weniger Krankengeld und bei Arbeitslosigkeit weniger Arbeitslosengeld. Betriebsrenten, die vermeintlich der Alterssicherung nutzen sollen, zerstören also genau betrachtet die soziale Absicherung auf breiter Front. Das sieht mittlerweile auch Walter Riester sehr kritisch. Auf einer Jubiläumsveranstaltung anlässlich des 125-jährigen Bestehens der Rentenversicherung wies der Ex-Minister darauf hin, dass man seinerzeit die Sozialabgabenfreiheit nur bis 2008 beschlossen hatte. Er sei sehr verärgert gewesen, als seine Nachfolger die Befristung gekippt hätten.[16] Nun, Riester sollte wohl am besten wissen, welchen Einfluss Lobbyisten haben können.

Den größten Schaden richtet die Entgeltumwandlung aber zweifellos bei der Rente an. Besonders nachteilig für den späteren »Betriebsrentner« ist das, was zunächst ein Vorteil schien: die Sozialabgabenfreiheit. Vom umgewandelten Gehaltsanteil fließt kein Beitrag in die Rentenkasse. Und damit fällt auch die Rente später niedriger aus. Ein Beispiel: Wandelt ein Beschäftigter 40 Jahre lang den maximal möglichen Betrag um, so fehlen ihm nach aktuellen Rentenwerten später rund 100 Euro Rente im Monat. Bei einem Rentenbezug von 20 Jahren bedeutet das einen Verlust von 24000 Euro.[17] Da die Rentenwerte regelmäßig steigen, wird der Verlust vermutlich noch deutlich höher ausfallen. Das sind empfindliche Einbußen in der persönlichen Rentenkasse.

Noch aus einem weiteren Grund erweist sich die Entgeltumwandlung als ein vergiftetes Geschenk: Seit einer zunächst wenig beachteten Gesetzesänderung zum 1. Januar 2004 werden auf alle betrieblich veranlassten Renten- oder Kapitalauszahlungen die vollen Krankenkassenbeiträge fällig. Und das sogar rückwirkend, ohne Vertrauensschutz für bestehende Verträge. Viele Betroffene hatten die damalige Gesetzesänderung nicht mitbekommen oder die Tragweite nicht verstanden. Umso größer ist nun die Empörung: Die Rentner zahlen, wenn sie nicht privat krankenversichert sind, im Alter die vollen Kranken- und Pflegeversicherungsbeiträge. Und zwar nicht nur ihren (Arbeitnehmer-)Anteil wie bei der gesetzlichen Rente, sondern auch den Arbeitgeberanteil. Von dieser Doppelverbeitragung sind bereits Millionen Rentner betroffen. Und um dem Ganzen noch die Krone aufzusetzen: Das gilt sogar für jene Personen, die früher keinen Cent Krankenkassenbeitrag gespart haben. Das sind jene Arbeitnehmer, die bereits oberhalb der Beitragsbemessungsgrenze der gesetzlichen Krankenversicherung verdienten und sich dennoch in die Entgeltumwandlung locken ließen. Sie zahlten als Arbeitnehmer Höchstbeiträge, ob mit oder ohne Entgeltumwandlung, und nun werden sie erneut (und zwar doppelt) geschröpft.

Da konnte Andrea Nahles auf dem »Zukunftsmarkt Altersvorsorge 2017« den anwesenden Versicherungsmanagern auch keine Entwarnung geben. Bei denen ist das Ärgernis der doppelten Verbeitragung mittlerweile sehr wohl als Verkaufshemmnis angekommen, und sie fordern eine Korrektur. Doch die Ministerin sah praktisch keine Chance auf ein Ende der Doppelverbeitragung.[18] Da ginge es um zu viel Geld für die Krankenkassen, und Ressortkollege Gröhe könne wohl kaum auf die Milliarden verzichten.[19]

Millionen von Betroffenen fühlen sich in genau dieser Frage von der Politik schlicht verschaukelt.[20] Sie wurden in die sogenannten Betriebsrenten hineingelockt, haben jahrelang wie gewünscht privat betrieblich vorgesorgt – und nun stehen sie im Regen. Reiner Heyse kennt viele solcher Beispiele. Der Ex-Betriebsrat und aktive IG-Metaller hat mit Leidensgenossen den Seniorenaufstand gegründet und sagt: »Wir wollen, dass die gesetzliche Rente wieder lebensstandardsichernde Renten zahlt. Und dass der Unsinn aufhört, dass Millionen Arbeitnehmer in ungünstige Riester- und Betriebsrentenverträge geschickt werden.« Von einer Betriebsrente könne man eigentlich nur reden, wenn der Arbeitgeber mindestens so viel einzahlt wie der Arbeitnehmer. Sonst sei das nur ein »betrieblich organisiertes Über-den-Tisch-ziehen.« Heyse kann nicht verstehen, dass seine eigene Gewerkschaft, die IG Metall, die Entgeltumwandlung massiv fördert und dafür zusammen mit den Metall-Arbeitgebern sogar ein eigenes Unternehmen gegründet hat: die »MetallRente«. Dahinter steht ein Konsortium von Lebensversicherern (Allianz, Ergo, R+V und SwissLife). Seit rund zwei Jahren rechnen Heyse und seine Mitstreiter vor, welch schlechtes Geschäft diese sogenannte Betriebsrente für die späteren Rentner ist. Von der IG-Metall-Spitze fordern sie sogar die Abwicklung der MetallRente, bislang ohne Erfolg. »Das ist insofern verrückt, weil der IG-Metall-Vorstand unsere Zahlen nicht widerlegen konnte«, stellt Heyse fest, »offenbar will man sich den Fehler aber nicht öffentlich eingestehen.« Das ist auch nicht ganz einfach für die größte Einzelgewerkschaft der Welt. Denn in der Öffentlichkeit verkauft sie die MetallRente als ein Erfolgsprojekt. Mit über 680 000 Verträgen ist es das größte branchenübergreifende Versorgungswerk Deutschlands. Für 2016 meldete sie sogar das »beste Ergebnis der letzten fünf Jahre«.[21]

Doch für die, die im Alter in den Genuss der Leistungen kommen, ist es leider keine Erfolgsstory. Sie reagieren zunehmend frustriert. Zum Beispiel Klaus Seifferth. Er arbeitete beim Autozulieferer Valeo als Qualitätsingenieur und gehört zu denen, die schon bald nach Gründung der MetallRente einen Vertrag schlossen. Seifferth erinnert sich: »Da wurde damals massiv vom Betriebsrat Werbung gemacht. Der Allianz-Vertreter bekam sogar tageweise ein Besprechungszimmer im Werk zur Verfügung gestellt und hat dort seine Sprechzeiten abgehalten. Ich hab den Vertrag auch dort bei dem Allianz-Mann unterschrieben.« Rund zehn Jahre lang zahlte er ein, insgesamt 16 827 Euro, und als er mit 62 Jahren in Rente ging, kam der Zahltag: 21 690 Euro. Ein tolles Ergebnis, freute sich Seifferth zunächst, und zahlte davon seinen Hauskredit ab, um als Rentner schuldenfrei zu sein. Doch die Ernüchterung kam schnell. Das Finanzamt verlangte volle Steuern und die Krankenkasse rund 18 Prozent Beitrag auf die Gesamtsumme. Dazu kommt noch die Reduzierung seiner gesetzlichen Rente. Rechnet Seifferth alles haarklein zusammen, bleiben ihm von der stattlichen Metallrente weniger als 8 000 Euro.[22] »Ich konnte das anfangs nicht glauben, habe sofort den Betriebsrat angesprochen, doch der zuckte nur mit der Schulter. Auch meine Einsprüche beim Finanzamt sind abgeschmettert worden.«

Formaljuristisch ist das tatsächlich alles korrekt, doch für das Gerechtigkeitsgefühl von Bürgern wie Klaus Seifferth ist das eine Katastrophe: »Das ist für mich reine Abzocke. Es wäre für mich besser gewesen, ich hätte jeden Monat 100 oder 200 Euro in die Schublade gepackt, dann hätte ich heute mehr.« Natürlich hat Seifferth früher auch Steuern und Abgaben gespart, doch unterm Strich bleibt ein sattes Minus – vor allem, weil er seinerzeit als vergleichsweise gut verdienender Ingenieur durch die Entgeltumwandlung keinen Cent Krankenkassenbeitrag sparen konnte.[23] Auch fünf Jahre nach seiner Verrentung ist Klaus Seifferth noch immer stinksauer:»Profitiert haben von der Metall-Rente die Allianz und der Finanzminister, und die IG Metall hat das alles zu verantworten.« Bei seiner Gewerkschaft hat er sich seinerzeit auch beschwert, aber nie eine Antwort erhalten. Daraufhin ist er ausgetreten. Reiner Heyse vom Seniorenaufstand glaubt, dass das erst der Anfang einer Empörungswelle ist. »Noch bekommen erst wenige eine MetallRente. Erst nach und nach werden die Kollegen in den nächsten Jahren diesen Frust erleben – und werden nach Schuldigen fragen.«

Auch wer gar keine Entgeltumwandlung betreibt, bekommt die Nachteile zu spüren – über die Rentenanpassungsformel. Jede Gehaltsumwandlung sorgt dafür, dass die Bruttolohn- und Gehaltssumme ein wenig sinkt und damit auch die nächste Rentenerhöhung für alle ein ganz klein wenig gebremst wird. Den Schaden haben also sowohl die heutigen als auch die künftigen Rentner, sowohl die Entgeltumwandler als auch die, die sich diese Maßnahme nicht leisten können oder wollen.

Kopfschüttelnd stellt Winfried Schmähl diese schweren Verwerfungen fest. »Die Entgeltumwandlung ist ein Sargnagel für die gesetzliche Rente«, stellt der von allen Seiten hochgeschätzte Rentenexperte fest. Und wundert sich darüber, dass gerade diese Form der zusätzlichen Altersvorsorge im Wahljahr von Rentenministerin Andrea Nahles als Joker ins Rennen geschickt wird. »Sie weiß genau, was sie da tut«, ist sich Schmähl sicher.

Dieser Meinung ist auch Matthias W. Birkwald von der LIN-KEN: »Andrea Nahles ist stets sehr gut vorbereitet und informiert. Sie kennt die Zusammenhänge und weiß, dass sie mit der Förderung der Betriebsrente die gesetzliche Rente aushöhlt.« Birkwald plädiert denn auch für den sofortigen Stopp der Förderung: »Wir brauchen diese verrückte Form der Betriebsrente nicht. Ich kann doch nicht mit Steuermitteln und Geldern der Sozialkassen ein Verfahren subventionieren, das die Rente zerstört.«

Kapitel 6

Das Rentenniveau – mager, missbraucht und manipulativ!

Es scheint verrückt: Das Rentenniveau ist die zentrale Kennziffer im Streit um die Rente. Und doch weiß so gut wie niemand, was sich dahinter verbirgt, und noch weniger Personen dürften wissen, wie man es berechnet. Rentenniveau, das klingt zunächst irgendwie amtlich und damit auch exakt. Die Bundesregierung verkündet es jährlich neu und in allen Debatten um Rente und Altersarmut spielt es dann eine zentrale Rolle. Deshalb an dieser Stelle eine Definition: Das derzeit verwendete Rentenniveau bezeichnet als Prozentsatz das Verhältnis von Netto-Standardrente zum Netto-Arbeitsentgelt eines Durchschnittsverdieners.[1] Da eine Standardrente derjenige bekommt, der 45 Jahre lang immer durchschnittlich verdient hat, soll dieser Wert also ein Maß dafür sein, wie gut oder schlecht ein Rentner, der früher Durchschnittsverdiener war, im Verhältnis zu einem heutigen Durchschnittsverdiener gestellt ist.

Wie wir nachfolgend zeigen werden, funktioniert das mehr schlecht als recht, weil die Rechenweise teilweise willkürlichen Vorgaben folgt und weil zahlreiche Verschlechterungen im Rentenrecht sich weder in der Standardrente noch im Rentenniveau niederschlagen. Und dennoch ist um die Frage, ob das Niveau weiter fallen darf oder ob es dringend steigen muss, ein regelrechter Glaubenskrieg ausgebrochen. Im Bundestagswahlkampf

2017 fliegen einem die Zahlen nur so um die Ohren: Derzeit beträgt das Rentenniveau laut Bundesregierung 48 Prozent. 2045 wären es nach geltendem Recht nur noch 41,7 Prozent.[2] Das hält Andrea Nahles »für nicht vermittelbar« und kämpft für eine Haltelinie von 46 Prozent.[3] Der DGB will gar keine Absenkung und fordert mittelfristig wieder 50 Prozent. DIE LINKE verlangt 53 Prozent. Andere wiederum kritisieren, auch das reiche noch längst nicht, schließlich hätten wir doch vor vielen Jahren mal ein Rentenniveau von 70 Prozent gehabt. Ganz tief in die Mottenkiste greifen die Kampftruppen der Arbeitgeber: Das Institut der deutschen Wirtschaft und die INSM präsentieren Horrorszenarien, nach denen ein Rentenniveau von 50 Prozent, wie es der DGB fordert, zu gigantischen Mehrkosten für die Beitragszahler führen soll: Knapp 1 000 Euro jährlich mehr zahle dann eine vierköpfige Familie im Jahr 2030.[4] Noch mehr Angst machen Zahlen des Forschungsinstituts Prognos AG, die alle Gegner der gesetzlichen Rente genüsslich zitieren: Abenteuerliche 600 Milliarden Euro Mehrkosten soll demnach ein Festhalten am heutigen Rentenniveau verursachen.[5] Zwar bis zum Jahr 2040, doch eine Summe, die dem Doppelten des aktuellen Bundesetats entspricht, schlägt kräftig Alarm. Soll wohl heißen: Kräftig runter muss das Rentenniveau, sonst verarmen die heute Jungen.

Doch lässt sich so etwas seriös berechnen und was bedeuten all diese Zahlen? Rettet ein sinkendes Niveau wirklich die Arbeitnehmer vor der Überforderung durch zu hohe Rentenbeiträge? Verhindert andererseits ein deutlich höheres Rentenniveau tatsächlich den Marsch in die Altersarmut? Und stürzt ein sinkendes Rentenniveau die Rentner in die kollektive Verelendung? Sagt das Rentenniveau überhaupt etwas aus über Altersarmut? Und vor allem: Wie berechnet man eigentlich das Rentenniveau?

Eines vorweg: Das meiste, was Sie darüber in Diskussionen oder in den Medien hören und lesen, ist leider falsch. Es wurde und wird mit dem Rentenniveau jede Menge Schindluder getrieben.

Niemand weiß das wohl besser als Bert Rürup, der langjährige Berater der Bundesregierung und frühere Chef des Sachverständigenrats. Er gab uns bereits vor Jahren zu Protokoll: »Das Rentenniveau kann ausfallen, je nachdem wie ich es berechne, was ich rausnehme, was ich reinnehme. Das heißt, man kann jedes Niveau erzeugen, das Niveau ist also eine ziemlich manipulative Größe.«[6] Damit könnte man diese Erörterung um das Rentenniveau eigentlich beenden. Doch es beziehen sich einfach zu viele Experten und Berechnungen auf das Rentenniveau, um es komplett ignorieren zu können. So lohnt es sich, wenigstens mit einer Reihe von Irrtümern aufzuräumen.

Klarstellung Nummer 1: Das Rentenniveau hat nichts, aber auch gar nichts mit einer Lohnersatzrate zu tun. Es sagt also gerade nicht, wie viel Prozent von seinem letzten Einkommen ein Rentner erhält. Wenn kolportiert wird, ein Rentenniveau von 48 Prozent bedeute, die Rentner bekämen etwa »48 Prozent vom letzten Brutto« oder »48 Prozent vom letzten Netto«, so ist beides falsch. Eine Anknüpfung der Altersversorgung an das letzte Einkommen vor dem Ruhestand gibt es nur bei Beamten. Die bekommen tatsächlich 71,75 Prozent vom letzten ruhegehaltsfähigen Gehalt als Pension, wenn sie mindestens 40 Dienstjahre aufweisen. Bei Bundes- und Landesbeamten sind das im Schnitt derzeit 2 940 Euro brutto.[7] Das ist nahezu das Dreifache, was derzeit langjährig versicherte Rentner in Deutschland bekommen.[8] Die erreichen damit nach OECD-Berechnungen übrigens nur eine Lohnersatzrate von 37,5 Prozent.[9]

Klarstellung Nummer 2: Es gibt nicht nur *ein* Rentenniveau, sondern *mindestens drei:* ein Brutto-Rentenniveau und gleich zwei Netto-Rentenniveaus. Die Verwirrung ist da programmiert. So hatten wir tatsächlich früher in Deutschland ein Rentenniveau, das 1977 den Spitzenwert von rund 73 Prozent erreichte und danach bis in die 1990er Jahre meist bei über 70 Prozent lag. Es handelte sich dabei um das »Netto-Rentenniveau nach Steuern«. Verglichen wurde dabei die sogenannte Standardrente mit dem Durchschnittseinkommen der Arbeitnehmer, jeweils nach Abzug von Steuern und Sozialabgaben. Das verfügbare Einkommen eines Standardrentners lag damals also tatsächlich »nur« rund 30 Prozent unter dem durchschnittlichen Arbeitnehmereinkommen. Die Erklärung: Die Renten stiegen damals noch – anders als heute – genauso schnell wie die Löhne. So blieb der Abstand zu den Löhnen überschaubar und Renten hatten noch den Charakter einer Lohnersatzleistung.

Natürlich kann man auch ein Brutto-Rentenniveau ausweisen, bei dem dann die Brutto-Standardrente (also vor Abzug von Kranken- und Pflegebeitrag sowie Steuern) mit dem Bruttolohn eines Durchschnittsverdieners verglichen wird. Das Brutto-Rentenniveau betrug auch in goldenen Zeiten gerade mal 60 Prozent und wird bis zum Jahr 2045 auf 37,8 Prozent fallen.[10] Es wird jedoch wenig verwendet.

Wenn heute jedoch von Rentenniveau gesprochen wird, ist damit das gemeint, was die Bundesregierung »Sicherungsniveau vor Steuern« nennt.[11] Dabei wird der Zahlbetrag der Standardrente, also nach Abzug von Kranken- und Pflegeversicherungsbeitrag, verglichen mit dem Durchschnittsverdienst, ebenfalls nach Abzug der Sozialabgaben. Die Steuern bleiben außen vor. Bundesregierung und Rentenkasse weisen das nach diesem Konzept errechnete Niveau mit 48 Prozent aus. Es liegt damit rund 5 Prozentpunkte niedriger als vor den Riester-Reformen (rund 53 Prozent). Doch das ist leider nur die halbe Wahrheit. Professor Winfried Schmähl kritisiert, dass die Rechenweise des Rentenniveaus vor Steuern zur »Verschleierung der Tatsachen« beitrage. Der steigende Abstand zwischen den Arbeitnehmereinkommen und den Rentnereinkommen komme

im aktuell ausgewiesenen Rentenniveau gerade durch die Aus-
klammerung der Steuereffekte nur unzureichend zum Aus-
druck. Die seit 2005 eingeführte Rentenbesteuerung führe
nämlich zu gegenläufigen Effekten für Arbeitnehmer und Rentner. Während Arbeitnehmer schrittweise immer mehr Beiträge
von der Steuer absetzen können und damit entlastet werden,
rutschen die Rentner schrittweise immer stärker in die Besteue-
rung hinein. Ein Rentenniveau vor Steuern berücksichtigt das
nicht und verharmlost damit die Verschlechterung der Einkommensposition der Rentner verglichen mit den Arbeitnehmern.

Klarstellung Nummer 3: Das Rentenniveau hat mit der Rentenhöhe der einzelnen Rentner nur wenig zu tun. Manchmal
führt es geradezu in die Irre: So ist das offizielle Rentenniveau
in den vergangenen Jahren nur wenig gesunken (und von 2015
auf 2016 sogar gestiegen!). Dennoch sind die tatsächlichen
Renten vieler Neurentner heute dramatisch niedriger als noch
vor wenigen Jahren. Eine quantitative Aussage darüber, was ein
steigendes oder fallendes Rentenniveau für einen Rentner im
Einzelfall bedeutet, ist damit oft nicht möglich. Das liegt vor allem daran, dass das Rentenniveau nur etwas aussagt über den
sogenannten »Standardrentner«. Der wiederum ist nur ein Ide-
altypus, die Fiktion eines Arbeitnehmers, der 45 Jahre lang immer den Durchschnittsverdienst der versicherten Arbeitnehmer
erreicht. Also vom ersten bis zum letzten Arbeitsjahr. Keine Zeiten der Arbeitslosigkeit, keine Elternzeit. Ist das realistisch? In
Wirklichkeit schaffen die meisten Versicherten keine 45 Versicherungsjahre, sondern im Schnitt gerade mal 39.[12] Und weniger Jahre bedeuten eben auch deutlich weniger Rente. Zudem:
Wer vor dem offiziellen Renteneintrittsalter (demnächst mit
67 Jahren!) in Rente geht, wird mit heftigen Abschlägen bestraft. Das Rentenniveau kennt solche Rentenabschläge nicht.
Auch keine Verluste, die durch Zeiten der Arbeitslosigkeit ent-
stehen. Die sind insbesondere für Langzeitarbeitslose aber gra-

vierend. Auch den im Rentenniveau unterstellten langjährigen Durchschnittsverdienst verfehlten die meisten der Neurentner des Jahres 2015 deutlich: Sie schafften im Schnitt gerade mal 85 Prozent davon.[13] Fazit: Das offizielle Rentenniveau beschönigt die Situation. Die tatsächlichen Renten fallen in der Regel deutlich geringer aus. Oder anders ausgedrückt: Auch wenn das Rentenniveau konstant gehalten würde oder gar stiege, verhindert das nicht automatisch das Anwachsen von Armutsrenten.

Klarstellung Nummer 4: Die Methode zur Berechnung des Rentenniveaus ist so krude, dass dies Manipulationen Tür und Tor öffnet, es haben Faktoren Einfluss auf das Rentenniveau, die eigentlich nichts mit der Rente zu tun haben. Dabei scheint vordergründig zunächst alles ganz einfach: Man nehme die Rente des Standardrentners – Sie wissen schon, der Rentner mit den 45 Jahren Durchschnittsverdienst! – und setze sie ins Verhältnis zum aktuellen Durchschnittsverdienst der Versicherten. Von beiden Werten ziehe man zuvor die fälligen Sozialabgaben ab. Doch sosehr man auch rechnet und tüftelt, der offizielle Wert von 48 Prozent will sich nicht einstellen. Das liegt daran, dass die Bundesregierung nicht mit den Zahlen der Rentenversicherung rechnet, sondern mit denen aus der Volkswirtschaftlichen Gesamtrechnung (VGR). Mit seltsamen Folgen: Für den Durchschnittsverdienst werden nicht nur die Gehälter der Rentenversicherten herangezogen, sondern die Verdienste von allen Beschäftigten. Darunter sind aber auch Beamte, angestellte Ärzte oder Rechtsanwälte sowie Topmanager – also jede Menge Personen, die mit der gesetzlichen Rente nichts zu tun haben. Mit anderen Worten: Hier werden Äpfel mit Birnen verglichen.

Etwas vornehmer kritisiert Alexander Gunkel, der Vorsitzende des Bundesvorstands der Deutschen Rentenversicherung Bund, diese eigenwillige Rechenweise: »Die für die Bestimmung des Rentenniveaus maßgeblichen Rechengrößen sind (...) insofern inkonsistent definiert, weil sie auf unterschiedlichen Quellen beruhen und unterschiedlichen Konzepten folgen.«[14] Welche absurden Folgen diese undurchsichtige Berechnung des Rentenniveaus haben kann, dazu hier einige kuriose Beispiele: Das offizielle Rentenniveau sinkt, wenn die besonders hohen Einkommen – die derzeit für die Rentenberechnung gar keine Rolle spielen – steigen. Oder das Rentenniveau steigt, wenn der Staat weniger Beamte beschäftigt. Oder das ausgewiesene Rentenniveau steigt, wenn der Beitrag für die Arbeitslosenversicherung steigt. Oder das Rentenniveau sinkt, weil der Krankenversicherungsbeitrag steigt. Und, und, und.

An der Stelle sei noch einmal an das Zitat von Bert Rürup erinnert: »Das Rentenniveau kann ausfallen, je nachdem wie ich es berechne, was ich rausnehme, was ich reinnehme. Das heißt, man kann jedes Niveau erzeugen, das Niveau ist also eine ziemlich manipulative Größe.«

Das führt zur Klarstellung Nummer 5: Das Rentenniveau lässt sich sehr leicht manipulieren, wenn die Standardrente neu definiert wird. So fragt der Wissenschaftliche Beirat im Bundeswirtschaftsministerium: Warum sollen die Menschen künftig zwei Jahre länger arbeiten (bis 67), doch die Standardrente unterstellt weiterhin nur 45 Jahre? Doch die Professoren wissen Rat: Legen wir doch auch bei der Berechung der Standardrente zwei Jährchen drauf, dann hätten wir schon heute wieder ein Niveau von 50 Prozent.[15] Die Forderung des DGB wäre also erfüllt, ohne dass ein Rentner auch nur einen Cent mehr Rente bekäme. Der schöne Schein ist oft trügerisch.

Zusammenfassend können wir feststellen: Ein fallendes Rentenniveau ist ganz sicher keine gute Nachricht für die Rentner. Allerdings kommt es für die meisten vermutlich noch deutlich schlimmer, als es das langfristig fallende Niveau ausdrückt. Umgekehrt verheißt selbst ein steigendes Niveau nicht zwingend Besserung, denn das Rentenniveau liefert über die Situation einer Einzelperson nur wenig Klarheit. Bei vielen Neurentnern ist die Rente kümmerlich, ohne dass sich das im Niveau ausdrücken würde. Veränderungen am Arbeitsmarkt (Niedriglohnsektor, weniger Versicherungsjahre, Arbeitslosigkeit) kennt das Rentenniveau nicht, weder Leistungskürzungen noch Leistungsverbesserungen spiegeln sich in ihm wider. Noch nicht mal die formale Rechenmethode ist nachvollziehbar sinnvoll, Manipulationen sind nicht ausgeschlossen.

Andererseits: Das vorgeblich so objektive Rentenniveau bereitet ein Spielfeld für griffige politische Forderungen. Es ist offenbar viel einfacher, sich über ein abstraktes Rentenniveau zu streiten, als über konkrete Verbesserungen zu Gunsten der Rentner. Und es bietet die Grundlage für aufgeblasene und kaum haltbare Berechnungen angeblicher Mehrbelastungen (»600 Milliarden Euro« laut Prognos AG, wie beschrieben). Solche Berechnungen sind grob fahrlässig und haben meist nur ein Ziel: Sie sollen unter Verweis auf angeblich sonst fällige Mehrbelastungen massive Verschlechterungen für die Rentner begründen.

Was wir brauchen, ist aber das genaue Gegenteil: Verbesserungen für alle, ganz besonders für die Geringverdiener und jene, die keine 45 Versicherungsjahre schaffen. Ob sich das im Rentenniveau niederschlägt oder nicht, ist völlig egal. Auf höhere Renten kommt es an!

Kapitel 7
Die Rentengehirnwäsche

Es erinnert fatal an die Jahrtausendwende. Wieder hat sich eine große Koalition der Lobbyisten formiert, um unserer Gesellschaft eine Rentengehirnwäsche zu verpassen. Da sind sie alle wieder angetreten: die Arbeitgeberverbände BDI und BDA, das Institut der Deutschen Wirtschaft (IW), die Initiative Neue Soziale Marktwirtschaft (INSM), das Deutsche Institut für Altersvorsorge (DIA), der Gesamtverband der deutschen Versicherungswirtschaft (GDV).[1] Vor knapp 20 Jahren ging es darum, Politik und Volk davon zu überzeugen, dass die gesetzliche Rente schwächelt und deshalb unbedingt durch private Altersvorsorge ergänzt oder ersetzt werden muss. Heute geht es darum, dass alles so bleibt, wie es damals beschlossen wurde. »Also ich bin doch sehr überrascht über die Unverfrorenheit der Lobbyisten aus der Finanzwirtschaft«, stellt Ursula Engelen-Kefer fest, »ich hatte gehofft, dass nach den Finanzkrisen so etwas wie schamhafte Zurückhaltung gepflegt würde, doch ich habe den Eindruck: Das Gegenteil ist der Fall.«

Das Ziel der Kampagne: Die in Teilen der Gesellschaft aufkommenden Zweifel an der Qualität der Privatvorsorge sollen im Keim erstickt werden. Und die zarten Versuche, die Leistungen der gesetzlichen Rente wieder anzuheben, sollen verhindert werden. Keinesfalls darf die Rente wieder zu einem lebensstandardsichernden Instrument für alle werden, das viele Millionen Versicherte vor dem Marsch in die Altersarmut bewahrt. So sehen es jedenfalls die Lobbyisten. Das Rentenniveau muss aus ihrer Sicht weiter sinken. Mögliche Leistungsverbesserungen werden folglich als unbezahlbar und ungerecht diskreditiert. Schon der wahrlich nicht allzu ambitionierte Plan, das Rentenniveau auf dem heutigen Stand zu halten, bedeutet angeblich eine Überforderung der jungen Generation. Das Zauberwort der Lobbyisten lautet »Generationengerechtigkeit«. Das ist schlau, denn wer ist schon gegen Gerechtigkeit? Zudem lehnt sich der neue Kampfausdruck stark an den positiv besetzten Begriff »Generationenvertrag« an. Gefordert wird also offenbar eine gerechte Balance zwischen den Generationen, ein wirklich gerechter Generationenvertrag.[2]

Doch schauen wir uns die Argumente genauer an. Ganz vorne in der Phalanx der Lobbyisten steht wieder einmal die Initiative Neue Soziale Marktwirtschaft (INSM). Sie wirbt in Anzeigen vor tiefschwarzem Grund mit einem zähnefletschenden Rentenbeitragsmonster. Gewarnt wird vor »Wahlgeschenken auf Kosten unserer Kinder«. Angemahnt wird stattdessen: »Mehr Generationengerechtigkeit im Rentensystem«. Ähnliche Schockbilder präsentiert die INSM auch zur Mütterrente und zu jeglichen Versuchen, Kleinverdienern etwa mit einer Solidarrente oberhalb der Grundsicherung zu einer auskömmlichen Rente zu verhelfen. Und im Text folgt stets dieselbe Botschaft: »Sie (diese Maßnahmen) schützen nicht vor Altersarmut und sind Wahlgeschenke auf Kosten unserer Kinder. Höchste Zeit für mehr Generationengerechtigkeit im Rentensystem.« In Interviews, Presseerklärungen und Gutachten bekräftigt die INSM immer wieder ihre zentrale Forderung: mehr Generationengerechtigkeit.

Das soll uns zwei Dinge glauben machen: Erstens gäbe es bislang zu wenig Generationengerechtigkeit. Und zweitens sei alles, was gut für Rentner ist, zwangsläufig schlecht für die Beitragszahler, oder schlimmer noch: Es gehe auf Kosten unserer Kinder. Das ist natürlich Unsinn, doch mit dieser perfiden Masche spielt die INSM geschickt Jung gegen Alt aus. Besonders hinterhältig ist der ständige Verweis auf die Kinder, der bei allen Wohlmeinenden unmittelbar Schutzinstinkte wecken soll und bei der heutigen Rentnergeneration ein schlechtes Gewissen produziert. Wer will schon seine Enkel schädigen? Wer kann wirklich wollen, dass den Kleinen von heute dereinst die Rechnung für die eigene Selbstsüchtigkeit in Sachen Rente präsentiert wird?

Ursula Engelen-Kefer kennt die Methoden der INSM zur Genüge: »Ich verfolge die Propagandakampagne der INSM gegen die solidarische Rentenversicherung mit Sorge und Ärger. Mit ›alternativen‹ Fakten wird Jung gegen Alt aufgewiegelt. Mit Gerechtigkeit hat das nichts zu tun.«

Das Gefährliche an der Litanei mit der Generationengerechtigkeit: Wenn sie oft genug wiederholt wird, wird sie am Ende geglaubt, wird die Lüge zur Wahrheit. Bereits der Begriff Generationengerechtigkeit führt auf die falsche Fährte: Er suggeriert eine statische Situation, in der die Interessen der Jungen den Interessen der Alten gegenüberstünden. Doch die Rente ist ein dynamischer Prozess. Es gibt Alte, die mit 64 Jahren noch kräftig Beiträge zahlen. Es gibt Junge, die noch in der Ausbildung sind und keine Beiträge leisten. Und es gibt diejenigen dazwischen. Täglich verändert sich die Situation. Wer gestern noch Beitragszahler war, kann heute schon Rentner sein. Es ist also kein starres Gegeneinander, sondern ein fließendes Miteinander, wobei sich die Zusammensetzung von Zahlern und Empfängern ständig verändert. Genauso wie die Beitragszahlungen der Beschäftigten die Rentenzahlungen ermöglichen, schaffen die Rentenerhöhungen von heute die Basis für die besseren Renten von morgen. Denn wird in unserem dynamischen System die Rente für alle heutigen Rentner erhöht, so steigt damit auch der allgemeine Rentenwert – eine sehr wichtige Komponente bei der Berechnung der Rentenhöhe.[3] Jede Rentenerhöhung nutzt also nicht nur den heutigen, sondern auch allen künftigen Rentnern. Noch heute profitiert jeder Rentner von den massiven Rentenerhöhungen in den 1970er Jahren. Andersherum ausgedrückt: Wer heute die Rente kaputtspart, beschränkt damit auch die Renten von morgen. Winfried Schmähl hält denn auch das Gerede von der Generationengerechtigkeit »für ein billiges Täuschungsmanöver. Wenn wir heute über Rente reden, geht es ja gerade um die Interessen der heutigen Beitragszahler. Die werden ja auch mal älter.«

Auch führt die Vorstellung, die Alten lebten auf Kosten der Jungen, in die Irre. Sie haben nicht nur in Form früherer Beiträge eine Vorleistung erbracht, sondern durch ihre Arbeit in den Betrieben die wirtschaftliche Basis geschaffen für die heute Jungen. Auch während des Rentenbezugs haben die Alten eine wichtige Funktion: Sie konsumieren, zahlen Umsatzsteuer und demnächst beträchtliche Einkommensteuer. Hohe Renten sind damit auch ein Wachstumsmotor. Und sie stützen das Sozialsystem: Gute Renten bedeuten nämlich Mehreinnahmen für Kranken- und Pflegekassen und vor allem weniger Ausgaben der Kommunen für die Grundsicherung im Alter.

Vermutlich weiß man all das bei der INSM auch. Doch der Begriff Generationengerechtigkeit ist einfach zu schön, um ihn in die Mottenkiste zu packen. Im Gegenteil: Die INSM hat kurzerhand einen weiteren Slogan erfunden: »Die goldene Regel der Rentenpolitik.«[4] Zwar gibt es eine solche Regel gar nicht, doch klingt sie wie ein ehernes Gesetz, und die INSM polemisiert am 1. November 2016 in einer Presseerklärung munter drauflos: »Gewerkschaften wollen Goldene Regel der Rentenpolitik abschaffen.«[5] Angeblich dürften die Rentner von den Jungen keine höheren Beiträge verlangen, als sie selbst früher gezahlt hätten.

Diese »goldene Regel« werde eindeutig verletzt, wenn das Rentenniveau wie vom DGB verlangt nicht weiter sinke und langfristig sogar wieder steige.

In einem dynamischen Rentensystem ist eine solche »Regel« natürlich hanebüchener Unsinn. Der Beitragssatz hängt in der umlagefinanzierten Rente von vielen Faktoren ab: von der Wirtschaftslage, der Lebenserwartung, der Dauer der Lebensarbeitszeit, dem Verhältnis von Beitragszahlern und Rentnern und letztlich auch der Rentenhöhe. Er wurde in 60 Jahren je nach Erfordernis vielfach angehoben, aber auch häufig gesenkt. Derzeit können die Beschäftigten eigentlich nicht klagen: Mit 18,7 Prozent ist der Beitragssatz so niedrig wie im Frühjahr 1985.[6] Und eine Erhöhung ist in den nächsten Jahren nicht geplant. Von einer Überforderung der Jungen kann aktuell also keine Rede sein. Dennoch entwirft die INSM in Beispielsrechnungen ein Horrorszenario. Bereits 2025 könne ein Ehepaar bei unverändertem Rentenniveau jährlich mit Mehrkosten von 735 Euro rechnen. Steige das Rentenniveau leicht auf 50 Prozent an, drohten gar Mehrkosten von bis zu 1 286 Euro pro Jahr.[7]

Solche scheinbar exakten Prognosen für die Zukunft sind natürlich nichts als Kaffeesatzleserei und vor allem dazu da, Furcht und Schrecken zu verbreiten. Noch dazu verdrehen sie die Wahrheit auf eklatante Weise, worauf Matthias W. Birkwald (DIE LINKE) hinweist: »Es ist genau umgekehrt. Durch die Senkung des Rentenniveaus bei gleichzeitiger Einführung der Riester-Rente werden die Jungen massiv mehr belastet. Wenn wir heute zum Rentenniveau vor der Riester-Reform zurückkehren und gleichzeitig die Riester-Rente abschafften, dann würden Durchschnittsverdienende jährlich über 1 000 Euro sparen. Und den Rentnern und Rentnerinnen ginge es viel besser. Das ist die Wahrheit.«

Doch vielleicht geht es der INSM gar nicht um die Wahrheit. Und vielleicht geht es ihr auch gar nicht so sehr um die Situation der heute Beschäftigten und die Generationengerechtigkeit, sondern schlicht um die Interessen der Arbeitgeber. Die Arbeitgeberverbände der Metall- und Elektroindustrie haben die INSM schließlich 1999 gegründet und finanzieren sie bis heute.[8] Und von wem stammen die Horrorzahlen der angeblichen Überlastung der Beitragszahler durch ein zu hohes Rentenniveau? Vom Institut der deutschen Wirtschaft (IW), das eng mit der INSM zusammenarbeitet und ebenfalls von den Arbeitgeberverbänden getragen wird.[9] So sagt denn auch Ursula Engelen-Kefer: »Es geht bei solchen Untersuchungen häufig nur vermeintlich um die Interessen der jungen Beitragszahler. Vielmehr soll der gesetzlich gedeckelte Beitragssatz für die Arbeitgeber in der Rentenversicherung gerechtfertigt werden. Das spart den Unternehmen viele Milliarden. Dass die Beschäftigten dafür aber die Zeche zahlen und umso mehr für die private Vorsorge ausgeben sollen, scheint die Initiative Neue Soziale Marktwirtschaft oder das Institut der deutschen Wirtschaft wenig zu kümmern.«

Ähnlich äußert sich Ulrich Schneider, der Hauptgeschäftsführer des Paritätischen Wohlfahrtsverbands: »Es grenzt an Desinformation, wenn so getan wird, als ginge es darum, etwas für die Jüngeren zu tun, die nicht mit höheren Beiträgen belastet werden sollen. In Wirklichkeit wird denen durch die private Vorsorge doch sehr viel mehr abverlangt. Nicht die Versicherten, sondern allein die Unternehmen sollen entlastet werden. Nur darum geht es.«

Besonders perfide erscheint vor diesem Hintergrund die Anzeige, die die INSM am 28. Oktober 2016 in Zeitungen wie FAZ und SZ schaltete. Gezeigt wurde ein Triumvirat von Merkel, Seehofer und Nahles, mit der Arbeitsministerin an der Spitze, die in Uncle-Sam-Manier auf den Leser zeigt. Darunter standen die Worte: »DU ZAHLST«. Der Hintergrund für die Kampagne waren angeblich teure Wahlgeschenke für die Rentner durch

die große Koalition, angesprochen wurden ausdrücklich Jung-
wählerinnen und Jungwähler: »Die Rechnung zahlt immer Ihr.
Das ist nicht fair.«

Genau einen Monat zuvor hatte die INSM ihren langjährigen
Botschafter Professor Bernd Raffelhüschen verkünden lassen:
»Es drohen 27 Prozent Rentenbeitrag.«[10] Bernd Raffelhüschen
spielt in der »Operation Rentengehirnwäsche« seit vielen Jahren eine zentrale Rolle. Der gebürtige Nordfriese hat seit 1995
an der Universität Freiburg einen Lehrstuhl für Volkswirt-
schaftslehre und Finanzwirtschaft inne und betreibt dort auch
ein Forschungszentrum Generationenverträge. Letzteres wurde
über lange Jahre von zahlreichen Unternehmen der Finanzwirtschaft mitfinanziert.[11] Bei Banken, Versicherungen und Fonds-
gesellschaften ist er seit Jahrzehnten wohlgelitten, verkündet
Raffelhüschen doch ohne Unterlass, dass die demografische
Entwicklung ohne drastischen Umbau der Sozialsysteme zu einer unverantwortlichen Überlastung der jungen Generation
führe.[12] Seine Lösung: mehr private Vorsorge, mehr kapitalgedecktes Ansparen in Renten-, Kranken- und Pflegeversicherung.
Das machte ihn von Beginn an auch zu einem idealen Partner
der INSM, für die er denn auch zahlreiche Studien und Gutachten verfasste und seit vielen Jahren offiziell als Botschafter fun-
giert.[13] Seit 2006 hat er einen Aufsichtsratsposten bei der Ergo-
Versicherungsgruppe inne.[14] Doch Lieblingsbeschäftigung und
Haupteinnahmequelle Raffelhüschens ist es vermutlich, Vorträge zu halten. Auf Anleger- und Maklermessen, bei Versicherungen, bei Banken, auf »Road-Shows« von Finanzdienstleistern.[15]

Wo immer er auftritt, erfüllt er seine Rolle als INSM-Botschaf-
ter perfekt. Seine Thesen: Die Politik benachteiligt die Jungen,
die Kosten laufen aus dem Ruder und das Rentenniveau muss
deutlich runter. Punkt. Er kommt auch zu kleineren Instituten,
wenn die sich Bernd Raffelhüschen leisten können. Zum Bei-

spiel am 10. Juni 2016 zum Sommerfest der Volksbank Pirna und 250 geladenen Gästen.[16] Raffelhüschen gilt als unterhaltsamer Redner. In Pirna präsentiert er sich wieder mal auf Bierzeltniveau, bei seinen Ausführungen zur Demografie vielleicht sogar ein klein wenig darunter. Denn die geladenen Gäste in Pirna gehören wie überall bei den Raffelhüschen-Vorträgen überwiegend zur Generation der Babyboomer. Und die sind ja bekanntlich sehr viele und haben selbst – so sieht es zumindest Raffelhüschen – viel zu wenige Kinder und verdienen deshalb eine besondere Ansprache: »Wir denken ja immer, wir haben da ein Problem mit Altersvorsorge und Rente. Spätestens nach diesem Vortrag sollte Ihnen aber klar sein: Sie haben kein Problem. Sie sind das Problem. Und noch was: Sie sind nicht nur das Problem, Sie haben es auch verursacht. Sie sind der, der es durch Unterlassung gemacht hat. (…) Statistisch gesehen waren Sie, die Sie hier sitzen, (…) was das Kinderkriegen angeht, der größte Rohrkrepierer, den wir in der deutschen Geschichte jemals gehabt haben. (Gelächter) In dieser Richtung waren Sie echt grottenschlecht. (…) Statistisch gesehen war da nichts, ist nichts rausgekommen. (…) Selbst wenn Sie heute Abend nach Hause fahren und allesamt versuchen würden, an Ihren Reproduktionsziffern zu arbeiten: Sie werden es nicht ändern. Punktum, vorbei, Schluss. Die Messe ist gelesen.«[17]

Das Versäumnis und das Versagen der Babyboomer scheint offenkundig: Männer als Schlappschwänze und Frauen im Gebärstreik. Also müssen sie mit einem sinkenden Rentenniveau bestraft werden, statt die Jungen mit hohen Beiträgen zu quälen. Für Raffelhüschen ist das alternativlos. Denn die Zahl der künftigen Rentner stünde fest. Und auch die potenziell Erwerbstätigen, die in 20 Jahren arbeiten könnten, seien schon geboren. »Das Verhältnis ist gewiss, das ist keine Prognose. Was wir machen, ist Projektion. Die Vergangenheit können wir nicht mehr ändern.« Für Raffelhüschen steht die demografische Entwicklung also fest wie ein Naturgesetz (»Die Messe ist gelesen.«). Wenn Politiker und Medien das noch für Zukunft hielten, sei das nur ihrer grenzenlosen Dummheit geschuldet. Raffelhüschen tut so, als verkünde er felsenfeste Wahrheiten. Er, der Demografiepapst, der Herr der Zahlen, sagt seinem Publikum: Die Renten müssten runter. Das sei nur gerecht. Quasi die logische Folge des Verursacherprinzips.

Was Raffelhüschen nicht sagt: Die Bevölkerungszahlen, auch das Verhältnis von Jungen zu Alten, sind beileibe nicht in Stein gemeißelt. Sie werden vom Statistischen Bundesamt schon nach wenigen Jahren regelmäßig und oft deutlich korrigiert. Manches Problem wird so zum Problemchen. Was er auch nicht sagt: Das Erwerbstätigenpotenzial sinkt zwar, aber viel entscheidender für die Rente ist die Zahl der versicherungspflichtig Beschäftigten. Würde die Frauenerwerbsquote steigen, würden die Alten nicht mehr länger ab 55 Jahren aus den Jobs gedrängt und würde das Heer von Mini-Jobbern in reguläre Beschäftigung überführt, sähen die Zahlen schon anders aus. Ganz und gar anders käme es, wenn die Rentenversicherung in eine Erwerbstätigenversicherung überführt würde. Würden nämlich Beamte, Freiberufler und Selbstständige in die Rentenkasse einzahlen, fehlte es ihr nicht an Beitragszahlern. Und falls es am Ende doch dazu käme, ließe sich das notfalls über eine gezielte Zuwanderung lösen. Vollends ausgeblendet wird aber von Rednern wie Raffelhüschen eine wichtige Überlegung: Eine gute Rente allein an den Kopfzahlen der jungen Generation festzumachen ist absurd. Entscheidend ist vielmehr, dass ausreichend ordentlich bezahlte Arbeitsplätze angeboten werden. Wird aber versicherungspflichtige Arbeit abgebaut, dann retten auch noch so viele Kinder die Rente nicht. Nur gut bezahlte Arbeit sichert gute Renten.

Doch all das ist offenbar zu differenziert für das Sommerfest der Volksbank in Pirna. So bedient und fördert Raffelhüschen lieber das Klischee der selbstsüchtigen Babyboomer. Und 250 Zuhörer klatschen frenetisch wie auf einer Karnevalssitzung, wo man es ja auch mitunter schenkelklopfend genießt, ein wenig durch den Kakao gezogen zu werden. Das gelingt den Zuhörern umso besser, als die von Raffelhüschen angemahnten harten Rentenkürzungen die Anwesenden wohl kaum treffen werden. Die geladenen Honoratioren dürften in der Regel über üppige Zusatzversorgungen verfügen oder – soweit es sich um Selbstständige und Beamte handelt – gar nicht erst in der Rentenversicherung versichert sein. Da lassen sich Rentenkürzungen gut beklatschen. Am härtesten werden diese Kürzungen übrigens genau jene treffen, die angeblich durch diese Maßnahmen vor Überforderung geschützt werden sollen: die heute jungen Arbeitnehmer. Sie sollen später nur noch Minirenten bekommen und gleichzeitig massiv mehr selbst vorsorgen. Auf rund 20 Prozent des Bruttolohns dürfte der Eigenanteil zur Altersvorsorge dieser jungen Beschäftigten steigen. Für die gesetzliche Rente, für die Riester-Rente, für die sogenannte betriebliche Altersvorsorge und andere private Vorsorge. Die Volksbank Pirna wird's freuen.

Lobbyisten wie Bernd Raffelhüschen und Organisationen wie die Initiative Neue Soziale Marktwirtschaft haben sicher ihren Anteil an einer solchen Entwicklung. Mit dem ständigen Verweis auf die demografische Entwicklung und dem Pochen auf mehr Generationengerechtigkeit haben sie große Teile der Gesellschaft weichgeklopft. Sie haben es geschafft, dass die Alten weitgehend stillhalten und die Jungen überwiegend den Glauben an die gesetzliche Rente verloren haben. Die perfide Rentengehirnwäsche wirkt, wie Ursula Engelen-Kefer feststellt: »Der Kampf um die Rente war schon immer ein Macht- und Verteilungskampf. Dabei sind die Lobbyisten der Finanzwirtschaft wesentlich besser organisiert und verfügen auch über erhebliche Geldmittel. Sie wirken in die Medien, dominieren die öffentliche Meinung sowie die Politik. Es fehlt einfach an einer Gegenmacht.«

Bereits in unserem 2012 erschienenen Buch *Die Vorsorgelüge* haben wir die Mechanismen beschrieben, wie straffe Lobbyorganisationen im Zusammenspiel mit willigen Wissenschaftlern in die Gesellschaft wirken: Mit immer neuen Gutachten und Studien sowie der ständigen Wiederholung der Kampfbegriffe Generationengerechtigkeit und Demografie werden die Medien gefüttert. Und weil vielen Redaktionen immer weniger Zeit und Personal für eine kritische Recherche zur Verfügung steht, scheinen viele Journalisten das Mantra von INSM & Co. bereits übernommen zu haben.

Auch erfährt der Leser oder Zuschauer oft nicht, von wem die Informationen wirklich stammen. Deutlich wird das am Beispiel des Deutschen Instituts für Altersvorsorge (DIA). Das klingt zunächst unabhängig und irgendwie ein wenig staatlich. Googelt man DIA, so erfährt man: »Wir sind die neutrale Plattform für einen umfassenden Diskurs zu Altersvorsorge, Demografie und Generationengerechtigkeit.« Das Institut sieht sich als Denkfabrik. Es hat zahlreiche Studien veröffentlicht, bietet auf seiner Homepage allerlei News zu Rente und privater Altersvorsorge, einen Büchershop und acht sogenannte Rechentools, wie beispielsweise den »Rentenlückenrechner«. Was das DIA jedoch keinesfalls ist: neutral. Es wurde 1997 von der Deutschen Bank AG und deren Töchtern Deutsche Bank Bauspar AG, DWS Investment GmbH und Deutscher Herold AG gegründet. Diese Unternehmen sind noch immer die Gesellschafter des DIA.[18] Dazu kamen in der Zwischenzeit noch als Fördermitglieder Unternehmen wie die Allianz Lebensversicherung AG, die PB-Versicherungen, die Postbank AG und der weltgrößte Vermögensverwalter Black-Rock, der an allen 30 im DAX gelisteten Unternehmen erhebliche Anteile hält.[19] All das erfährt der Leser normalerweise nicht, wenn in der Presse das Deutsche Institut für Altersvorsorge erwähnt wird. 2012 verlagerte das DIA seinen Sitz von Köln nach Berlin und wendet sich seitdem nach eigenem Bekunden »mehr der Suche nach anwendbaren Konzepten für die private und betriebliche Altersversorgung zu, begleitet Gesetzgebungsvorhaben (…) und moderiert im Netzwerk der Experten der Altersvorsorge.«[20]

Kurzum: Das DIA beeinflusst nach Kräften Politik und Öffentlichkeit. Und es verfolgt auch nach seinem Umzug nach Berlin noch immer die erfolgreiche Strategie der Gründerzeit: Als DIA-Sprecher werden erfahrene Journalisten mit besten Kontakten in die Politik eingekauft. Ideal erfüllt derzeit Dieter Weirich diese Anforderung: Der frühere Ressortchef einer Hanauer Lokalzeitung und Hessen-Korrespondent der christlichen Wochenzeitung *Rheinischer Merkur* war jahrelang Sprecher der hessischen CDU, wurde zunächst Land-, dann Bundestagsabgeordneter und schließlich Intendant der Deutschen Welle, bevor er eine PR-Agentur gründete und später als Kommunikationschef beim Flughafenbetreiber Fraport AG anheuerte. Nun gestaltet er für das DIA »die Beziehungspflege zur Politik«.[21] Da kann offenbar nichts schiefgehen.

Doch die Politik erhält in Sachen Rente noch von anderen Organisationen und Verbänden gute Ratschläge. Ob BDI oder BDA, ob Institut der Deutschen Wirtschaft (IW), Bundesbank, Sachverständigenrat oder Gesamtverband der Deutschen Versicherungswirtschaft – eine Botschaft scheint sich in jüngster Zeit zu verfestigen: Altersarmut existiert gar nicht als gesellschaftliches Phänomen, sie ist allenfalls ein Problem von Bildungsunwilligen, Faulen oder unglückseligen Pechvögeln. Und auch für die Zukunft soll gelten: Trotz sinkendem Rentenniveau wird es den Rentnern immer besser gehen. Besonders bemerkenswert ist ein Gutachten des Wissenschaftlichen Beirates im Bundeswirtschaftsministerium aus dem September 2016, das von 35 renommierten Professoren von Hans-Werner Sinn bis Axel

Börsch-Supan unterschrieben ist und in dem quasi »ex cathedra« Rentengehirnwäsche vom Feinsten betrieben wird.[22] Der gebündelte wirtschaftswissenschaftliche Sachverstand dieses Landes stellt darin fest, »dass die Altersarmut derzeit kein drängendes Problem darstellt«.[23] Und in Zukunft? Noch viel weniger! Falsch sei die oft zitierte Vorstellung, dass »immer mehr Rentner nur noch eine Rente in Höhe der Grundsicherung oder gar weniger beziehen werden«.[24] Zwar sinke notwendigerweise das Rentenniveau und die Renten wüchsen auch deutlich – und zwar um ein Drittel – langsamer als die Löhne. Trotzdem prophezeien die Professoren ein goldenes Zeitalter für die Rentner mit nicht nur höheren Renten, sondern auch mit einer deutlich steigenden Kaufkraft. Die Befürchtung steigender Altersarmut sei obsolet, ein Missverständnis. Um zu diesem wirklich sehr erstaunlichen Ergebnis zu kommen, bedienen sich die Berater der Bundesregierung eines klassischen Münchhausen-Tricks. Die Kaufkraft und damit der Wert der Renten werde deutlich wachsen, »da die Löhne stärker steigen, als das Rentenniveau sinkt«. Und die Professoren wissen auch schon genau, um wie viel: »Nimmt man einen jährlichen Produktivitätszuwachs von 1,5 Prozent an, der etwa dem langfristigen Durchschnitt der letzten 25 Jahre entspricht, dann wächst die Kaufkraft der Renten trotz absinkendem Niveau um circa 1 Prozent jährlich. Die Renten der nächsten Generation werden also circa 30 Prozent mehr Kaufkraft haben als die heute ausbezahlten Renten.«[25]

Fassungslos steht man vor solch kruden Annahmen und dreisten Schlussfolgerungen. Ein Wachstum der Produktivität von 1,5 Prozent ist bereits optimistisch, doch wesentlich problematischer sind die Annahmen, was davon bei den Löhnen oder gar bei den Renten ankommt. Wie die Professoren zu der Schlussfolgerung gelangen, dass der angenommene Produktivitätszuwachs sich voll und ganz in den Löhnen und anschließend real zu zwei Dritteln in den Renten niederschlägt, bleibt wohl ihr Geheimnis.

Die Prognose von Sinn, Supan & Co. wäre nur dann schlüssig, wenn die deutsche Wirtschaft tatsächlich bis 2040 den beachtlichen Produktivitätszuwachs von 1,5 Prozent pro Jahr schaffen würde und dieser Zuwachs – und jetzt kommt die eigentliche Sensation – ungeschmälert den Arbeitnehmern zugutekäme. Also null Umverteilung zu Gunsten der Unternehmen und Kapitaleigner. Wie realistisch ist das denn? Die Erfahrung der vergangenen 25 Jahre spricht eine ganz andere Sprache: Das Bruttoinlandsprodukt wuchs real – also nach Abzug der Inflation – tatsächlich um beachtliche 39,1 Prozent.[26] Die versicherungspflichtigen Durchschnittslöhne stiegen in derselben Zeit real aber nur um 5,1 Prozent.[27] Und die Renten? Sie stiegen real überhaupt nicht, sondern fielen im selben Zeitraum (von 1991 bis 2016) in Westdeutschland gar um 5,7 Prozent.[28] Noch Fragen?

Was das sinkende Rentenniveau angeht, so haben die Berater der Bundesregierung ebenfalls kreative Vorschläge. Haltelinien wie die von Andrea Nahles vorgeschlagenen lehnen sie strikt ab. Dennoch müsse das Rentenniveau nicht ins Bodenlose fallen. Zusammen mit dem um zwei Jahre auf 67 gestiegenen Renteneintrittsalter solle man auch die sogenannte Standardrente »konsequenterweise« um zwei Jahre anpassen.[29] Der Charme dieses Vorschlags ist bestechend: Berechnet man die Standardrente nicht mehr mit 45, sondern folgerichtig mit 47 Jahren, steigt das Rentenniveau (die Professoren sprechen von »Sicherungsniveau«) um rund zwei Prozentpunkte.[30] Solche Rechenspiele werden übrigens auch von der Deutschen Bundesbank angestellt.[31] Auf heute bezogen, stiege das Rentenniveau so – Simsalabim – von 48 auf 50 Prozent. Das ist genau der Wert, den der DGB in seiner aktuellen Rentenkampagne anstrebt. Ein wahrlich genialer Plan der Politikberater.[32] Kein Cent mehr Rente, aber die Armut ist weg.

Die Mär von der abnehmenden Altersarmut verkündet der für das Gutachten aus dem September 2016 federführende

Professor Friedrich Breyer aus Konstanz seitdem landauf landab in Interviews.[33] Bis 2045 könnten sich die Rentner von ihrer Rente ein Drittel mehr kaufen als heute. Der Anteil armer Rentner, die zusätzlich Grundsicherung betragen müssen, werde nicht steigen, sondern im Gegenteil deutlich fallen. Der Professor aus Konstanz geht bei diesen Verharmlosungen aber nicht nur von gewagten ökonomischen Grundannahmen aus. Es ist noch schlimmer: Die Berechnungen haben mit der tatsächlichen Rentenhöhe, die ein Rentner im echten Leben bezieht, so gut wie nichts zu tun. Breyer und seine Professorenkollegen rechnen mit dem Konstrukt des Standardrentners und lassen diesen dann immer reicher werden. Theoretisch jedenfalls. In Wahrheit bekommen die meisten Rentner aber weit weniger als die Standardrente. Sie schaffen, wie bereits weiter oben dargelegt, weniger Versicherungsjahre und verdienen im Schnitt auch erheblich schlechter.[34] Und das heißt: Es wird in Zukunft nicht weniger, sondern deutlich mehr Altersarmut geben als heute. Die breite Öffentlichkeit wird also gezielt desinformiert.

Es gibt noch einen weiteren Weg, Altersarmut und sinkendes Rentenniveau quasi wegzuzaubern: durch eine deutliche Erhöhung des Renteneintrittsalters. So schlägt die Bundesbank eine schrittweise Erhöhung auf 69 Jahre vor[35], manch andere gehen sogar noch einen Schritt weiter. So rechnet das Institut der deutschen Wirtschaft vor, dass sich das Problem der alternden Gesellschaft ganz einfach lösen lasse: Ab 2030 müssten alle bis 69, ab 2035 bis 71 und spätestens ab 2041 sogar bis 73 Jahre arbeiten.[36] Das wären immerhin neun Jahre mehr als der aktuell durchschnittliche Rentenzugang, der mit 64 Jahren erfolgt.[37] Die Vorteile liegen auf der Hand, auch wenn das nicht offen ausgesprochen wird: Die Rentenbezugsdauer würde deutlich sinken, ebenso die Zahl der Rentenbezieher, denn sehr viele Beschäftigte würden den Beginn der Rente gar nicht mehr erleben.

Aktuell sterben 16 Prozent der Frauen und knapp 28 Prozent der Männer vor ihrem 73. Geburtstag.[38]

So absurd sich die Forderungen nach einem deutlich erhöhten Renteneintrittsalter anhören mögen, es gilt: Steter Tropfen höhlt den Stein. Je häufiger Experten in der Öffentlichkeit den Renteneintritt mit 70 oder mehr fordern, desto aussichtsloser wird der Kampf der Gewerkschaften für eine Rücknahme der Rente mit 67 werden. Auch das ist Teil der Rentengehirnwäsche: Wer heute noch für ein Renteneintrittsalter mit 65 eintritt, gilt in der Öffentlichkeit schon als Gestriger, der die Erfordernisse und Notwendigkeiten einfach nicht zur Kenntnis nehmen will.

Als ebenso unumstößliche Tatsache gilt mittlerweile, dass der demografische Wandel zu Reformen und insbesondere Kürzungen in der Rente führen muss. Es folgen dann stets Vergleiche in der Art: Heute kämen noch drei Beschäftigte auf einen Rentner, aber schon in soundso vielen Jahren müsse ein Beschäftigter für einen Rentner aufkommen, das könne nicht gutgehen. Und das leuchtet dann auch nahezu jedem ein.

Nicht so Professor Gerd Bosbach von der Hochschule Koblenz: »Natürlich kann das gutgehen, und ich gehe auch davon aus, dass es gutgehen wird.« Bosbach ist Mathematiker und leitet einen Lehrstuhl für Statistik und empirische Wirtschafts- und Sozialforschung. Früher war er mal beim Statistischen Bundesamt beschäftigt, kennt sich perfekt aus mit Bevölkerungsentwicklungen und weiß: »Natürlich gibt es den demografischen Wandel. Doch er liegt nicht vor uns, sondern ganz wesentlich schon hinter uns.« Tatsächlich hat sich das Verhältnis von Jungen zu Alten in den vergangenen 100 Jahren gravierend verändert, wie Bosbach darlegt: »1910 kamen 10,3 Personen im Alter von 20 bis 65 Jahren auf eine Person ab 65. Bis in die 1970er Jahre sank das Verhältnis auf vier zu eins. Heute sind es tatsächlich nur noch knapp drei.« Und sind wir dadurch schlechter dran? Im Gegenteil, sagt Bosbach: »Das Ganze war verbunden mit mehr Wohlstand, höheren Löhnen, höheren Renten und einer deutlich verkürzten Arbeitszeit. Es geht uns wirtschaftlich deutlich besser als vor 100 Jahren. Man kann das auf einen einfachen Nenner bringen: Produktivität schlägt Demografie.« Wirtschaftswachstum und Lohnsteigerungen waren also in der Lage, die Veränderungen im Bevölkerungsaufbau zu kompensieren. Die Rentenkürzungen seit der Schröder-Ära hätten mit Demografie nichts zu tun – sie seien rein politisch motiviert gewesen.

Auch Bosbach nimmt an, dass das Erwerbspersonenpotenzial weiter sinkt. Die Veränderungen seien jedoch weit weniger dramatisch als von Angstmachern wie beispielsweise Bernd Raffelhüschen dargestellt. Die Zukunftsrechnungen etwa des Statistischen Bundesamtes bedeuten umgerechnet nur eine Verminderung des Anteils der Erwerbspersonen um 0,3 Prozent pro Jahr bis 2060[39], wie Bosbach errechnet hat. »Das kann man locker mit einer besseren Ausschöpfung des Potenzials durch einer höhere Erwerbstätigkeit von Frauen, durch den Abbau von Arbeitslosigkeit, durch eine höhere Beschäftigungsquote bei Älteren und den Abbau der vielfach erzwungenen Teilzeitbeschäftigung wettmachen«, ist Bosbach überzeugt.

Werden Begriffe wie »Pillenknick« und »Geburtenmangel« also nur für den Sozialabbau instrumentalisiert? Ist das tausendfach gehörte Argument, wir bekämen zu wenige Kinder in Deutschland, wirklich so abwegig? Bosbach winkt ab: »Wenn wir heute deutlich mehr Kinder hätten, dann würden sich die schon existierenden Probleme bei Kita-Plätzen, überfüllten Schulklassen und explodierenden Unis noch verschärfen. Und am Ende hätten wir vermutlich auch deutlich mehr Arbeitslose. Ob es der gesetzlichen Rente später nutzt, hängt davon ab, ob aus den heutigen Kindern Beitragszahler werden und diese auch ordentlich bezahlte Jobs finden werden. Um es noch mal deutlich zu sagen: Es gab und gibt demografische Veränderungen, doch Rentenkürzungen können damit nicht begründet werden.«

Es scheint vielmehr so: Die Demografie wird benutzt, um Verteilungskonflikte zu kaschieren. Sie wird missbraucht, um ein sinkendes Rentenniveau zu rechtfertigen. Doch wenn gleichzeitig das Sozialprodukt kräftig wächst und die Einnahmen aus Unternehmertätigkeit und Vermögen geradezu explodieren, ahnt man, dass hier etwas nicht stimmt.[40] Für den Politikwissenschaftler Professor Christoph Butterwegge sind daher auch »der demografische Wandel eine große Erzählung des Neoliberalismus und Generationengerechtigkeit ein politischer Kampfbegriff. Es wird uns wie ein Naturgesetz aufgetischt, dass die Renten sinken müssen. In Wahrheit soll der Wohlstand weiter zu Lasten von Beschäftigten und Rentnern umverteilt werden. Und die Demografie liefert dafür eine unverdächtige Begründung.«

Interessant ist auch, wie schnell sich mitunter die Prognosen ändern. Noch 2015 ging die Bundesregierung von einer Bevölkerung von rund 67,6 Millionen im Jahr 2060 aus. Im Februar 2017 verkündete das Bundeskabinett in einer »demografiepolitischen Bilanz« dann plötzlich, dass in den kommenden Jahrzehnten mit einer konstanten Bevölkerungszahl von rund 82 Millionen gerechnet werde.[41] Die *Westdeutsche Zeitung* spöttelte prompt: »Deutschland stirbt doch nicht aus.«[42] Und das Statistische Bundesamt vermeldete für Ende 2016 einen neuen Bevölkerungshöchststand von 82,8 Millionen Menschen.[43] Auch die Zahl der Geburten steigt teilweise wieder, das Bundesland Berlin meldet schon das zweite Jahr in Folge einen deutlichen Geburtenüberschuss.[44]

Fazit: Wir sind derzeit wieder einmal Zeugen und Opfer einer gewaltigen Rentenlüge. Schlagkräftige Lobbyisten, ein Großteil der Politiker und der Mainstream der Ökonomen versuchen uns einzureden, wir bräuchten mehr Generationengerechtigkeit. Seltsamerweise wird die angeblich nur eingelöst, wenn das

Rentenniveau dauerhaft gesenkt wird. Das, so hören wir, sei auch bedenkenlos möglich. Denn von interessierter Seite wird die Altersarmut trickreich weggerechnet oder wegdefiniert. Es wird nach Kräften mit Zahlen geschummelt, um das Niveau zu liften, ohne dass es dadurch auch nur einem Rentner besser gehen würde. Und das Schlimme dabei: Viele Medien scheinen diese Propaganda entweder nicht zu merken oder machen bewusst mit.

Was fehlt, ist eine überzeugende und kampfkräftige Gegenmacht. Eine Organisation, die sich mit Phantasie und Beharrlichkeit für die Rente und gegen die Manipulation der öffentlichen Meinung stemmt. Wie die Beispiele INSM und DIA zeigen, lässt sich bereits mit überschaubarem finanziellem Aufwand eine enorm hohe mediale Wirksamkeit erreichen.[45] Die großen Gewerkschaften wären dazu sicher in der Lage.

Kapitel 8
Viel Tamtam um wenig – die Pläne der großen Koalition

Monatelang hatte Andrea Nahles ein Konzept zur Rente versprochen, hatte sich bisweilen sehr kritisch zur Riester-Rente geäußert, hatte erkennen lassen, dass sie einen ungebremsten Absturz des Rentenniveaus verhindern will – und nun war der Moment gekommen. Am 25. November 2016 sitzt die Ministerin um 9:45 Uhr vor der Bundespressekonferenz und verkündet ihr »Kernversprechen des Sozialstaates«.[1] Es lautet: »Wer sein Leben lang gearbeitet hat, muss die Chance haben, seinen im Arbeitsleben erworbenen Lebensstandard beibehalten zu können. Und die Rente muss dabei das verlässliche Fundament für alle bleiben!«[2] Gut 17 Minuten lang skizziert sie in einem vorbereiteten Statement, wie sie das schaffen will. Und sie legt dabei die Messlatte sehr hoch, wenn sie verspricht: »Dieses Gesamtkonzept ist das umfassendste Konzept gegen Altersarmut, das jemals vorgelegt wurde.«[3]

Können die Nahles-Pläne diesem Anspruch wirklich genügen? Vorab gilt schon mal festzuhalten: Dieses Konzept ist leider nicht das Konzept der Bundesregierung. Nur sehr kleine Teile ihres ursprünglichen Rentenkonzeptes konnte Andrea Nahles in den Verhandlungen mit den CDU- und CSU-Granden durchsetzen. Also wie so oft: viel Tamtam um wenig.[4] Und um es direkt klar zu sagen: Die große Koalition plant keinerlei Verbesserungen am Rentenniveau. Im Gegenteil. Dieses soll nach den aktuellen Prognosen von heute 48 Prozent bis zum Jahr 2045 auf 41,7 Prozent sinken. Leider sind auch keine Maßnahmen geplant, um Geringverdienern zu einer Rente oberhalb der Grundsicherung zu verhelfen. Ganz gleich, ob man dies mit Lebensleistungsrente oder Solidarrente betitelt – nichts dergleichen ist vorgesehen. Leider sind auch keine Maßnahmen zur Verbesserung der Einnahmesituation der Rentenkasse geplant, weder durch einen höheren Steueranteil noch durch die Einbeziehung neuer Gruppen von Beitragszahlern. So fällt denn auch das Fazit von Ulrich Schneider vom Paritätischen ernüchternd aus: »Was da im vergangenen November beschlossen wurde, ist so geringfügig, dass es den Namen Rentenkonzept gar nicht mehr verdient.«

Die Regierungspläne werden den allermeisten Beschäftigten und Rentnern nichts nutzen. Doch schauen wir uns das Konzept im Detail an: Besser gestellt werden sollen Erwerbsminderungsrentner, also jene, die wegen Krankheit oder Unfall nicht bis zur regulären Altersgrenze durchhalten. Derzeit sind das 1,8 Millionen Personen, die im Schnitt eine Rente von 731 Euro erhalten.[5] Über alle Parteien, Verbände und Gewerkschaften hinweg ist man sich derzeit einig, dass für diese Frührentner etwas getan werden muss. Deshalb soll die sogenannte Zurechnungszeit um drei Jahre verlängert werden. Wird derzeit fiktiv so getan, als hätten die Erwerbsgeminderten bis zum 62. Lebensjahr gearbeitet, soll dies künftig auf 65 Jahre erhöht werden. Das ist gut und wird die Renten im Schnitt wohl um 60 bis 70 Euro erhöhen. Der Pferdefuß: Den 1,8 Millionen aktuellen Erwerbsminderungsrentnern nutzt das gar nichts. Die Verbesserung soll nur für neue Erwerbsminderungsrentner greifen und dann auch nur Schritt für Schritt bis zum Jahr 2024 – es dauert also noch lange, bis die Verbesserung voll greift. Zunächst rechnet die Bundesregierung nur mit geringen Mehrausgaben: im Jahr

2021 beispielsweise mit 140 Millionen Euro. Für das Jahr 2030 werden 1,5 Milliarden Euro veranschlagt, die komplett aus Beitragsmitteln finanziert werden sollen.[6] Finanzminister Schäuble beteiligt sich mit keinem Cent aus dem Steuersäckel. Belastet werden allein die Beitragszahler.

Ähnlich läuft es bei der Angleichung von Ost- und Westrenten. Hier zieht sich der Prozess sogar bis Januar 2025 hin. Erst dann führt ein Beitrags-Euro – egal, wo er verdient wurde – zu einem gleich hohen Rentenanspruch in Ost und West. Die milliardenschweren Kosten hierfür übernehmen auch in diesem Fall ganz überwiegend die Beitragszahler. »Ein Skandal«, kritisiert Otto W. Teufel, der seit Jahren haarklein in seiner »Teufel-Liste« erfasst, wie viel der Staat den Rentenversicherten schuldig bleibt. Teufel: »Die Angleichung der Rentensysteme ist eindeutig eine gesamtgesellschaftliche Aufgabe. Das müsste also voll aus Bundesmitteln gezahlt werden.« Wird es aber nicht. Erst ab 2025 will sich der Bund zur Hälfte an den Kosten der Angleichung beteiligen.[7]

Wem nutzt die Ost-West-Angleichung eigentlich? Die Frage ist keineswegs trivial. Denn die bis heute geltende Rechtslage ist keineswegs so ungünstig für Ostdeutsche, wie landläufig angenommen wird. Sie bekommen zwar für jeden erworbenen Rentenpunkt derzeit noch über 6 Prozent weniger Rente. Doch ihre Einkommen wurden in der Vergangenheit und werden bis heute für die Rente deutlich hochgewertet, sie bekommen also mehr Rentenpunkte gutgeschrieben. Und dieser Effekt kompensiert den etwas niedrigeren allgemeinen Rentenwert Ost bei Weitem. Das Ergebnis: Ein gleich hoher Verdienst führt im Osten zu einer höheren Rente als im Westen. Genaugenommen handelt es sich hier um eine finanzielle Umverteilung von West nach Ost. Damit ist ab 2025 Schluss.

Nutznießer der geplanten Angleichung sind die heutigen Rentner in Ostdeutschland. Sie profitieren weiter von ihren in der Vergangenheit aufgewerteten Einkommen und bekommen dafür in wenigen Jahren den vollen gesamtdeutschen Rentenwert. Ihre Rente steigt über die normalen Rentenanpassungen hinaus um rund 6 Prozent. Und das sorgt ab 2025 für Mehrkosten von rund 4 Milliarden Euro pro Jahr, was alle Beitragszahler belastet. Ganz besonders betroffen sind alle Beschäftigten in Ostdeutschland und damit die künftigen Ost-Rentner. Sie verlieren schrittweise die Hochwertung ihrer Verdienste, die unterm Strich deutlich wertvoller war als die Einbußen aus dem niedrigeren Rentenwert Ost.[8] So ist die Wirkung der geplanten Ost-West-Rentenangleichung ambivalent: Gut für alle in Ostdeutschland, die schon Rente beziehen oder den Großteil ihres Berufslebens hinter sich haben. Schlecht für die jüngeren Arbeitnehmer in Ostdeutschland. Sie verlieren die Hochwertung und müssen (genau wie die Beitragszahler in Westdeutschland) die höheren Renten für die Bestandsrentner mitfinanzieren. Künftige Rentnergenerationen in Ostdeutschland werden also noch stärker von Altersarmut bedroht sein als bisher, falls sich die Einkommensunterschiede zwischen Ost und West nicht bald verringern.[9]

Und fest steht: Weder die Ost-West-Angleichung noch die zögerliche und über lange Jahre gestreckte Verbesserung bei den Erwerbsminderungsrenten bringen einen substanziellen Fortschritt im Kampf gegen die Altersarmut. Das gilt auch für die weiteren von der großen Koalition abgesegneten Maßnahmen: die Verbesserung bei der Riester-Rente und das Betriebsrentenstärkungsgesetz. Genau genommen handelt es sich in beiden Fällen um »Lebensversicherungsstärkungsgesetze« und um eine Zementierung des seit der Riester-Reform proklamierten Drei-Säulen-Modells mit der gesetzlichen Rente als erster Säule, der betrieblichen Altersvorsorge als zweiter und der Riester-Rente sowie aller anderen Formen der privaten Altersvorsorge als dritter Säule.

Besonders erstaunlich ist der Sinneswandel der sozialdemo-
kratischen Arbeitsministerin im Hinblick auf die Riester-Rente.
Nachdem sie sich wenige Monate zuvor noch extrem kritisch geäußert hatte (»hochfliegende Erwartungen nicht erfüllt«[10]) und
der damalige Parteichef Gabriel die Riester-Rente quasi schon
für erledigt erklärt hatte[11], waren alle gespannt, was dazu im
Gesamtkonzept steht. Für viele überraschend war es ein kräfti-
ges »Weiter so«. Nachdem bislang schon rund 40 Milliarden Euro
an Förderung geflossen sind, soll nun noch eine Schippe drauf-
gelegt werden. Die Grundzulage soll von 154 auf 175 Euro pro
Jahr erhöht werden. Und liest man das Nahles-Gesamtkonzept
(»Wir machen Deutschland zusammen stark«[12]), so ist man über
die geradezu euphorischen Töne zur Riester-Rente verblüfft: Da
ist von »klaren Vorteilen« und »hoher Rendite« die Rede und
dass die Förderung »sich bewährt« habe.[13] Da müssen innerhalb
eines halben Jahres erstaunliche Erkenntnisprozesse im Ministerium stattgefunden haben!

Nur damit keine Missverständnisse aufkommen: Eine Riester-
Rente kann sich im Einzelfall aufgrund von beeindruckenden
Förderquoten durchaus lohnen. Wenn der Staat den Löwenanteil
zuschießt, scheint der Vorteil für den Kunden imposant. So errechnet das Ministerium für eine alleinerziehende Kleinverdienerin (1 250 Euro pro Monat) einen Zuschuss von 95 Prozent
und einen Eigenanteil von nur 60 Euro im Jahr.[14] Und dennoch ist
es der falsche Weg, davon ist der LINKEN-Politiker Matthias W.
Birkwald überzeugt: »Trotz Riester-Rente landet eine solche
Kleinverdienerin vermutlich später in der Grundsicherung. Selbst
wenn sie ihre Mini-Riester-Rente behalten darf, weil sie durch
den neu eingeführten Freibetrag nicht mehr mit der Grundsicherung verrechnet wird, bleibt das Ergebnis doch Altersarmut. Weshalb schickt man also die Menschen überhaupt in solch unsinnige
Produkte der Finanzwirtschaft? Die staatlichen Gelder wären
besser angelegt, wenn sie direkt in die gesetzliche Rente flössen.«

Das weiß auch Andrea Nahles. Die Vorteile der gesetzlichen Rente gegenüber solchen privaten Anlagen hatte sie selbst noch wenige Monate zuvor hervorgehoben.[15] Und bevor sie ins Ministeramt kam, hatte Nahles noch vehement einen Rückbau der privaten Altersvorsorge und die Stärkung der beitragsfinanzierten Umlage in der gesetzlichen Rente gefordert.[16] Davon will sie heute nichts mehr wissen. Nun ist neben der Riester-Rente das Betriebsrentenstärkungsgesetz ihr erklärtes Lieblingsprojekt. Mehr Betriebsrenten (»die älteste, wichtigste und kostengünstigste Zusatzversorgung im Alter«) braucht offenbar das Land. Und tatsächlich: Die prozentuale Verbreitung von Betriebsrenten war in den vergangenen Jahren sogar leicht rückläufig.[17] In Kleinbetrieben gibt es sie so gut wie gar nicht. Insgesamt haben derzeit rund 17,7 Millionen Arbeitnehmer Anwartschaften.[18] Darunter sind allerdings 5,4 Millionen Beschäftigte des öffentlichen Dienstes, wo eine solche Zusatzversorgung obligatorisch ist und überwiegend vom Arbeitgeber bezahlt wird. Sie funktioniert damit noch wie eine klassische Betriebsrente: vom Chef zugesagt, vom Betrieb finanziert und für die Arbeitnehmer ohne Einbußen bei ihrer gesetzlichen Rente.

Das, wofür Andrea Nahles heute die Werbetrommel rührt, funktioniert allerdings ganz anders: als Entgeltumwandlung. Da zahlt der Arbeitnehmer weitgehend alles alleine.[19] Er genießt zwar Steuer- und Abgabenvorteile bei der Einzahlung, doch die holt sich der Staat bei der Auszahlung wieder zurück.[20] Was jedoch besonders fatal ist: Die gesetzliche Rente fällt durch die Entgeltumwandlung deutlich niedriger aus. Und das gilt nicht nur für jene Arbeitnehmer, die Teile ihres Gehalts für die vermeintliche Betriebsrente umwandeln, sondern für alle Versicherten, also auch für jene, die nie einen Cent in solche betrieblichen Pensionskassen und Direktversicherungen einzahlen.[21] Natürlich weiß das Andrea Nahles, und dennoch fördert sie nach Kräften diese sogenannten »Betriebsrenten«. Praktisch durchgeführt werden die in der Regel von Lebensversicherungen, die Pensionskassen oder Versorgungswerke betreiben. Bekanntestes Beispiel ist die bereits in Kapitel 5 beschriebene »MetallRente«.[22]

Ein lukratives Geschäft, da den Versicherungen über die Betriebe die Kunden mundgerecht zugeführt werden. Denn oft genug machen die Betriebsräte in der Belegschaft aktiv Werbung für die Entgeltumwandlung. Doch auch wenn der Arbeitgeber das Betriebsrentengeschäft an einen Lebensversicherer ausgelagert hat, ganz raus aus der Pflicht ist er bis heute bei allen Formen der Betriebsrente dennoch nicht: Falls am Ende eine zugesagte Rente nicht erreicht wird oder nicht mindestens die in der Vergangenheit eingezahlten Beiträge zur Verfügung stehen, muss der Arbeitgeber nachzahlen. Genau das hat die Bundesregierung als großen Hemmschuh für mehr Betriebsrenten ausgemacht, und das soll nun geändert werden. Deshalb sieht das neue Betriebsrentenstärkungsgesetz eine »Enthaftung« der Arbeitgeber vor. In dem wohlklingenden neuen »Sozialpartnermodell« sollen Gewerkschaften und Arbeitgeber Betriebsrenten vereinbaren, bei denen die Arbeitgeber zum Rentenbeginn für nichts mehr geradestehen müssen. Und ob man es glauben mag oder nicht: Genau darauf ist die Sozialdemokratin Nahles mächtig stolz.[23] Im Deutschen Bundestag erläuterte sie im März 2017: »Die Tarifpartner vereinbaren dabei eine sogenannte Zielrente. Auf Garantien und Mindestleistungen durch die Versorgungseinrichtungen wird verzichtet. Das ist etwas fundamental Neues in der kapitalgedeckten Altersvorsorge.«[24] Soll heißen: Die Arbeitnehmer zahlen nicht nur fast alles aus der eigenen Tasche, sie können sich am Ende auch auf nichts mehr verlassen. Von der Abschaffung der Garantien verspricht sich die Bundesregierung höhere Renditechancen.

Doch vielleicht kommt es auch anders und die Sparer bekommen viel weniger raus, als sie zuvor eingezahlt haben – bevor sie vom Fiskus und den Krankenkassen bei Rentenbeginn erneut kräftig zur Ader gelassen werden. Genau auf diesen Schwachpunkt wies Matthias W. Birkwald (DIE LINKE) hin, der unmittelbar nach der Ministerin ans Rednerpult trat. »Sie sagen einem Beschäftigten mit Ihrem Gesetz: Sorry, die gute alte Zeit der betrieblichen Altersversorgung ist endgültig vorbei. Dass deine Beiträge später einmal mit Zins und Zinseszins ausgezahlt werden, muss dir dein Arbeitgeber genauso wenig garantieren wie eine Mindestrente. Er garantiert dir in Zukunft überhaupt nichts mehr. (...) Das darf doch alles gar nicht wahr sein.« Genaugenommen ist das Betriebsrentenstärkungsgesetz also ein »Arbeitgeberenthaftungsgesetz«. Und darüber hinaus noch ein »Lebensversicherungsstärkungsgesetz«. Denn auch wenn es Sozialpartnermodell heißt – praktisch durchgeführt wird die neue Betriebsrente vermutlich wieder von Allianz & Co. Dazu noch einmal Matthias W. Birkwald, der die Taktik der Bundesregierung so umschrieb: »Gib den Versicherungskonzernen und den Versorgungswerken noch mehr von deinem Lohn und lass uns dann mal sehen, was die Aktienmärkte in Zukunft hergeben. Wenn es gut läuft: okay. Wenn es schiefläuft: Pech gehabt. ›Zielrente‹ nennen Sie das. Sagen Sie ›Pokerrente‹. Das wäre ehrlicher.«[25]

Doch um der Wahrheit die Ehre zu geben: Das Betriebsrentenstärkungsgesetz enthält auch zwei Verbesserungen für Arbeitnehmer: Die Arbeitgeber sollen künftig per Tarifvertrag gezwungen werden können, sich ab 2019 mit mindestens 15 Prozent der umgewandelten Gehaltssumme an der Altersvorsorge zu beteiligen. Bei Altverträgen gilt dies aber erst ab 2022. Eine solche Beteiligung ist allerdings, wie bereits geschildert, noch weit von den rein arbeitgeberfinanzierten Betriebsrenten, wie sie früher zumindest in westdeutschen Großbetrieben üblich waren, entfernt.

Die zweite Verbesserung betrifft Kleinverdiener mit einem Bruttoeinkommen bis 2200 Euro monatlich. Ihnen können Arbeitgeber bis zu 480 Euro jährlich steuerbegünstigt zusagen. Zahlt ein Unternehmen tatsächlich die volle Summe in den Vertrag eines Arbeitnehmers, bekommt es 144 Euro vom Finanzminister erstattet. Ob dieses Instrument große Verbreitung findet, ist jedoch fraglich. Es funktioniert, wie fast alles im neuen Betriebsrentenstärkungsgesetz, nur per Tarifvertrag – und die meisten Beschäftigten mit sehr schlechten Löhnen arbeiten in Betrieben, die keiner Tarifbindung unterliegen. Die haben dann gleich doppeltes Pech: schlechter Lohn und keine Betriebsrente.

So viel zu den Plänen, die die große Koalition schon 2017 auf die Schiene gesetzt hat. Doch Andrea Nahles hat in ihrem »umfassendste(n) Konzept gegen die Altersarmut, das jemals vorgelegt wurde«, noch weitaus mehr im Köcher. Besondere Beachtung fand dabei in den Medien die »doppelte Haltelinie«. Das klingt innovativ und suggeriert, als könne diese Haltelinie gleich zwei Probleme gleichzeitig lösen: den Absturz des Rentenniveaus und eine Überforderung der Beitragszahler. Ein schillernder neuer Begriff und eine plakative, medienwirksame Verpackung – es riecht verdächtig danach, als sei die »doppelte Haltelinie« auf dem Mist von Bert Rürup gewachsen. Der Wissenschaftler, den man zur Schröder-Zeit auch »Rentenpapst« nannte, hat nach wie vor gute Kontakte ins Arbeitsministerium.

Doch unterm Strich ist die doppelte Haltelinie genau wie die Riester-Reform von 2001 eine Mogelpackung, denn sie löst keines der beiden Probleme. Die doppelte Haltelinie verspricht, dass bis zum Jahr 2045 das Rentenniveau nicht unter 46 Prozent fallen wird. Gleichzeitig soll der Beitragssatz für die Rentenkasse nicht über 25 Prozent steigen.[26] Was wäre damit gewonnen? Wir erinnern uns: Anfang 2017 liegt das Rentenniveau bei 48 Prozent und die meisten ausgezahlten gesetzlichen Renten betragen weniger als 1 000 Euro monatlich. Selbst die Gruppe der Männer mit 45 und mehr Versicherungsjahren kommt im Schnitt gerade mal auf Renten von etwas mehr als

1 300 Euro.[27] Deren Lage wird sich mit einem auf 46 Prozent abgesenkten Rentenniveau wohl kaum verbessern. Auch den Geringverdienern ginge es schlechter: Verglichen mit heute wären bei einem Rentenniveau von 46 Prozent noch deutlich mehr als die von uns errechneten 12,6 Millionen Versicherte (siehe Kapitel 3, Seite 41) von Renten unterhalb des Grundsicherungsniveaus bedroht. Das passt nicht so recht zu dem in der Pressekonferenz vom 25. November 2016 von Andrea Nahles gleich mehrfach variierten Kernversprechen:»Ich will, dass alle ihren im Arbeitsleben gewonnenen Lebensstandard erhalten können.«[28] Wie soll das gehen, wenn der heute schon unzureichende Zustand noch weiter verschlechtert wird?

Das fragen sich immer mehr Menschen, auch wenn sie eine nahezu lückenlose Erwerbsbiografie aufweisen und immer ordentlich verdient haben. Zum Beispiel Roswitha K. Gleich nach der Hauptschule fing sie mit 15 Jahren an, in einem Altenheim zu arbeiten. Doch sie wollte mehr, eine qualifizierte Tätigkeit. Neben der Arbeit machte sie ihren Realschulabschluss nach und begann dann die Ausbildung zur Krankenschwester. Ihr Ziel: finanziell unabhängig sein. Sie qualifizierte sich weiter und arbeitete lange Jahre in der Psychiatrie. Das bedeutete Schichtdienst, dennoch hielt sie diese belastende Arbeit fast 25 Jahre in Vollzeit durch. Nach ihrer Heirat reduzierte sie die Arbeitszeit auf 30 Stunden pro Woche, um mehr Zeit für die Familie zu haben. Die Belastungen bei der Arbeit stiegen jedoch weiter, weil es immer weniger Personal für mehr Patienten gab. Stress und Arbeitsverdichtung wie überall in der Pflege. Roswitha K. war jahrzehntelang nie ernsthaft krank gewesen, doch nun litt sie plötzlich unter zunächst rätselhaften Beschwerden: Schwindelanfälle und Herzbeschwerden. Sie konnte ihre Arbeit nicht mehr bewältigen, es war alles zu viel. Roswitha K. wurde monatelang krankgeschrieben, ging dann in die Reha und probiert jetzt den Wiedereinstieg. Die Arbeit macht ihr immer noch Spaß und sie will unbedingt wieder zurück, doch ob sie noch bis zum regulären Renteneintritt mit 66 Jahren und drei Monaten durchhält, bezweifelt sie sehr: »Ich möchte eigentlich gerne schon früher in Rente gehen. Am liebsten so mit 60 Jahren. Ich habe seit meiner Jugend gearbeitet, das war nicht immer einfach. Und ich will noch was vom Leben haben, schöne Reisen machen. Aber ich weiß nicht, ob ich mir das leisten kann.«

Mit 66 Jahren bekäme sie eine Rente von 1 345 Euro. Brutto. Nach über 50 Jahren Arbeit. Doch so lange arbeiten, das kann sich Roswitha als Krankenschwester wirklich nicht vorstellen. Die Alternativen? Als besonders langjährig Versicherte (mit mindestens 45 Versicherungsjahren!) könnte sie schon mit 64 Jahren ohne Abschläge aussteigen. Die Rente wäre dann allerdings etwas geringer, weil ihr zwei Jahre fehlen. Deutlich früher ginge es nur, wenn sich ihre Gesundheit weiter verschlechtert und sie als schwerbehindert eingestuft würde. Dann wäre in der Tat eine Rente nahe an ihrem Wunschalter drin, schon mit 61 Jahren – allerdings mit sehr empfindlichen Einbußen. Netto blieben ihr rund 950 Euro monatlich. Aufwändige Reisen sind damit kaum drin, und das nach dann immerhin 46 Versicherungsjahren. »Ich muss sagen, dass mir das schon ein wenig Angst macht.«

Was Roswitha noch beunruhigt, hat Heinrich Frieling schon hinter sich. Der Industriemechaniker ist im Sommer 2017 nach 47 Arbeitsjahren in Rente gegangen. Er hat den Ausstieg als Schwerbehinderter mit 61 Jahren geschafft, zahlt dafür aber einen hohen Preis. Obwohl er immer Vollzeit gearbeitet, stets sehr ordentlich verdient und, wie er sagt, »viele Jahre ohne Ende Überstunden gekloppt« hat, zahlt ihm die Rentenkasse monatlich 1 392 Euro (nach Abzug von Krankenkassen- und Pflegeversicherungsbeitrag). Und weil seine Frau noch berufstätig ist, muss das gemeinsam veranlagte Paar nicht zu knapp Steuern zahlen: »Etwas mehr als ein Tausender wird wohl am

Ende bleiben. Das hätte ich nie gedacht, dass man ein Leben lang schuftet und dann mit einer solch mickrigen Rente abgespeist wird. Niemals hätte ich damit gerechnet.« Doch von Beginn an: Mit 14 Jahren hat Frieling Karosseriebauer gelernt, später viele Jahre im Einzelakkord Kohlehobel für den Bergbau repariert.»Das ging damals zehn Stunden am Tag und oft auch am Samstag noch sechs Stunden, alles regulär, keine Schwarzarbeit«, betont Frieling,»doch ich habe das gemacht, um eine Familie gründen zu können, ein Haus zu bauen, und immer war da auch im Hinterkopf: Du machst das ja auch für eine gute Rente später!« Das mit der Familie und dem Haus hat funktioniert – das mit der Rente leider nicht.»Ich bin von der Politik maßlos enttäuscht. SPD und Grüne haben die Rente zerstört. Und CDU und FDP haben sich gefreut, weil es für die Arbeitgeber so schön billig bleibt.«

Was der Fall Frieling zeigt: Knappe Renten treffen zunehmend auch solche Rentner, die früher gut verdient haben. Das Rentenniveau sinkt, und was viele zunächst nicht bedenken: Abschläge und eine wachsende Steuerlast auch für Rentner schlagen unerbittlich zu. Heinrich Frieling war zuletzt als alleinverantwortlicher Monteur für ein weltweit führendes Unternehmen im Sondermaschinenbau tätig. Er reiste nach Saudi-Arabien, China, USA, Südafrika und in viele andere Länder, um vor Ort zum Beispiel Dosenpalettierer für die Lebensmittelindustrie zu installieren. Monatlich verdiente er zum Ende des Berufslebens rund 4 100 Euro brutto.»Da ist es schon deprimierend, was als Rente rauskommt.«

Zusätzlicher Ärger kommt bei Frieling auf, weil er seit 2002 monatlich 150 Euro per Entgeltumwandlung in eine betriebliche Direktversicherung eingezahlt hat. Von der Bruttoauszahlungssumme in Höhe von rund 33 000 Euro geht deutlich über die Hälfte weg – für Steuern, Sozialabgaben und eine durch diese Betriebsrente verursachte Kürzung der gesetzlichen

Rente. »Die sogenannte Betriebsrente, die setzt dem Ganzen die Krone auf. Doch 2002, als ich mich bei der Gewerkschaft und der Verbraucherzentrale habe beraten lassen, hat mich niemand gewarnt.« Nun, das ganze Ausmaß der Abgaben war damals tatsächlich noch nicht bekannt: Die volle Erhebung von Krankenkassen- und Pflegebeiträgen auf betriebliche Direktversicherungen wurde erst 2003 klammheimlich im »Krankenkassenmodernisierungsgesetz« beschlossen und trat zum 1. Januar 2004 in Kraft. Eine fatale Änderung, die Millionen von Rentnern betrifft und immer wieder empört, wenn es an die Auszahlung geht: »Also ich fühle mich glatt reingelegt. Mein Vertrauen in die Politik geht gegen null«, sagt Heinrich Frieling heute.

Doch zurück zum Gesamtkonzept von Andrea Nahles und der künftigen Beitragsbelastung der Arbeitnehmer. Sie sollen – so suggeriert es die »doppelte Haltelinie« – im schlimmsten Falle die Hälfte von 25 Prozent, also 12,5 Prozent zahlen. Dies blendet aber aus, dass die Politik auch in Zukunft erwartet, dass die Versicherten kräftig zusätzlich privat vorsorgen. Die Beitragsbelastung steigt dadurch enorm. Wer die vollen Riester-Zulagen haben will, muss 4 Prozent seines Bruttolohns einzahlen. Ähnlich viel soll per Entgeltumwandlung in eine sogenannte Betriebsrente fließen. Und wer all das zusammenrechnet, kommt schnell zum schockierenden Ergebnis, dass in Zukunft die Arbeitnehmer rund 20 Prozent ihres Einkommens für Altersvorsorge aufwenden sollen. Nur sagt es ihnen keiner so deutlich.

Aber da war doch noch etwas Wichtiges im Gesamtkonzept? Richtig, die gesetzliche Solidarrente. Das ist Andrea Nahles' Spielart von Ursula von der Leyens Lebensleistungsrente. In beiden Konzepten gilt der Grundgedanke, Menschen, die sehr lange gearbeitet haben, besser zu stellen als Grundsicherungsempfänger. Das ist gut und wird von nahezu allen Rentenexperten unterstützt. Doch der Teufel liegt wie so oft im Detail. Die

Solidarrente soll ==zehn Prozent oberhalb== des ==regional durchschnittlichen Grundsicherungsbetrages== liegen, sie wäre damit etwa in München deutlich höher als im Bayerischen Wald. Das klingt gerecht, bedeutet aber für die Rentenversicherung auch einen erheblichen Prüfaufwand und ist mit zehn Prozent Zuschlag sicher nicht der große Wurf gegen die Altersarmut. Doch das eigentliche Problem sind die geplanten Zugangsvoraussetzungen: ==35 Versicherungsjahre== sind keine geringe Hürde. Im Nahles-Gesamtkonzept ist zudem von »==langjähriger Vollzeitbeschäftigung==« die Rede.[29] Da aktuell rund die Hälfte der Frauen in Teilzeit arbeitet, würden sehr viele vermutlich leer ausgehen. Dazu kommt eine ==Einkommensprüfung== sowohl der eigenen Einkünfte als auch der des Partners. Ob all das dazu beiträgt, die von Nahles quasi neubelebten Ziele Armutsvermeidung und Lebensstandardsicherung zu erreichen, darf bezweifelt werden.

Ex-DGB-Vize Ursula Engelen-Kefer sieht dies mit großer Sorge: »Das Nahles-Konzept bedeutet für die jüngeren Generationen, sie zahlen mehr an Beiträgen und bekommen weniger an Renten. Ich weiß wirklich nicht, wen das vom Stuhl reißen soll.« Und der Rentenexperte der LINKEN, Matthias W. Birkwald, stimmt zu: »Das macht mich richtig wütend. Andrea Nahles verspricht schöne Ziele, doch schaut man ins Konzept, dann findet man nichts, aber auch gar nichts, womit man diese Ziele wirklich erreichen könnte.«

Schlampigkeit oder ein dummes Versehen? »Eindeutig nein«, stellt Birkwald klar, »Andrea Nahles ist hochkompetent, das sind keine Fehler, die ihr unterlaufen. Sie weiß genau, was sie tut.«

Kapitel 9
So geht Rente – ein Masterplan

Die Jüngeren unter uns, denen man jahrelang hartnäckig die Rentenlügen von Demografie und Generationengerechtigkeit aufgetischt hat, werden es kaum glauben. Genauso die Älteren, die heute schon in Armut leben: Die Rente könnte auch ganz anders aussehen, und zwar viel besser für alle. Wenn wir uns von der Gehirnwäsche durch die Lobbyisten befreien, die Rentenlügen demaskieren, die Geburtsfehler der Rentenversicherung korrigieren und uns auf deren wirkliche Stärken besinnen, kurz: Wenn wir den Kurswechsel einleiten – dann sind höhere Renten für alle drin, ohne Überlastung der Jungen. Und zwar sofort.

Das Ende des Drei-Säulen-Modells: Schluss mit Riester-Rente und Entgeltumwandlung!

Manchmal müssen auch heilige Kühe geschlachtet werden, wenn alles besser werden soll. Das Drei-Säulen-Modell der Altersvorsorge genießt mittlerweile einen solchen Status. Seit Jahrzehnten versucht die Finanzwirtschaft die Menschen zu überzeugen, sie müssten mehr tun, als sich nur auf die gesetzliche Rente zu verlassen. Zwar schufen sich auch früher schon viele Arbeitnehmer mit dem eigenen Häuschen oder einer Eigentumswohnung die Grundlage für ein mietfreies Wohnen im Alter – nur an Lebensversicherungen wollten die »normalen« Arbeitnehmer nicht so recht ran, an Aktien oder andere spekulative Anlagen noch viel weniger. Genau das sollte sich mit der rot-grünen Regierung unter Gerhard Schröder ändern. Die zusätzliche Vorsorge per Riester-Rente wurde quasi zur Pflicht erklärt. Zeitgleich bekam jeder Arbeitnehmer das gesetzliche Recht auf eine Betriebsrente per Entgeltumwandlung. Zwar wurde weder die Riester-Rente noch die Entgeltumwandlung verpflichtend beschlossen, doch die Regierung machte deutlich: »Ihr sollt es tun!« Damit war das Drei-Säulen-Modell geboren. Immer wieder wird es beschworen, und die gewünschte suggestive Wirkung ist naheliegend: Wenn ihr nicht alle drei Säulen nutzt, bröckelt eure Altersversorgung, stürzt womöglich ein.

Dieser Unsinn sollte schleunigst beendet werden! Die Arbeitnehmerkammer Bremen hat 2015 nachgewiesen, dass die Gesamtversorgung im Drei-Säulen-Modell langfristig nicht das Niveau vor der Riester-Reform erreicht, trotz höherer Kosten für den Arbeitnehmer.[1] Der Sicherungsgrad wird dabei immer schlechter, je länger der Rentenbezug dauert.[2] Selbst die optimistischen Annahmen der Bundesregierung unterstellen, dass alle drei Säulen im Alter weniger stark wachsen als die Löhne. Dies führt zwingend zu einem sinkenden Sicherungsgrad.[3] Bezieht man Elemente wie den Hinterbliebenenschutz oder die Zahlung einer Erwerbsminderungsrente mit ein, wird der Vergleich zum Desaster für das hochgelobte Drei-Säulen-Modell: Die Leistungen liegen deutlich unter jenen der Vor-Riester-Ära.

Und wie sieht es mit der Beitragsbelastung aus? Für das Jahr 2030 geht die Bundesregierung im Drei-Säulen-Modell von einem Gesamtbeitragssatz von 29 Prozent aus.[4] Das ist nicht nur sehr viel, sondern auch deutlich mehr als die 26 Prozent, die von den politisch Handelnden vor den Riester-Reformen als »unzumutbar« und »politisch nicht vermittelbar« diskreditiert wurden. Nun stellt sich heraus: Alles wird noch erheblich teurer. Die Bremer Studie hat errechnet, wie hoch der Beitragssatz im gemischten Drei-Säulen-Modell klettern müsste, um tatsächlich dasselbe Versorgungsniveau wie vor der Riester-Reform von 2001 zu bieten: auf sage und schreibe 32 Prozent.[5] Den weitaus größten Teil davon müssten die Arbeitnehmer zahlen.

Daraus kann sich nur eine Konsequenz ergeben: Das Drei-Säulen-Modell sollte aufgegeben werden. Und der Versorgungsgrad in der gesetzlichen Rente muss wieder deutlich steigen, um so wenigstens annähernd den früheren Lebensstandard zu sichern. Der implizite Zwang zur Riester-Rente sowie zu einer zusätzlichen Betriebsrente per Entgeltumwandlung sollte hingegen aufgegeben werden.

Die Riester-Rente in der bisherigen Form sollte beendet werden. Sie hat sich im Vergleich zur umlagefinanzierten Rente als deutlich teurer und mittlerweile auch deutlich renditeschwächer herausgestellt. Mit Recht schreibt Martin Staiger in seiner Streitschrift *Rettet die Rente!*: »Es grenzt an Volksverdummung, immer noch so zu tun, als könnten die absehbar weiter sinkenden gesetzlichen Renten auch nur annähernd durch betriebliche oder private Vorsorge ausgeglichen werden.«[6] Selbst die *Frankfurter Allgemeine Zeitung*, nicht gerade als harter Kritiker der Finanzwirtschaft bekannt, schreibt zur Riester-Rente: »Außer ihrem Erfinder, dem ehemaligen Bundessozialminister Walter Riester (SPD), gibt es kaum Verteidiger. Wenn sie sich positiv über das System äußern, ist der Korruptionsvorwurf nicht weit.«[7]

Auch Versuche, die gescheiterte Riester-Rente in eine andere Form der vom Kapitalmarkt abhängigen Vorsorge zu überführen, erscheinen wenig sinnvoll. So kämpft die Rentenversicherung Baden-Württemberg seit Jahren darum, mit einem »Vorsorgekonto« unter dem Dach der Rentenkasse zusätzliches kapitalgedecktes Vorsorgesparen zu organisieren.[8] Das wäre zwar preiswerter als unter dem Dach von Allianz & Co., doch warum sollte man Geld für spätere Renten verzinslich zurücklegen, wenn man von den Vorteilen des Umlageverfahrens überzeugt ist? Damit würde also nur ein falscher Weg ein wenig preiswerter fortgesetzt. »Es muss darum gehen, möglichst viel Geld ins umlagefinanzierte gesetzliche System zu bringen«, fordert die SPD-Politikerin Leni Breymaier, »die Gelder wo auch immer kapitalgedeckt für die Rente arbeiten zu lassen macht doch nachweislich keinen Sinn. Das wissen wir spätestens seit der Finanzkrise.«

Die bislang gezahlten milliardenschweren Riester-Subventionen sollten fortan besser den Bundesanteil in der gesetzlichen Rente erhöhen. Dort erzielen sie sofort eine positive Wirkung und kommen allen Versicherten zugute – und nicht nur jenen, die einen Riester-Vertrag abschließen. Im Grunde genommen hat der Markt bereits das Ende der Riester-Rente vorgezeichnet, die Abstimmung mit den Füßen hat längst stattgefunden: Nur rund 15 Prozent der potenziellen Riester-Sparer rufen die volle Förderung ab. Das heißt, die Menschen vertrauen diesem Instrument nicht. Doch nicht nur das, auch die Anbieter machen sich aus dem Staub: Immer mehr Versicherungen bieten keine neuen Riester-Verträge mehr an.[9] Sie erkennen selbst: Die Rendite ist mies und die Kosten sind hoch. Sie wollen oder können den gesetzlich geforderten Beitragserhalt zum Rentenstart nicht mehr garantieren. Das einzige für den Kunden wirklich kostengünstige Produkt, der Riester-Banksparplan, wird fast gar nicht mehr angeboten. Bleibt eigentlich nur ein Schlussfolgerung: Die Politik sollte der Riester-Rente konsequent ein Ende setzen.[10]

Auch die Entgeltumwandlung sollte in der bisherigen Form beendet werden. Sie lebt von der Illusion, es handele sich um ein gutes Geschäft, wenn steuer- und abgabenfrei Gehalt umgewandelt wird. Solange aber im Alter die doppelten Krankenkassen- und Pflegebeiträge kassiert werden und die Rente komplett versteuert werden muss, bleibt es für viele wohl bei der Illusion. Was aber vor allem gegen die Entgeltumwandlung spricht: Sie höhlt schleichend den Kern der Altersvorsorge aus, die gesetzliche Rente: Jeder umgewandelte Euro sorgt dafür, dass die Renten für alle Versicherten ein klein wenig langsamer steigen. Und für den, der das fragwürdige Instrument nutzt, führt es darüber hinaus auch direkt zu einer Rentenkürzung in der ersten Säule, also bei der gesetzlichen Rente.[11]

Was soll also ein Drei-Säulen-Modell, das vorgeblich die Gesamtversorgung verbessern soll, aber in der Praxis genau das Gegenteil bewirkt? Es sollte schleunigst in die Mottenkiste der Sozialpolitik verbannt werden. Das sieht auch Ulrich Schneider vom Paritätischen so: »Alles, was die gesetzliche Rente schädigt, muss aufhören. Das ist doch völlig absurd, dass man eine zweite und dritte Säule erfindet, um damit die erste zu ruinieren. Wie undurchdacht ist das denn?«

Natürlich bleibt es jedem unbenommen, sich privat auf rein freiwilliger Basis zusätzlich abzusichern. Nur sollte dies nicht die Grundlage für eine armutsfeste Altersversorgung darstellen. Diese weitere private Vorsorge kann nur »on top« zu einer deutlich verbesserten gesetzlichen Rente hinzukommen, wenn dies jemand für nötig hält. Sie sollte auch nicht mehr länger durch Steuervorteile oder direkte Zulagen vom Staat gefördert werden. Solche »Geschenke« verzerren nur die Wahrnehmung und machen so aus Kundensicht unter Umständen aus schlechten Finanzprodukten vermeintliche Schnäppchen. Der Staat sollte sich voll und ganz auf die Förderung der gesetzlichen Rente konzentrieren.

Auch die Betriebe können und sollen im Wettbewerb um gute Arbeitskräfte freiwillig zusätzliche Betriebsrenten zusagen, so wie dies über viele Jahre gute Praxis war. Nur sollte dies im Wesentlichen arbeitgeberfinanziert geschehen. Ein gutes Beispiel ist die tariflich geregelte Zusatzversorgung für die Beschäftigten im öffentlichen Dienst. Sie ist in der Regel voll arbeitgeber-finanziert und sorgt für keine Kürzung der gesetzlichen Rente bei den Arbeitnehmern.

Deutliche Rentenerhöhung für alle!

Die Konzentration auf die umlagefinanzierte gesetzliche Rente als Basis für eine gute Altersversorgung würde es allen Versicherten deutlich leichter machen: Sie werden vom impliziten Zwang befreit, sich unter Tausenden zusätzlicher Vorsorgeprodukte das hoffentlich richtige auszuwählen. Sie müssen nicht mehr länger darauf hoffen, unter den unzähligen klassischen oder fondsgebundenen Rentenversicherungen, geriesterten Investmentsparplänen, Indexpolicen, Drei-Topf-Hybriden, betrieblichen Pensionsfonds, Pensionskassen oder Direktversicherungen die richtige Wahl zu treffen. Diese Überforderung hätte ein Ende. Das setzt natürlich voraus, dass die gesetzliche Rente auch wieder eine deutlich verbesserte Leistung bietet, dass sie eine armutsvermeidende und wenigstens annähernd lebensstandardsichernde Rente ist.

Verbesserungen dürfen aber nicht primär am bisher verwendeten Konzept des Rentenniveaus ansetzen. Das aktuell verwendete Sicherungsniveau vor Steuern hat sich als Instrument der Verschleierung herausgestellt. Es basiert teils auf willkürlichen Annahmen und berücksichtigt Verschlechterungen im Rentenrecht nicht, beispielsweise die Einführung von Rentenabschlägen oder die verschlechterte Berücksichtigung von Zeiten der Arbeitslosigkeit. Dadurch bildet es die tatsächliche Absicherung der Rentner nur sehr unzureichend ab.[12] Anders ausgedrückt: Anhebungen des Rentenniveaus bringen den Rentnern Vorteile – aber viel weniger, als die Politik uns glauben machen will. Eine leichte Verbesserung des Rentenniveaus von heute 48 auf 50 Prozent wäre im Kampf gegen Altersarmut nur der berühmte Tropfen auf den heißen Stein. Selbst die sofortige Rückkehr zu einem Rentenniveau von 53 Prozent würde die Standardrente (West) von heute 1 396,35 Euro (Stand: 1. Juli 2017) lediglich auf 1 541,80 Euro anheben.[13] Netto vor Steuern blieben davon 1 372,20 Euro. Kann man das für Normalverdiener wirklich Lebensstandardsicherung nennen?

Die Standardrente, die wie gezeigt für die Berechnung des Rentenniveaus eine zentrale Rolle spielt, beruht auf der Fiktion von 45 Versicherungsjahren (siehe dazu Kapitel 6). Das aber schaffen die meisten Versicherten nicht. Eine gute Rente für alle muss also mehr bieten als das Liften eines Rentenniveaus, das sich meilenweit von der Realität der Menschen entfernt hat.

Man muss sich vielmehr die Frage stellen: Was muss mindestens rauskommen, damit die Rentner ein halbwegs gutes Leben führen können, also das, was der DGB in seiner Kampagne mit »Rente muss reichen!« umschreibt? Man kann sich der Antwort von mehreren Seiten nähern. Eine Anforderung könnte sein, dass ein Durchschnittsverdiener im Alter mindestens das Doppelte der Grundsicherungsleistung zur Verfügung haben sollte. Das wären aktuell rund 1 600 Euro netto, was einer Bruttorente zwischen 1 800 und 1 900 Euro entspricht. Wer das für übertrieben hält, der sei daran erinnert, dass dies etwa der Betrag ist, den der Staat seinen Beamten minimal als »amtsunabhängige Mindestversorgung« im Falle von Dienstunfähigkeit auszahlt.[14] Was Beamten im Krankheitsfall schon nach wenigen Dienstjahren zusteht, sollte Durchschnittsverdienern aus der Rentenkasse allemal gezahlt werden können – wohlgemerkt nach 45 Versicherungsjahren. Eine solche Anhebung würde eine Korrektur des gegenwärtigen allgemeinen Rentenwerts von derzeit 31,03 Euro (West) auf rund 42 Euro erfordern. Die neue Standardrente nach 45 Jahren betrüge dann 1 890 Euro brutto (statt wie bisher 1 396,35 Euro, Stand 1. Juli 2017).[15]

Diese Korrektur des allgemeinen Rentenwertes würde rechnerisch in etwa die Verschlechterungen des Rentenrechts und die Niveauabsenkungen der vergangenen 25 Jahre kompensieren. Die Renten sollten dann auch wieder im Gleichklang mit den Löhnen wachsen. Das funktioniert aber nur dann, wenn der sogenannte »Nachhaltigkeitsfaktor« aus der Rentenanpassungsformel gestrichen wird. Dieser von Rürup und Raffelhüschen erfundene Kürzungsfaktor dämpft die Rentensteigerungen, je ungünstiger sich das Verhältnis von Beitragszahlern zu Rentnern entwickelt. Nur wenn der Nachhaltigkeitsfaktor verschwindet, kommt es künftig wieder dazu, dass sich Löhne und Renten im Gleichklang entwickeln.

Die vorgeschlagene massive Anpassung des Rentenwerts und damit die Erhöhung der Renten würde endlich die verfehlte Sparpolitik in diesem Bereich seit der deutschen Vereinigung korrigieren. Wie wir später zeigen, sind höhere Renten finanzierbar. Sie würden für Bestands- wie für Neurentner gleichermaßen gelten und nebenbei wie ein gewaltiges Konjunkturprogramm für die deutsche Wirtschaft wirken. Rentner geben ihr Geld nämlich ganz überwiegend in der unmittelbaren Umgebung aus. Vom Bäcker bis zum Möbelhändler würden alle profitieren. Auch die Kommunen: Sie würden durch die Stärkung der Massenkaufkraft mehr Gewerbesteuer einnehmen, könnten ihre Infrastruktur besser in Schuss halten und müssten auch viel weniger Grundsicherungsleistungen zahlen.

Aufwertung der Kleinverdiener

Fast noch wichtiger als höhere Renten für alle sind Verbesserungen, mit denen Kleinverdiener über die Armutsgrenze gehoben werden. Wenn es zutrifft, dass die Legitimität des Rentensystems davon abhängt, ob nach einem langen Arbeitsleben mehr

Rente erzielt wird als ohne jede Arbeit, dann ist eine Reform hier zwingend. Eine deutliche Anhebung des allgemeinen Rentenwerts nutzt zwar auch den Kleinverdienern: Viele Erwerbstätige, die unterdurchschnittlich verdienen, über lange Jahre in Teilzeit arbeiten oder weniger Versicherungsjahre erreichen als der Durchschnitt[16], würden dadurch Renten erzielen, die über dem Grundsicherungsniveau von derzeit 800 Euro liegen. Aber das gilt eben längst nicht für alle. Erforderlich ist deshalb eine Aufwertung geringer Einkommen, wie sie für rentenrechtliche Zeiten vor 1992 mit der sogenannten »Rente nach Mindestentgeltpunkten« bereits existiert.[17] Diese sieht eine Erhöhung um 50 Prozent bis zu einer Höhe von 0,75 Rentenpunkten pro Jahr vor. Dieses Instrument sollte auch für die Zeiten ab 1992 zum Einsatz kommen. Auch die Zeiten der Arbeitslosigkeit sollten wieder mehr für die Rente zählen und Langzeitarbeitslose ebenfalls 0,75 Rentenpunkte gutgeschrieben bekommen. Derzeit erhalten sie gar nichts, sobald das Arbeitslosengeld I ausgelaufen ist. Unbezahlte Zeiten der Ausbildung sollten ebenfalls wieder rentensteigernd wirken.

All diese Maßnahmen werden zusammen mit der allgemeinen Anhebung des Rentenwertes dafür sorgen, dass die künftige Altersarmut deutlich geringer ausfallen wird. Dennoch wird es auch dann noch Menschen mit sehr kleinen Renten geben. Für diese sollte eine Mindestrente eingeführt werden, deren Zahlbetrag rund 20 Prozent oberhalb der Grundsicherungsleistung liegt, sofern 35 Versicherungsjahre vorliegen. Und zwar ohne Bedürftigkeitsprüfung, denn in der Rente, die die Lebensleistung eines Arbeitslebens abbildet, hat eine solche Prüfung von Einkommen und Vermögen nichts verloren.[18] Mindestrenten sind keineswegs ungewöhnlich. Fast alle Länder nutzen dieses Instrument, um Kleinverdiener im Alter zu schützen. In Europa gibt es nur in Estland, Litauen, Slowenien und Deutschland keine Mindestrente.[19]

Nun werden einige einwenden, eine Hochwertung geringer Einkommen oder gar eine Mindestrente sei nicht Aufgabe der Rentenversicherung und obendrein auch nicht finanzierbar. Doch es ist unumstritten, dass der soziale Ausgleich ein unverzichtbares Element einer Sozialversicherung ist. Ein staatliches System, das große Teile der Bevölkerung in die Rentenversicherung zwingt, ist nur dann zu rechtfertigen, wenn es auch Elemente der Umverteilung enthält. Es ist längst überfällig, dass das Solidarprinzip in unserer Rente wieder eine stärkere Rolle spielt. Es sei daran erinnert, dass sämtliche Einkommen der vergangenen Jahrzehnte in Ostdeutschland für die Rente kräftig hochgewertet wurden. Das galt sowohl für die Zeiten in der DDR als auch für die nach der Vereinigung. Für sämtliche in Ostdeutschland erzielten Einkommen wurden mehr Rentenpunkte gutgeschrieben als für gleich hohe Verdienste im Westen.[20] Wenn also eine kollektive Hochwertung für einen Teil Deutschlands möglich war und ist, dann sollte sie auch gezielt für Geringverdiener machbar sein – ganz gleich, wo sie wohnen und arbeiten.

Die Kosten für eine solche Hochwertung sollten als versicherungsfremde Leistung aus Bundesmitteln erstattet werden. Das fordert nachdrücklich auch Reiner Heyse vom Seniorenaufstand: »Daseinsvorsorge ist die Aufgabe des Staates und er muss, um diese Aufgabe erfüllen zu können, in einer so massiv auseinanderdriftenden Gesellschaft wie der unsrigen wesentlich mehr umverteilen. Ist es denn gerecht, die Menschen im Alter ins Elend stürzen zu dürfen?«

Alle sollen zahlen: die Erwerbstätigenversicherung

Bessere Renten für alle – das kostet natürlich viel Geld. Die Bertelsmann Stiftung hat bereits 2013 errechnet, welche von verschiedenen Reformoptionen die Finanzen der Rentenversicherung am effektivsten stützt.[21] Das Ergebnis dürfte viele überraschen: Es ist nicht die Senkung der Arbeitslosigkeit, nicht die Erhöhung der Geburtenrate, nicht eine bessere Steuerung der Zuwanderung, nicht eine höhere Erwerbstätigkeit der Frauen, nicht ein Rentenzugang erst mit 69 Jahren. Zwar helfen auch all diese Optionen, das Rentenniveau zu stabilisieren oder den Beitragssatzanstieg zu bremsen. Eindeutig getoppt werden sie aber von einer einzigartigen Option: der Einbeziehung von Beamten und allen Selbstständigen in die Rentenkasse. Bis 2060 könne dadurch – so die Bertelsmann Stiftung – der Beitragssatzanstieg um 2,5 Prozentpunkte gedämpft werden. Gleichzeitig läge das Rentenniveau um fast 10 Prozentpunkte höher als ohne diese Maßnahme. Die Projektleiterin der Bertelsmann Stiftung, Dr. Juliane Landmann, bekräftigte dieses nahezu sensationelle Ergebnis später mehrfach, beispielsweise am 19. September 2015 bei einem Vortrag in Erkner.[22] Damit ist die Etablierung einer Erwerbstätigenversicherung – darunter versteht man die Einbeziehung aller Erwerbstätigen in die Rente, also neben den Beamten und Selbstständigen auch die Freiberufler, Topmanager und Politiker – die klar wichtigste Reformoption, wenn es um die Weiterentwicklung der gesetzlichen Rente geht.

Dabei ist der Vorschlag keineswegs neu. Auch vor der großen Rentenreform von 1957 diskutierte man den Plan einer Erwerbstätigenversicherung. Doch gelang es den Beamten und Freiberuflern mit Verweis auf die Besonderheiten ihres Berufsstandes oder die bereits ausreichende Versorgungslage, die Einbeziehung in die Rentenversicherung zu verhindern. Tatsächlich ist es wahr, dass Beamte und auch die meisten Freiberufler die Rentenkasse nicht brauchen. Doch umgekehrt gilt sehr wohl: Die Rentenkasse könnte diese in der Mehrzahl sehr ordentlich Verdienenden sehr gut gebrauchen. Warum sollten sich in Sachen Altersversorgung nur die Arbeiter und Angestellten solidarisch stützen? Die Besserverdiener schließen sich hingegen zu eigenen Versorgungswerken (Freiberufler) zusammen oder werden großzügig vom Staat alimentiert (Beamte). Männliche Beamte erhielten im Schnitt 2015 eine Pension von über 3 100 Euro brutto, bei Beamtinnen lag sie immerhin bei rund 2 700 Euro.[23] Netto erzielten die Beamten im Ruhestand ein Durchschnittseinkommen von 2 594 Euro pro Kopf und lagen damit noch vor den Selbstständigen.[24]

»Das zeigt doch, was der Staat selbst offenbar für notwendig und angemessen hält, wenn es sich um die eigenen Staatsdiener handelt. Und es zeigt, in welche Richtung sich die Renten für alle bewegen müssen«, argumentiert Reiner Heyse vom Seniorenaufstand. Die gewerkschaftsnahen Aufständler fordern die Einbeziehung von Beamten und Selbstständigen in die Rente. Sowohl unter dem Gesichtspunkt einer nachhaltigen Stützung der Rentenfinanzen als auch aus Gerechtigkeitsgründen. »Es darf nicht länger Ruheständler erster und zweiter Klasse geben«, sagt Heyse, »alle müssen in die Rentenkasse einzahlen, auch Politiker, Schauspieler, Pfarrer und Spitzenmanager, einfach alle.« Würden tatsächlich alle Erwerbstätigen erfasst, würde der Kreis der Versicherungspflichtigen von heute 32 Millionen auf rund 44 Millionen Personen steigen.

Bleibt die Frage: Wie haben es die betroffenen Gruppen bis heute geschafft, dies zu verhindern? Böse Zungen behaupten, das läge im Fall der Beamten nicht nur am hohen Beamtenanteil in den Parlamenten, sondern vor allem an der Ministerialbürokratie: Jeder Minister stützt sich auf den Beamtenapparat seines Ministeriums. Dort sitzt das über Jahre gewachsene Wissen, dort werden die Gesetze geschrieben – von Beamten mit sehr hohen Pensionsansprüchen. Die Begeisterung für eine Reform, die der eigenen Kaste mit hoher Wahrscheinlichkeit Privilegien beschneiden wird, hält sich nachvollziehbar in Grenzen. Wer sägt schon den Ast ab, auf dem er sitzt?

Ähnlich sieht es bei den Ärzten, Zahnärzten, Rechtsanwälten, Notaren, Apothekern, Architekten und anderen Freiberuflern aus, die sich zu privaten Versorgungswerken zusammengeschlossen haben. Dort sind nicht nur die selbstständigen Vertreter dieser Berufe versichert, sondern kurioserweise sogar angestellte Ärzte und Rechtsanwälte, die als Angestellte eigentlich in der Deutschen Rentenversicherung sein sollten. Doch die Standesvertreter verteidigen diesen Sonderweg mit Vehemenz. Als es die Rentenversicherung 2015 schaffte, die bei Unternehmen tätigen und dort angestellten Rechtsanwälte vor den Sozialgerichten in die Versicherungspflicht zu zwingen, machte sich sofort Justizminister Maas, ebenfalls Jurist, für seine Berufskollegen stark.[25] Umgehend ließ er ein Gesetz stricken, das den 40 000 angestellten sogenannten Syndikusanwälten auch weiterhin erlaubt, sich der Rentenversicherung zu entziehen.[26] Das zeigt: Die verkammerten Berufe sind wie die Beamten in der Politik gut vernetzt und haben Fürsprecher bis in die allerhöchste Ebene. Bis heute wagt es keine Regierung, die Sonderrolle von Beamten und Freien Berufen anzutasten.

Wie Andrea Nahles im November 2016 bei der Vorstellung ihres Gesamtkonzeptes richtig herausstellte, ist jede Rentenreform auch eine Macht- und Verteilungsfrage. Bei der Frage der Einbeziehung von Beamten und Freiberuflern ins Rentensystem sollte dieser Machtkampf in einem demokratischen System eigentlich zu gewinnen sein. Rein zahlenmäßig sind die Mehrheitsverhältnisse eindeutig: Die Interessen von weniger als drei Millionen aktiven Beamten und Freiberuflern stehen gegen den Rest der Republik.[27] Höchste Zeit also, dass sich die überwältigende Mehrheit endlich ihr Recht erkämpft.

Immerhin: Andrea Nahles schlug in ihrem Gesamtkonzept als vorsichtigen Einstieg in eine Erwerbstätigenversicherung vor, zumindest die bislang nicht obligatorisch in einem berufsständischen Versorgungswerk versicherten Selbstständigen verpflichtend in die Rentenkasse aufzunehmen. Dies hätte, wie das Deutsche Institut für Wirtschaftsforschung (DIW) zuvor nachgewiesen hatte, deutlich positive Effekte auf Beitragssatz und Rentenniveau.[28] Die Forscher sprechen von »substantiellen Effekten«, die auch »über einen längeren Zeitraum anfallen«.[29] Und das, obwohl hier in der Tendenz nur die einkommensschwächeren Selbstständigen erfasst würden. Um wie viel mehr würde es der Rentenkasse nützen, wenn auch die überwiegend besser verdienenden Freiberufler integriert würden?

Ob es tatsächlich möglich und juristisch haltbar wäre, sofort alle Beamten und Freiberufler gegen alle Widerstände voll in die Rentenkasse zu integrieren, ist zweifelhaft. Was jedoch realistisch umsetzbar erscheint, ist die schrittweise Eingliederung aller neuen Beamten und Freiberufler. Damit würden diese Berufsstände langsam, aber sicher in die Deutsche Rentenversicherung hineinwachsen. Und die Älteren behielten ihre Ansprüche in ihren berufsständischen Versorgungssystemen. Für die Deutsche Rentenversicherung hätte das den Charme, dass rund 40 Jahre lang für die neuen Personengruppen – von den Erwerbsminderungsrenten abgesehen – keine Renten zu zahlen sind und zunächst ausschließlich Beiträge fließen. In der Tendenz von Jahr zu Jahr steigend. Wenn der Einstieg in die Erwerbstätigenversicherung in den nächsten Jahren tatsächlich gelingt, wäre das ein denkbar günstigster Zeitpunkt: Die Frischzellentherapie käme genau dann, wenn die geburtenstarken Jahrgänge ab 2025 in Rente gehen werden und für rund zwei Jahrzehnte höhere Einnahmen erforderlich werden. »Mit der Einführung der Erwerbstätigenversicherung ergibt sich eine ideale Gelegenheit«, bestätigt der Statistikprofessor Gerd Bosbach, »den Babyboomer-Bauch abzufedern. Ab 2055 haben wir wieder einen nahezu konstanten Bevölkerungsaufbau. Die Babyboomer sind dann ja fast alle weg.«

Mit anderen Worten: Die schrittweise Einführung der Erwerbstätigenversicherung wäre nicht nur gerecht, sondern auch eine geniale Chance, die Mehrbelastung durch die Generation Babyboomer zu untertunneln.

Höhere Beitragssätze – nicht für alle eine höhere Last!

Wenn die Renten deutlich steigen, so steigen zwangsläufig auch die Ausgaben der Deutschen Rentenversicherung. Und diese Finanzmittel muss sie – im Umlageverfahren unausweichlich – auch wirklich einnehmen. Ohne höhere Beitragssätze wird das nicht gehen. Die exakte Höhe lässt sich nicht vorhersagen, hängt sie doch von vielen Faktoren ab: der Wirtschaftsentwicklung, der Zuwanderung junger Arbeitskräfte, der Entwicklung von Renteneintrittsalter und Lebenserwartung, der Bereitschaft des Staates, mehr Bundesmittel zu zahlen, der Ausschöpfung des Erwerbstätigenpotenzials. Und vor allem von der wichtigen Frage, ob der Einstieg in die Erwerbstätigenversicherung gelingt. Sollte Letzteres klappen, werden die Rentenbeiträge zwar steigen, doch die Beitragssatzentwicklung wird niemanden überfordern. Die Prognosen von Raffelhüschen & Co. werden das bleiben, was sie schon immer waren: zweckgeleitete Horrorszenarien.

Dass deutlich bessere Leistungen nicht zwingend furchterregende Beitragssätze erfordern, zeigt das Beispiel Österreich. In unserem Nachbarland bekommen die Rentner deutlich mehr Rente. Die Alpenrepublik ist nicht den Weg der Teilprivatisierung und Rentenkürzung gegangen. Seit 2005 sind auch Beamte Teil des Rentensystems. Der Beitragssatz ist mit 22,8 Prozent höher als in Deutschland, doch von einer Überlastung der Arbeitnehmer kann keine Rede sein: Sie zahlen 10,25 Prozent auf den Bruttolohn. Die Arbeitgeber hingegen 12,55 Prozent.

Und das seit 1988. Von negativen Auswirkungen auf Wirtschaftskraft und Lohnentwicklungen ist nichts bekannt. Hierzulande wurde hingegen auf besonders niedrige Rentenbeiträge Wert gelegt. Mit den bekannten Folgen, wie Ex-Minister Norbert Blüm beklagt: »Wenn man kein Benzin in den Tank schüttet, fängt der Motor an zu stottern.«

Klar ist: Langfristig wird der Beitragssatz tendenziell steigen, so wie er es seit 1957 tut. Wenn dies mit steigenden Löhnen und steigenden Renten verbunden ist, stößt das auch heute noch auf eine breite gesellschaftliche Akzeptanz. 72 Prozent der Jungen sind mit höheren Beiträgen einverstanden, wenn das mithilft, ihren Lebensstandard im Alter annähernd zu sichern.[30]

Wie sich der Rentenbeitrag exakt entwickelt, weiß heute niemand. Klar ist hingegen: Die Belastung wird für die Arbeitnehmer in einem Reformmodell, das sich wieder voll auf die gesetzliche Rente stützt, stets geringer sein als das, was die Bundesregierung ihnen nach aktueller Planung im Jahre 2030 im Drei-Säulen-Modell zumuten will: 18 Prozent aus der eigenen Tasche.[31] Das gilt sogar unter vergleichsweise pessimistischen Prämissen. Angenommen, die von uns beschriebenen Verbesserungen in der gesetzlichen Rente würden – ohne Erweiterung der Beitragszahler und ohne höhere Bundesanteile – primär über stark steigende Beiträge finanziert und man nähme beispielsweise 28 Prozent in Kauf, dann wäre selbst das für den Arbeitnehmer immer noch erheblich billiger als das gegenwärtige Drei-Säulen-Modell. Sein paritätisch finanzierter Eigenanteil läge dann gerade mal bei 14 Prozent.

»Ganz gleich, wie man es dreht oder wendet«, fasst Rentenexperte Winfried Schmähl den Sachverhalt zusammen, »wenn man höhere Renten zahlen will, ist das am preiswertesten über die gesetzliche Rente zu haben, das belastet den Beitragszahler am wenigsten.«

Höherer Bundesanteil: gerecht und wirksam

Gewöhnlich spricht man von Bundeszuschuss, wenn von Geldern die Rede ist, die vom Staat in die Deutsche Rentenversicherung fließen. Das ist irreführend, suggeriert es doch, dass die Rentenversicherung eigentlich nicht handlungsfähig wäre ohne die Hilfe von Vater Staat. In Wahrheit ist es genau umgekehrt. Der Staat lädt jede Menge Aufgaben bei der Rentenversicherung ab: die Altersversorgung von Aussiedlern, die Anrechnung von Zeiten von Krieg und Verfolgung, die Anrechnung von Kindererziehungszeiten, die Zahlung von Hinterbliebenenrenten, die Hochwertung von Einkommen in Ostdeutschland, die Reha von erkrankten Arbeitnehmern und anderes mehr. Für viele dieser Leistungen floss und fließt kein Cent Beitrag, aber sie kosten sehr viel Geld. Genau dann ist der Staat gefordert, um der Rentenkasse nicht beitragsgedeckte Leistungen, auch »versicherungsfremde Leistungen« genannt, zu erstatten.

Viele Kritiker sind der Meinung, dass dies der Staat nur sehr nachlässig tut. Jüngste Beispiele sind der zweite Rentenpunkt für die Mütter von vor 1992 geborenen Kindern oder die geplante Ost-West-Angleichung der Renten. Beide Maßnahmen werden voll oder ganz überwiegend von den Beitragszahlern finanziert statt vom Bund. Unstrittig ist deshalb, dass der Bundesanteil an der Finanzierung der Rente deutlich höher liegen müsste.[32] Ebenso unumgänglich ist es, dass er künftig noch weiter steigen muss, wenn zur Vermeidung von drohender Altersarmut kleine Einkommen wieder hochgewertet und für Zeiten der Langzeitarbeitslosigkeit wieder Rentenpunkte erworben werden. Es liegt schließlich im Interesse des Staates, dass Geringverdiener und Personen mit Lücken im Versicherungsverlauf später nicht massenhaft Grundsicherung beantragen müssen. Also muss er für die Maßnahmen, die die Betroffenen über die Grundsicherung heben, auch aufkommen. Diese Zahlungen sind deshalb kein Zuschuss und keine karitative Leistung eines wohlmeinenden Staates, sondern sie sind der notwendige Bundesanteil für jene Leistungen, die die Rentenversicherung im Auftrag des Staates erbringt.

Ein höherer Bundesanteil ist übrigens nicht nur gerecht, sondern obendrein auch gut angelegtes Geld: Jeder Euro, der für ausreichende Renten ausgegeben wird, sorgt im Wirtschaftskreislauf für bessere Geschäfte und am Ende für höhere Steuern, bedeutet mehr Einnahmen für die Kranken- und Pflegeversicherung sowie weniger Ausgaben für Grundsicherung im Alter. Das, was der Bund in die Rente steckt, verdient sich also zu großen Teilen selbst.

Leisten kann sich unser Staat einen höheren Bundesanteil allemal. Zwar klingt die Summe von über 80 Milliarden Euro, die seit Jahren vom Bund in die gesetzliche Rente inklusive Knappschaft fließt, gewaltig. Doch bezogen auf das Bruttoinlandsprodukt sind diese Bundesmittel in den vergangenen 15 Jahren deutlich gesunken.[33] Winfried Schmähl plädiert dafür, als ersten Schritt den Bundesanteil um die rund 40 Milliarden Euro für die Hinterbliebenenrenten zu erhöhen, die er als versicherungsfremde Leistungen einstuft:»Damit könnte man schon wesentliche Leistungsverbesserungen finanzieren.«

Beitragsbemessungsgrenzen – wo endet die Solidarität?

Bislang ist es mit der Solidarität in der Altersversorgung nicht weit her. Bevölkerungsgruppen mit sehr hohem Einkommen können sich mit Erfolg aus der Deutschen Rentenversicherung heraushalten. Es gibt aber auch unter den Pflichtversicherten eine ganze Menge Beschäftigte mit sehr ordentlichen oder gar sehr hohen Einkommen. Die zahlen zwar ein, doch nur bis zu einer gewissen Grenze: der Beitragsbemessungsgrenze. Diese liegt derzeit in Westdeutschland bei monatlich 6 350 Euro und in Ostdeutschland bei monatlich 5 700 Euro. Alle Einkünfte darüber bleiben beitragsfrei. Es ist offenkundig, dass neben einer Erweiterung des versicherten Personenkreises auch eine deutliche Erhöhung der Beitragsbemessungsgrenze die Finanzbasis der Rentenversicherung deutlich stärken würde. »Alles, was mehr Geld ins System bringt, erleichtert uns den dringend notwendigen Kurswechsel in der Rente«, betont Leni Breymaier von der SPD.

Das würde aber nicht nur mehr Geld bringen, sondern es wäre auch ein Schritt zu mehr Gerechtigkeit. Besonders, wenn er zusammen mit der Einführung einer Erwerbstätigenversicherung erfolgen würde (siehe den entsprechenden Abschnitt weiter oben). Wenn also auch Spitzenmanager mit Millionengehältern in die Rentenkasse einzahlen müssten, dann würden endlich auch DAX-Vorstände ihren Anteil an einer solidarischen Alterssicherung leisten: »Genau die Zetsches (Daimler) und Kaesers (Siemens) will ich in der gesetzlichen Rente haben, und sie sollen auf jeden Euro ihres Gehalts Beitrag zahlen«, freut sich Matthias W. Birkwald, der Rentenexperte der LINKEN.

Was wie eine Revolution klingt, ist im Nachbarland Schweiz bereits seit Langem gängige Praxis. Dort zahlen alle, auch die Einkommensmillionäre, von jedem Franken ihren Beitrag. Sie bekommen dafür aber später nicht unbegrenzt hohe Renten, sondern nur eine Höchstrente von derzeit 2 350 Franken.[34] In der Schweiz ist diese Form der Umverteilung Teil des Gesellschaftspaktes und trägt sicher wesentlich zur Akzeptanz auch sehr hoher Einkommen und hoher Vermögen bei. »Der Millionär braucht die Rentenversicherung nicht, aber die Rentenversicherung braucht den Millionär«, sagt Matthias W. Birkwald.

Ob eine Deckelung der Renten wie in der Schweiz hierzulande verfassungsrechtlichen Bestand hätte, ist jedoch fraglich.

Denkbar wäre allerdings eine degressive Kürzung von sehr hohen Rentenansprüchen. Das heißt: Jede zusätzliche Einzahlung durch ein höheres Einkommen brächte später zwar auch etwas mehr Rente, doch die Rente stiege nicht wie heute proportional mit den Einzahlungen, sondern bei sehr hohen Einkommen nur noch minimal. In der Praxis käme das einer Deckelung gleich.

Kein Zwang zur Arbeit nach 65

Zunächst klingt es plausibel: Die Rentenlaufzeiten steigen, und künftig werden viele Menschen vermutlich noch älter werden. Warum also nicht bis 67 Jahre arbeiten? Oder bis 69? Oder noch länger? Was nach Zukunft klingt, ist übrigens schon seit vielen Jahren möglich: Wer länger arbeitet, bekommt dafür mehr Rentenpunkte, und für jedes zusätzliche Jahr Arbeit als Belohnung noch einen Zuschlag auf seine Bruttorente von sechs Prozent.[35]

Nur macht das in der Praxis fast niemand. Das tatsächliche Renteneintrittsalter liegt aktuell in Westdeutschland bei 64,1 Jahren und in Ostdeutschland bei 63,5 Jahren.[36] Und auch bis dahin ist es für viele nicht einfach, sie sind den Anforderungen schon vorher nicht mehr gewachsen, weder körperlich noch psychisch. Das durchschnittliche Ausstiegsalter für Erwerbsminderungsrentner beträgt 51,6 Jahre. Dabei ist es nicht so einfach, als Erwerbsminderungsrentner anerkannt zu werden. Viele sind krank und arbeitsunfähig, doch eine Rente fließt deshalb noch nicht zwingend. Wer dann nicht auf Vermögen, eine private Berufsunfähigkeitsrente oder einen leistungsfähigen Ehepartner zurückgreifen kann, landet im Hartz-IV-Bezug. Wer noch arbeiten kann, muss wohl oder übel durchhalten. Selbst für Schwerbehinderte steigt der früheste

Zeitpunkt für eine Verrentung – zudem mit Abschlägen – demnächst auf 62 Jahre. Vorzeitige Ausstiege gibt es praktisch nicht mehr.

Gleichzeitig sehen sich viele Arbeitnehmer noch immer einem Druck in den Betrieben zu einem frühen Ausstieg ausgesetzt: Bereits mit 58 oder 60 sollen sie vielfach aufhören und bekommen Kompensationen versprochen, damit sie schnell die Stelle räumen. Diese Praxis steht in erstaunlichem Widerspruch zu den Forderungen der Arbeitgeberfunktionäre nach deutlich längeren Lebensarbeitszeiten. Während das Institut der deutschen Wirtschaft über ein Rentenalter von 73 nachdenkt, drängen die Arbeitgeber ihre älteren Arbeitnehmer schon 15 Jahre früher aus dem Job. Und arbeitslose Arbeitnehmer, die älter als 55 sind, haben nur noch minimale Chancen auf eine Neueinstellung.[37] Fazit: Sehr viele Arbeitnehmer schaffen es bereits heute nicht, das Renteneintrittsalter von 65 Jahren zu erreichen. Ihre Verrentung erfolgt mitunter nach jahrelanger Arbeitslosigkeit – und dann verbunden mit dem Bezug von Hartz-IV-Leistungen. Für die meisten Versicherten ist eine Arbeit über das 65. Lebensjahr hinaus weder praktikabel noch realistisch. Selbst wenn die gesundheitlichen Voraussetzungen passen, sind die wenigsten Betriebe darauf vorbereitet.

Bereits die beschlossene Heraufsetzung des Rentenalters auf 67 ist damit schlicht ein Rentenkürzungsprogramm.[38] Obendrein hat die Neuregelung offenbar erstaunlich geringe Auswirkungen auf den Beitragssatz, wie Klaus Ernst (DIE LINKE) auf der Kampagnenkonferenz der IG Metall 2017 in Berlin zu berichten wusste: »Wir haben die Bundesregierung gefragt, was die Rente mit 67 an Beitragsermäßigung bringt. Antwort: 0,5 Beitragssatzpunkte. Das sind für einen Durchschnittsverdiener rund 7,50 Euro im Monat. Ich habe noch niemanden gesehen, der für weniger als eine Maß Bier im Monat zwei Jahre länger arbeiten will.«[39]

Höhere Löhne und Neuordnung des Arbeitsmarktes

Neoliberale Wissenschaftler und Politiker nahezu aller Couleur weisen gerne darauf hin, dass nicht alle im Arbeitsleben erlittenen Nachteile in der Rente ausgeglichen werden könnten. Das stimmt. Umso mehr sollte das aber ein Ansporn sein, den nahezu zeitgleich mit den Rentenreformen Anfang des Jahrtausends deregulierten Arbeitsmarkt schleunigst wieder in Ordnung zu bringen. Die Neoliberalen halten die geringen Löhne und zerrütteten Erwerbsbiografien allerdings für ein persönliches Versagen der Beschäftigten. Die Betroffenen hätten eben nicht eifrig genug am eigenen Glück geschmiedet: Wer in Teilzeit oder schlecht bezahlt arbeite, verdiene halt auch keine gute Rente.

In Wahrheit hat sich aber niemand gewünscht, ein Teil des von Schröder seinerzeit gefeierten Niedriglohnsektors[40] zu werden oder ein Dasein als Leiharbeiter zu fristen. Und die Wahrheit ist auch: Wenn es gelingt, einen Teil der mit den Hartz-Reformen beförderten prekären Beschäftigung in gute Arbeit zu überführen, hilft das ungemein im Kampf gegen spätere Altersarmut. In einem Rentensystem, das auf Lohnarbeit basiert und das Äquivalenzprinzip hochhält, sind auskömmliche Löhne und sichere, beitragspflichtige Beschäftigungsverhältnisse die Voraussetzung für bessere Renten. Dazu schlagen wir die nachfolgenden Schritte vor.

Erstens: Der Mindestlohn müsste deutlich steigen. Der aktuelle Mindestlohn von 8,84 Euro sorgt für einen monatlichen Bruttolohn von rund 1 500 Euro. Wer längere Zeit nur den Mindestlohn oder knapp darüber verdient, hat derzeit praktisch keine Chance auf eine Rente oberhalb des Grundsicherungsniveaus. Generell sollten die Lohnsteigerungen für alle versicherungspflichtig Beschäftigten deutlich höher ausfallen als in den vergangenen 20 Jahren. Insbesondere die Stagnation für die untere Hälfte der Einkommensbezieher muss überwunden werden. Nur so ist eine Beteiligung am gesellschaftlichen Wohlstand für Arbeitnehmer und davon abgeleitet auch für Rentner möglich.

Zweitens: Sowohl die Mini- als auch die Midi-Jobs[41] sollten abgeschafft werden. Damit würden Löhne und Gehälter wieder vom ersten Euro an voll sozialversicherungspflichtig. Der Anreiz, Vollzeitarbeitsplätze in mehrere Mini- oder Midi-Jobs aufzuteilen, fiele weg. Viele Experten halten Mini-Jobs für eine Bremse, die insbesondere Frauen tendenziell davon abhält, höhere Einkommen als eben jene 450 Euro zu erzielen.[42] Forscher konnten belegen, dass die erhoffte Brücke in den regulären Arbeitsmarkt in der Regel nicht funktioniert. Die Frauen bleiben auf viele Jahre im Mini-Job gefangen (»Klebeeffekt«).[43]Klar ist: In einem Rentensystem, das stark auf Beitragsäquivalenz beruht, ist nur mit Einkommen, die sehr deutlich oberhalb des Niveaus von Mini- und Midi-Jobs liegen, eine gute Rente zu erzielen.

Drittens: Leiharbeit sollte wieder deutlich reduziert werden. Mit rund einer Million Leiharbeitnehmern hat diese Beschäftigung ein nie zuvor gekanntes Ausmaß erreicht.[44] Leiharbeiter verdienen in der Regel schlechter als die Stammbelegschaft. Und solange der potenzielle Einsatz von Leiharbeitern als Damoklesschwert über der Stammbelegschaft schwebt, bleibt es ein wirksames Instrument, um auch dort Lohnzurückhaltung zu erzwingen. Leiharbeiter haben zudem ein deutlich erhöhtes Risiko, arbeitslos zu werden. Die Kombination aus niedrigem Lohn und häufiger Arbeitslosigkeit ist eine denkbar schlechte Voraussetzung für eine gute Rente.[45]

Viertens: Solo-Selbstständige sollten soweit möglich wieder versicherungspflichtig arbeiten. Die Ausgliederung von ehedem versicherungspflichtiger Arbeit in sogenannte »Ich-AGs« war sozialpolitisch ein schwerer Fehler. Vielfach haben diese Personen nur ein geringes Einkommen und können nicht privat fürs Alter vorsorgen.[46] Oft haben sie nur einen einzigen Auftraggeber, für den sie dann als Scheinselbstständige Pakete ausfahren oder Fleisch zerlegen. Sie wären wesentlich besser abgesichert, wenn dieser Auftraggeber volle Arbeitgeberbeiträge in die Sozialkassen entrichten würde. Auch die ausufernde Praxis, versicherungspflichtige Arbeitsverträge in (versicherungsfreie) Werkverträge umzuwandeln, muss gestoppt werden.

Fünftens: Immer mehr Institutionen lagern Beratungsleistungen und Dienstleistungen auf »Honorarbasis« aus. So arbeiten Psychologen, Sozialarbeiter, Juristen et cetera auch für honorige Organisationen, ohne dass diese hierfür Sozialabgaben oder Steuer zahlen müssen. Eine reguläre Anstellung wäre zweifellos teurer, und auch die Beschäftigten hätten vermutlich weniger Netto vom Brutto. Was hingegen auf der Strecke bleibt, sind die soziale Sicherheit der Beschäftigten und die Einnahmen der Sozialversicherung.[47]

Mehr Rente ist möglich

Es geht nicht darum, ob wir uns in Deutschland gute Renten leisten *können*, sondern darum, ob wir das *wollen*. Der Werkzeugkasten steht bereit: etwas höhere Rentenbeiträge für Arbeitnehmer und Arbeitgeber, die Einbeziehung aller Erwerbstätigen in die gesetzliche Rente, ein korrekt bemessener Bundesanteil für die versicherungsfremden Leistungen, der Stopp der Förderung von Riester-Renten und der Entgeltumwandlung, die Aufhebung oder Anhebung der Beitragsbemessungsgrenze und last but not least Korrekturen an dem durch die Hartz-Gesetze aus den Fugen geratenen Arbeitsmarkt. Das zusammen würde dazu führen, dass alle Rentner deutlich mehr im Alter bekämen. Deutlich mehr als im gegenwärtig als alternativlos gepriesenen Drei-Säulen-Modell – und das sogar zu geringeren Kosten für die Arbeitnehmer, jedenfalls im Vergleich zu den von der Regierung eingeplanten Belastungen. Etwas mehr zahlten hingegen die Arbeitgeber, der Staat selbst und die Spitzenverdiener oberhalb der aktuellen Beitragsbemessungs- grenze. Erstmals einzahlen müssten viele Selbstständige, Politi- ker und Beamte.

Möglich ist das, wenn wir das wirklich wollen.

Kapitel 10

Ein Blick über die Grenze zeigt: Es kann gelingen!

»Ich habe mich immer gefragt, wann die Kamera um die Ecke kommt und das Team von ›Verstehen Sie Spaß?‹ sich feixend zeigt.« So erinnert sich der Bundestagsabgeordnete Matthias W. Birkwald an seine erste Dienstreise in jenes Land, das derzeit viele für das Vorbild in Sachen Rente halten: Österreich. Nun, natürlich war es nicht sein erster Trip nach Österreich, doch es war der erste, bei dem er sich als Rentenexperte der LINKEN zusammen mit seinen wissenschaftlichen Mitarbeitern in konzentrierter Form mit zahlreichen Verantwortlichen für das Rentensystem unseres Nachbarlandes traf. Das war im Oktober 2016 Und was Birkwald da erfuhr, überraschte ihn tatsächlich so sehr, dass er es kaum glauben mochte. In nahezu allen Belangen liegen die gezahlten Renten in Österreich mehr als deutlich über den deutschen Vergleichswerten: Männer erhalten in der Alpenrepublik derzeit im Schnitt eine monatliche Pension von 2 202 Euro (brutto) und damit rund 1 000 Euro mehr als hierzulande. Frauen liegen mit 1 252 Euro brutto rund 500 Euro über dem deutschen Vergleichswert.[1]

»Vermutlich ist das so unglaublich, dass man das in unserem Land einfach nicht wahrhaben will«, wundert sich Birkwald. Er und viele andere Rentenfachleute waren auf das Nachbarland aufmerksam geworden, nachdem die Hans-Böckler-Stiftung

Anfang 2016 eine Studie über das dortige vorbildliche Renten-system veröffentlicht hatte.[2] Dabei ist der Blick über den Grenz-zaun keineswegs so neu: Schon seit vielen Jahren findet das so-genannte »Schweizer Modell« viel Anerkennung in den Konzepten deutscher Rentenkritiker. Es steht für mehr sozialen Ausgleich und die Heranziehung sämtlicher Einkünfte für die Rente. Dass also die wohlhabenden Eidgenossen ihren Alten ein hohes Einkommen sichern, daran hatte man sich in Fachkreisen gewöhnt – aber Österreich?

Zunächst aber wurde weiter beharrlich weggeschaut. Die Kol-legen aus dem Bundestagsfachausschuss »Arbeit und Soziales«, die Birkwald zu seiner ersten Reise eingeladen hatte, zeigten kein Interesse. So traf sich der Linke exklusiv zwei Tage lang mit Vertretern der Regierung, der Opposition, den Gewerkschaften, den Verbraucherschützern, den Vertretern der Pensionisten (wie dort die Rentner genannt werden), mit Arbeitgebervertre-tern, Wirtschaftsforschern und Funktionären der Sozialversi-cherung. Ergebnis: Die hielten ihr eigenes Rentenniveau keines-wegs für üppig, waren hingegen erschüttert über das, was Birkwald aus Deutschland zu berichten wusste: »An der Versor-gung der Pensionisten will niemand rütteln und das halten auch alle Gruppen für nachhaltig finanzierbar. Das demografische Krisenszenario, das wir hier so gerne aufmachen, gibt es in Ös-terreich offenbar nicht.« Jedenfalls fast nicht. Die Arbeitgeber-vertreter geben auch dort zu bedenken, dass das System relativ teuer sei und die hohen Lohnnebenkosten die Schaffung von Arbeitsplätzen behindere.

Was ist nun das Besondere am österreichischen Rentensys-tem? Es wird geprägt von der Formel »45-65-80«: Nach 45 Jah-ren Arbeit soll der Pensionist im Alter von 65 Jahren in Ruhe-stand gehen und dann eine Rente in Höhe von 80 Prozent seines Lebensdurchschnittsverdienstes bekommen. Das scheint im Wesentlichen zu klappen: Die OECD bescheinigte Österreich

2015, dass ein Durchschnittsverdiener dort im Alter mit einer Lohnersatzrate von 78 Prozent rechnen kann. In Deutschland sind es dagegen gerade mal 37,5 Prozent.[3]

Finanziert wird das zunächst mit höheren Beiträgen: 22,8 Prozent sind für die Rente aufzubringen, also derzeit 4,1 Prozentpunkte mehr als in Deutschland. Aufgeteilt aber nicht etwa halbe-halbe zwischen Arbeitnehmer und Arbeitgeber, sondern zu 12,55 Prozent durch den Betrieb und zu 10,25 Prozent durch den Beschäftigten. In Österreich zahlt der Arbeitgeber also deutlich mehr. Die Einnahmebasis ist zudem breiter als bei uns, denn die Erwerbstätigenversicherung gibt es in Österreich bereits. Seit 2005 werden auch schrittweise die Beamten in das System integriert. Zudem steht der Staat bedingungslos für Lücken in der Rentenkasse gerade. Was am Jahresende fehlt, gleicht der Finanzminister mit einem Scheck aus – und fertig.

Ob Letzteres immer so bleiben wird, kann niemand garantieren. Doch derzeit gibt es einen breiten gesellschaftlichen Konsens in Österreich, dass man sich die Pensionen nach der Formel 45-60-80 leisten will. Das kostet aktuell rund 14 Prozent des Bruttoinlandsprodukts (BIP). Zum Vergleich: In Deutschland sind es einschließlich der Beamtenversorgung gerade mal 10 Prozent.[4] Einen entscheidenden Vorteil hat das österreichische Rentensystem für Kleinverdiener: Wer trotz der höheren Lohnersatzrate keine ausreichende Rente erzielt – ganz gleich, ob er früher zu schlecht verdient hat oder zu wenige Jahre versicherungspflichtig gearbeitet hat –, der wird auf Staatskosten aufgestockt und erhält eine Mindestrente. Für Einzelpersonen beträgt sie bezogen auf zwölf Monatsrenten (dieser Hinweis ist deshalb wichtig, weil in Österreich pro Jahr 14 Renten ausgezahlt werden) 1 038 Euro, für Paare 1 556,53 Euro. Die Empfänger müssen dazu ihre gesamten Einkommen offenlegen. Die Mindestrente bekommt also nur, wer tatsächlich über weniger Einkommen verfügt. Er bekommt sie allerdings auch, wenn er nur wenig gearbeitet hat. Vereinfacht ausgedrückt: Ein Cent Rentenanspruch reicht. Die etwas höhere »Mindestrente plus« von derzeit 1 167 Euro, bezogen auf zwölf Monatsrenten, bekommt als Single hingegen, wer mindestens 30 Versicherungsjahre aufweisen kann. In der Praxis erhalten die Empfänger der »Mindestrente plus« monatlich immer 1 000 Euro, aber an zwei Monaten des Jahres eben noch mal 1 000 Euro extra; quasi ein Urlaubs- und ein Weihnachtsgeld.

Die Lebensstandardsicherung und die Armutsvermeidung sind damit zentrale Bestandteile des österreichischen Pensionssystems. Und das lohnt sich für die Gesellschaft, davon ist der Wirtschaftsforscher Stephan Schulmeister, einer der einflussreichsten Ökonomen Österreichs, überzeugt.[5] In einem TV-Bericht des ARD-Wirtschaftsmagazins »Plusminus« wurde er auf einer Riesenradfahrt im Wiener Prater interviewt und begründete die Philosophie des auf Sicherheit bedachten Systems: »Wenn man sich in einem Land immer Sorgen macht um die Renten, dann wird allein durch das Sorgenmachen das Wirtschaftswachstum gedämpft und die Finanzierbarkeit der Sozialsysteme und auch der Rentensysteme verschlechtert. Und in Österreich, glaube ich, sind wir weniger gut im Sorgenmachen als in Deutschland.«[6]

Und weil man sich in Österreich nicht gerne Sorgen macht, hat man sich dort das Experiment mit einem Drei-Säulen-Modell geschenkt. Anfang des Jahrtausends wurde auch dort über eine zusätzliche private Vorsorge diskutiert. Doch man entschied sich gegen die Teilprivatisierung und ist heute froh darüber, wie im selben TV-Beitrag Dr. Josef Wöss von der Arbeiterkammer Wien erklärte. Verwundert schaue man auf den Nachbarn im Norden: »Das ist aus österreichischer Perspektive schon sehr komisch, dass sich ein reiches Land wie Deutschland kein besseres Rentensystem leistet.«[7]

Darüber wundern sich wohl noch mehr Politiker und Gewerkschafter in unseren Nachbarländern. Denn die Beispiele für deutlich bessere Versorgungen im Alter sind zahlreich. Das betrifft ganz besonders die Geringverdiener, die in keinem anderen Land Westeuropas so von Armut bedroht sind wie bei uns.

Beispiel Schweiz: Hier setzt man wie in Deutschland auf ein Drei-Säulen-Modell – nur sind die Säulen ganz anders ausgestaltet. In der ersten, der Alters- und Hinterlassenenversicherung (AHV), sind alle versichert, die in der Schweiz arbeiten, ganz gleich ob angestellt oder selbstständig. Und sie zahlen ohne Bemessungsgrenze Beiträge auf ihr gesamtes Einkommen. Das senkt den Beitragssatz auf erträgliche 10,3 Prozent, die im Verhältnis 50:50 von Beschäftigten und Betrieben finanziert werden.[8] Selbstständige zahlen alles alleine, profitieren aber insbesondere bei einem kleinen Jahreseinkommen von einem ermäßigten Beitragssatz. Da Topverdiener deutlich mehr einzahlen, sorgt dies für eine gesellschaftlich akzeptierte Umverteilung von oben nach unten. Vor allem, da die Renten aus der staatlichen AHV gedeckelt sind. Egal, wie viel man eingezahlt hat: Nach 44 Jahren Versicherungszeit beträgt die Höchstrente 2350 Franken, was rund 2200 Euro entspricht (Stand: 1. Januar 2017).[9] Die Hälfte aller Schweizer Rentner bekommt diese Höchstrente. Eine weitere Deckelung betrifft Ehepaare: Sie erhalten aus der AHV höchstens 3525 Franken (rund 3300 Euro).[10] Andererseits gilt auch: Egal, wie wenig man eingezahlt hat, ein Rentner bezieht nach 44 Jahren mindestens 1175 Franken Pension (rund 1100 Euro).[11] Doch das ist noch nicht alles: Denn anders als in Deutschland ist die Einzahlung in eine private Pensionskasse Pflicht, und auch hier zahlt der Arbeitgeber den halben Beitrag. Mit diesen beiden Renten sollen am Ende 60 Prozent des letzten Gehalts erzielt werden. Dazu kommt als dritte Säule eine freiwillige private Vorsorge.

Beispiel Niederlande: Hier gibt es ähnlich wie in der Schweiz ein Konzept von staatlicher Volksversicherung als Basis und einer für Beschäftigte obligatorischen privaten »Arbeitnehmerversicherung« (WIA). Interessant ist die Ausgestaltung der Volksrente: Sie ist überwiegend arbeitnehmerfinanziert und beträgt unabhängig von der Höhe der zuvor erzielten Einkommen 70 Prozent des staatlich festgelegten Nettomindestentgelts.[12] Stand Januar 2017 sind das für einen Alleinstehenden 1 153,35 Euro plus 71,61 Euro Urlaubsgeld, also 1 224,96 Euro (brutto). Paare erhalten nicht den doppelten Betrag, sondern »nur« 1 691,48 Euro monatlich brutto. Einzige Bedingung: Man muss vor Erreichen der Altersgrenze (die bis zum Jahr 2021 schrittweise auf 67 Jahre angehoben wird) 50 Jahre in den Niederlanden gearbeitet oder dort gelebt haben. Das heißt also im Klartext, dass jeder diese Mindestrente bekommt, der fünf Jahrzehnte dort gelebt hat, ganz gleich, wie lange er zuvor gearbeitet hat, wie viel oder wenig er verdient hat und ob er aktuell noch über Vermögen verfügt. Mehr als diese Mindestrente gibt es übrigens nicht, auch nicht für Topverdiener. Darauf sattelt die zweite Säule (WIA) auf, eine Art obligatorische private »Betriebsrente«, die ausschließlich vom Arbeitgeber finanziert wird.[13] Ziel ist es, aus beiden Säulen nach 40 Jahren im Alter eine Gesamtrente in Höhe von 70 Prozent des früheren Verdienstes zu erhalten.

Beispiel Frankreich: Hier kann man mit einer Altersrente rechnen, die 50 Prozent des früheren Gehalts beträgt. Dabei zählt allerdings nicht das gesamte Erwerbsleben wie in Deutschland, sondern nur die 25 besten Jahre.[14] Weiterer Vorteil: Eine abschlagsfreie Rente gibt es bereits ab dem 62. Lebensjahr. Auch Frankreich kennt eine Mindestrente, doch ist diese mit 628,99 Euro monatlich (Stand 2015) eher dürftig.[15]

Beispiel Belgien: Die staatliche Rente für Arbeitnehmer ist deutlich höher als in Deutschland. Nach 45 Jahren werden 60 Prozent des durchschnittlichen früheren Verdienstes als Rente erreicht, wobei die Verdienste bei der Berechnung an das heutige Wohlstandsniveau angepasst werden.[16] Wer mit einem Ehepartner zusammenlebt, der über kein oder nur ein sehr geringes Einkommen verfügt, bekommt sogar 75 Prozent des früheren Lohns als Rente. Auch Belgien kennt eine Mindestpension: Nach 45 Jahren beträgt diese für alleinstehende Arbeitnehmer 1 145,80 Euro und für Paare 1 431,80 Euro (Stand September 2015). Auch Selbstständige erhalten eine Mindestpension von 1 089,47 Euro (alleinstehend) beziehungsweise 1 431,80 Euro für Paare.[17] Besonders vorteilhaft für Arbeitnehmer in Belgien ist, dass sie vom Sozialversicherungsbeitrag nur rund ein Drittel zahlen, die anderen zwei Drittel übernimmt der Arbeitgeber. Eine Beitragsbemessungsgrenze gibt es nicht.[18]

Beispiel Luxemburg: Gilt Österreich neuerdings als Rentenvorbild, so kann man das Großherzogtum wohl als regelrechtes Rentenparadies betiteln. In der staatlichen Rentenversicherung sind alle Arbeiter, Angestellte, Landwirte, Handwerker, Händler, Industrielle sowie die Freien Berufe versichert. Die Beitragsbemessungsgrenze ist höher als bei uns (2015: 115 377,84 Euro). Auch der Beitrag ist mit 24 Prozent höher, allerdings teilen ihn sich Arbeitnehmer, Arbeitgeber und Staat zu gleichen Teilen. Das heißt: Sowohl Beschäftigte als auch Betriebe zahlen mit jeweils 8 Prozent deutlich weniger als in Deutschland. Die Regelaltersgrenze beträgt 65 Jahre, doch wer 40 Pflichtversicherungsjahre aufweist, kann in Luxemburg sogar schon mit 57 Jahren abschlagsfrei in Rente gehen. Und was dann als Rente rauskommt, davon können die Rentner in Resteuropa nur träumen, wie Rechenbeispiele des luxemburgischen Rentenversicherungsträgers CNAP belegen.[19] Hat ein Versicherter zum Beispiel 40 Jahre lang im Schnitt das Doppelte des Mindestlohns verdient, also monatlich derzeit rund 4000 Euro, so erhält er bereits mit 60 Jahren eine abschlagsfreie Bruttopension von monatlich 3348,53 Euro. Das ist nicht nur mehr als doppelt so viel, wie er hierzulande bekommen würde – er bekommt seine Rente sogar fünf Jahre früher. Zweites Beispiel: Hat ein Versicherter fünf Jahre studiert und dann 38 Jahre lang im Schnitt das Dreifache des Mindestlohns verdient (derzeit rund 6000 Euro monatlich), so darf er sich auf eine Bruttopension von 4574,61 Euro freuen – rund doppelt so viel wie bei gleichen Voraussetzungen in Deutschland. Doch nicht nur Normal- oder Besserverdiener werden in Luxemburg im Alter belohnt, auch Kleinverdiener können mit einer ordentlichen Pension rechnen: Die Mindestpension beträgt derzeit nach 40 Versicherungsjahren 1771,75 Euro. Außerdem erhalten alle Pensionsempfänger noch eine Jahresendzulage, die bei 40 Versicherungsjahren derzeit 757 Euro beträgt. Dazu kommt noch ein weiterer Vorteil: Alle Pensionäre zahlen im Alter für Krankenkasse und Pflege nur einen ungewöhnlich niedrigen Beitrag von maximal 4,2 Prozent.

Beispiel Dänemark: Das Attribut paradiesisch kann auch für das nördliche Nachbarland zumindest für Geringverdiener gelten. Denn die Volksrente wird in gleicher Höhe für alle gezahlt, die in Dänemark gewohnt haben, egal, ob und wie viel sie gearbeitet haben. Sie beträgt für Alleinstehende ab dem 65. Lebensjahr rund 1710 Euro (Stand 2017). Wer in einer Partnerschaft lebt, erhält pro Kopf 1260 Euro, ein Paar kommt damit im Alter auf mindestens 2520 Euro.[20] Einzige Bedingung: Die Rentenbezieher müssen mindestens 40 Jahre in Dänemark gelebt haben. Für Kleinverdiener hat dies zur Folge, dass sie im Alter sogar mehr Geld bekommen als im Erwerbsleben: Die OECD errechnete, dass jene, die nur 50 Prozent des dänischen Durchschnittseinkommens verdienen, im Alter eine Lohnersatzrate von 117,5 Prozent erzielen. Einsame Spitze vor den Niederlanden und Australien![21] Auch die Frührente für Kranke oder Behinderte ist ungewöhnlich hoch: Abhängig von der Wohndauer in Dänemark und dem Familienstand beträgt sie beispielsweise für Alleinstehende maximal rund 2 370 Euro monatlich (Stand 2014).[22] Die dänische »Folkepension« wird aus Steuermitteln finanziert. Daneben gibt es noch ein »Arbeitsmarkt-Zusatzrentensystem« (ATP), in dem alle Arbeitnehmer pflichtversichert sind. Die Beiträge teilen sich Arbeitnehmer (ein Drittel) und Arbeitgeber (zwei Drittel). Die Höhe der parallel zur »Folkepension« ab dem 65. Lebensjahr gezahlten Zusatzrente hängt von Dauer und Höhe der Einzahlungen sowie der Lebenserwartung ab.

Fazit: In nahezu allen Nachbarländern bekommen Normalverdiener deutlich bessere Renten im Alter. Und in allen betrachteten Ländern stehen sich Kleinverdiener im Alter besser als in Deutschland. Auch die EU-Kommission sprach in einem Länderreport im Februar 2017 eine scharfe Warnung aus: Die deutsche Politik habe in hohem Maße zur Vergrößerung der Armut beigetragen. Die Kommission befürchtet für die Zukunft: »Die Angemessenheit der Renten wird voraussichtlich weiter abnehmen.«[23]

Just als dieser EU-Report erschien, machte sich dann doch noch eine Abordnung des Bundestagsausschusses Arbeit und Soziales auf den Weg nach Wien, um sich vor Ort ein Urteil über das Rentensystem zu bilden. Matthias W. Birkwald hatte es nach seinem ersten Besuch in zahlreichen Interviews über den grünen Klee gelobt: »Als ich es damit bis in die ›Tagesschau‹ geschafft hatte, waren die anderen plötzlich doch an einer Reise nach Österreich interessiert.« Und diesmal war sogar wirklich eine Fernsehkamera dabei. Allerdings nicht von »Verstehen Sie Spaß?«, sondern vom Wirtschaftsmagazin »Plusminus«. Lobende Worte für das österreichische Rentenmodell fand vor der ARD-Kamera neben Birkwald aber nur der Vertreter von Bündnis 90/Die Grünen, Wolfgang Strengmann-Kuhn. Er scheint zu Rentenkorrekturen bereit: Man könne und müsse von Österreich insbesondere lernen, so Strengmann-Kuhn, »wie alle Erwerbstätigen einbezogen worden sind, wie auch die Renten, Pensionen von Beamten jetzt harmonisiert werden über einen längeren Zeitraum«.[24] Die Vertreter von Union und SPD hingegen sperrten sich zunächst komplett gegen die Kamera und handelten dann nach dem Motto, dass nicht sein kann, was nicht sein darf.[25] Mit anerkennenden Worten zum Rentenmodell Österreichs taten sie sich erkennbar schwer. Kein Wunder, denn damit hätten sie gleichsam zugeben müssen, dass sie vor 15 Jahren mit der Teilprivatisierung der Rente eine falsche Politik beschlossen haben und seitdem auf dem Holzweg sind.

Bleibt die Frage: Weshalb haben sich die Österreicher eigentlich für einen anderen, besseren Weg entschieden? Vielleicht hat es ja auch damit zu tun, dass den Österreichern die private Versicherungswirtschaft nicht so direkt im Nacken sitzt. Die Allianz hat ihren Hauptsitz in München und eben nicht in Wien.

Kapitel 11

Was planen Parteien, Gewerkschaften und Sozialverbände?

Es kommt frischer Wind in die Rentendebatte. Viele machen dafür Martin Schulz verantwortlich. Doch schon lange vorher hatten Horst Seehofer und Sigmar Gabriel die Riester-Rente für gescheitert erklärt, hatten die Gewerkschaften sich auf eine Rentenkampagne verständigt, war die Diskussion um eine bessere Rente für Geringverdiener oberhalb der Grundsicherung immer wieder aufgeflammt. Offenbar ist die Einsicht in der Öffentlichkeit angekommen, dass es mehr Rentengerechtigkeit und eine bessere Absicherung im Alter geben muss, sodass sich Parteien und Gewerkschaften diesem Wunsch nicht mehr länger entziehen können.

Noch vor kurzem sah das zumindest bei den großen Parteien ganz anders aus. Mit den Rentenreformen Anfang des Jahrtausends waren die Weichen gestellt, nach offizieller Lesart war damit die Rente zukunftsfest und nachhaltig umgestaltet, und daran sollte so bald auch nicht mehr gerüttelt werden. Niemand – mit Ausnahme der Partei DIE LINKE – war bereit, das absehbar sinkende Rentenniveau und die Teilprivatisierung der Rente, euphemistisch »Drei-Säulen-Modell« genannt, in Frage zu stellen. Doch wie sieht die Haltung der politischen Gruppierungen im Jahr 2017 aus? Wo besteht begründeter Anlass zur Hoffnung? Hat sich schon Entscheidendes geändert?

Am einfachsten lässt sich die letzte Frage in Bezug auf die CDU beantworten: eindeutig nein! Sie rüttelt nicht am klaren Kurs einer angeblich notwendigen deutlichen Senkung des Rentenniveaus. Noch nicht mal auf die Nahles-Haltelinie bei 46 Prozent, welche auch schon eine deutliche Verschlechterung für die Rentner bedeutet, wollte die Union einschwenken. Dafür gibt es gleich mehrere Gründe: Eine große Mehrheit in der CDU trägt ideologisch noch immer den Kurs zu mehr Eigenverantwortung in der Rente mit Überzeugung mit und sieht privates, kapitalgedecktes Sparen weiterhin sehr positiv, ganz gleich, wie mies die Ergebnisse auch ausfallen mögen. Angeblich gibt es angesichts der demografischen Entwicklung dazu keine Alternative. Also ein klares »Weiter so«. Zu Minikorrekturen wie im Bereich der Erwerbsminderungsrenten ist die CDU bereit, doch immer unter der Prämisse, dass es möglichst wenig kostet. Dafür sorgt derzeit noch Finanzminister Wolfgang Schäuble, und auch sein Finanzstaatssekretär Jens Spahn, der sich oft zu Rentenfragen äußert, hält konsequent diese Linie: kein höheres Rentenniveau.[1] Denn damit würde automatisch der Bundesanteil steigen, und das muss in Zeiten der Schuldenbremse unbedingt verhindert werden. Der Bundesanteil wird auch bei den bereits beschlossenen Rentenreförmchen niedrig gehalten: Sowohl bei der Verbesserung der »Mütterrenten« als auch in der Frage der Ost-West-Rentenangleichung bleibt die Bundesschatulle weitgehend geschlossen.

Wenn die CDU in der Rente Reformbedarf sieht, so geht es bestenfalls um die Verbesserung der Instrumente – also beispielsweise um eine Entbürokratisierung der Riester-Rente, wie sie der Vertreter des CDU-Wirtschaftsflügels Carsten Linnemann fordert.[2] Zwar gibt es gelegentlich kritische Stimmen aus der Christlich-Demokratischen Arbeitnehmerschaft (CDA), die sogar so weit gehen, die Riester-Rente in Frage zu stellen.[3] Doch damit hat man derzeit in der CDU keine Chance. Hier will man wohl eher der angeblichen »Sozialdemokratisierung« der Union Einhalt gebieten. Das wiederum passt perfekt ins Anforderungsprofil sowohl der Arbeitgeberverbände also auch der Finanzwirtschaft. Beiden fühlt sich die CDU traditionell sehr verbunden.

Das wurde auch in der Bundestagsdebatte um das Betriebsrentenstärkungsgesetz deutlich. Verbesserungen in der gesetzlichen Rente lehnten alle CDU-Sprecher ab. Die angestrebte weitere Verbreitung von Pseudo-Betriebsrenten in Form der Entgeltumwandlung hingegen feierte der Vorsitzende der Arbeitnehmergruppe der Unionsfraktion Peter Weiß als »Sternstunde für die deutsche Altersvorsorge der Zukunft«.[4] Was Peter Weiß nicht sagte: Für viele Arbeitnehmer wird diese Form der Betriebsrente zu einer Negativ-Rendite führen, vor allem weil dadurch ihre spätere gesetzliche Rente noch niedriger ausfällt. Die eigentlichen Gewinner des Gesetzes hatte die *Frankfurter Allgemeine Zeitung* frühzeitig ausfindig gemacht: »Große Versicherer profitieren von Betriebsrentenreform.«[5] Dass es tatsächlich darum geht, das Geschäft der Versicherungswirtschaft abzusichern, bestätigt indirekt Michael Meister (CDU), parlamentarischer Staatssekretär im Bundesfinanzministerium: »Wenn wir jetzt einfach nichts tun, dann wird es in Zukunft aufgrund dieser Niedrigzinsphase (…) dazu kommen, dass es bei uns in Zukunft weniger kapitalgedeckte Angebote gibt. Das kann aber nicht unser Ziel sein.«[6]

Da siegen offenbar Ideologie und Klientelpolitik gegen den Verstand, der doch ohne Probleme feststellen sollte, dass die privaten Lösungen derzeit nichts abwerfen. Auch die Riester-Rente lobt Meister über den grünen Klee, »weil sie, wenn man den staatlichen Anteil einbezieht, eine sehr ertragsstarke Lösung ist«.[7] Eine Riester-Rendite gibt es aber nur dank staatlicher Zuschüsse. Doch weshalb werden diese Zuschüsse nicht direkt dem gesetzlichen Rentenkonto gutgeschrieben, wo sie sich deutlich höher rentieren würden? Weshalb der kostenträchtige

Umweg über Allianz & Co.? In Sachen Rente also nichts Neues im CDU-Land.

Diffuser sieht es bei den Brüdern und Schwestern in Bayern aus: CSU-Chef Horst Seehofer schockte im April 2016 die Berliner Unionszentrale, als er verkündete, dass später »etwa die Hälfte der Bevölkerung in der Sozialhilfe landen würde«, falls in der Rente keine Notbremse gezogen werde. Die Neoliberalisierung in der Rentenpolitik des vergangenen Jahrzehnts sei gescheitert, die Riester-Rente solle abgewickelt werden.[8] Im Juni 2016 verkündete die CSU dann sogar, sie wolle mit einem eigenen Rentenkonzept in den Bundestagswahlkampf ziehen. Zentrale Punkte: höhere Mütterrenten und ein Rentenniveau, das bis 2030 konstant gehalten werden soll.[9]

Ein paar Monate später ist alles ganz anders: Von einem stabilen Rentenniveau ist bei der CSU keine Rede mehr, von einer Abschaffung der Riester-Rente schon gar nicht. Stattdessen kritisierte Seehofer die zaghaften Nahles-Pläne zur Stabilisierung des Rentenniveaus als »Gift für den Arbeitsmarkt«. Er sehe bisher kein Konzept zur Stabilisierung des Rentenniveaus, das Wirtschaft und Wachstum nicht gefährde, so Seehofer im November 2016.[10] Wohin der CSU-Schlingerkurs in Sachen Rente noch führen wird, ist derzeit nicht absehbar. In der Bundestagsdebatte zum Betriebsrentenstärkungsgesetz versicherte Stephan Stracke als Sprecher des Arbeitskreises Arbeit und Soziales der CSU-Landesgruppe, dass sowohl die Riester-Renten als auch die Betriebsrenten kräftig ausgebaut werden müssten: »Wir wollen keine Revolution, keine Rolle rückwärts in der sozialen Sicherung.«[11] Jedenfalls erst mal bis zur Bundestagswahl nicht, möchte man hinzufügen.

Etwas größere Hoffnungen auf bessere Renten ruhen mittlerweile wieder auf der SPD, seit Martin Schulz mit seinem Credo »Mehr Gerechtigkeit« die Partei führt. Auch Leni Breymaier, SPD-Chefin in Baden-Württemberg, die schon immer als harte Kritikerin der Riester-Reformen und der Agenda-Politik aufgetreten ist, fühlt sich wieder »so wohl in meiner Partei wie schon lange nicht mehr«. Doch es bleibt abzuwarten, wie viele Korrekturen überzeugte Sozialpolitiker wie Breymaier tatsächlich durchsetzen können. Auf mittlere Sicht bleibt es wohl beim Kurs von Andrea Nahles, wie sie ihn bereits im November 2016 vorgezeichnet hat. Das zeigte sich am 7. Juni 2017, als Martin Schulz mit Andrea Nahles das Rentenkonzept der SPD vorstellte.[12] »Wir schaffen bis zum Jahr 2030 Sicherheit für Jung und Alt. Für die Jungen bleiben die Beiträge finanzierbar. Und die Älteren bekommen für ihre gezahlten Beiträge auskömmliche Renten.«[13] Das wichtigste Instrument dabei ist die doppelte Haltelinie bei Rentenniveau und Rentenbeitrag: Mindestens 48 Prozent Rentenniveau – also eine Stabilisierung auf heutigem Stand – und höchstens 22 Prozent Rentenbeitrag verspricht die SPD – bis zum Jahr 2030. Bei Lichte betrachtet ist das nur eine kleine Veränderung zum bekannten Nahles-Gesamtkonzept, das Haltelinien von 46 Prozent beim Niveau und 25 Prozent beim Beitrag vorsah – allerdings bis zum Jahr 2045. Es ist also vor allem der verkürzte Zeithorizont, der den Unterschied macht. Und wirft man einen noch genaueren Blick auf die SPD-Zahlen, so ist die Verbesserung verglichen mit der geltenden Rechtslage verblüffend marginal: Bei einem konstanten Rentenniveau von 48 Prozent würde – liefe alles so weiter wie bisher – ohnehin erst im Jahr 2028 ein Beitragssatz von mehr als 22 Prozent fällig.[14]

Dennoch: Das klare Bekenntnis, ein weiteres Absinken des Niveaus definitiv stoppen zu wollen, war neu. Ebenso die klare Ansage, ab 2028 mehr Bundesmittel (»Demografiezuschuss«) in die gesetzliche Rente stecken zu wollen. Außerdem sollen Kleinverdiener von einer Solidarrente profitieren, die 10 Prozent oberhalb der Grundsicherung liegen soll. Voraussetzung sind 35 Versicherungsjahre (»Wer ein Leben lang gearbeitet hat, soll nicht zum Sozialamt gehen müssen«). Und mit der Einbeziehung jener Selbstständigen in die Rentenversicherung, die noch nicht in einem Versorgungswerk abgesichert sind, soll ein sehr zaghafter Schritt in Richtung Erwerbstätigenversicherung erfolgen. Ein klares Bekenntnis lieferten Schulz und Nahles zur Lebensarbeitszeit:»Mit uns wird es keine Erhöhung des Renteneintrittsalters geben (…). Wer nicht immer länger arbeiten will, der muss sich jetzt entscheiden und SPD wählen.«[15]

Damit haben sich die Sozialdemokraten klar positioniert und im Unterschied zur Union deutlich gemacht: keine weiteren Grausamkeiten bei der Rente. Doch eine wirkliche Kehrtwende ist der neue Kurs nicht. Es soll keine Anhebung des Rentenniveaus geben. Es bleibt bei der Rente mit 67. Es soll keine rentenrechtliche Höherbewertung von Zeiten der Arbeitslosigkeit geben. Es ist keine Einbeziehung von Beamten und Freiberuflern in die Rentenversicherung geplant. Und das Wichtigste: Im SPD-Rentenkonzept gibt es keine Abkehr von der Riester-Rente und den Betriebsrenten in Form der Entgeltumwandlung. Hier bleiben die Sozialdemokraten in ihrem Grundwiderspruch gefangen. Sie wollen eine verlässliche, gute gesetzliche Rente, fördern aber weiter mit Macht jene Alternativen, die der gesetzlichen Rente regelrecht das Wasser abgraben. Falls die weitere Verbreitung der Entgeltumwandlung misslingen sollte, wird von SPD-Seite sogar mit einer gesetzlichen Pflicht gedroht.[16] Und auch die Riester-Rente soll nicht eingeschränkt oder gar abgeschafft werden – vielmehr soll die Förderung sogar noch erhöht werden. Gleich mehrfach hat Andrea Nahles als Problem angeprangert, dass viel zu viele Menschen keine zusätzliche private Altersvorsorge betreiben.[17]

Das Drei-Säulen-Modell bleibt auch weiterhin für die SPD das Leitbild in der Altersvorsorge. Zwar betonen alle, auch Ministerin Nahles, dass die erste Säule, also die gesetzliche Rente, die wichtigste bleibe. Doch unbeantwortet bleibt die Frage: Weshalb treibt man weiter die Menschen in private Produkte, die keineswegs sicherer sind als die gesetzliche Rente und die allenfalls eine Rendite abwerfen, weil der Staat Zuschüsse oder Steuervorteile gewährt? Weshalb setzt man weiter auf die zweite und dritte Säule, obwohl man damit die gesetzliche Rente schädigt?

Unterm Strich würden die SPD-Pläne also die Entwicklung, die sie selbst maßgeblich zu Anfang des Jahrtausends herbeigeführt haben, nicht grundlegend korrigieren, sondern allenfalls abmildern. Viele Kleinverdiener würden sich durch die Einführung einer Solidarrente etwas besser stehen. Den Normalverdienern, also dem Mittelbau der Beschäftigten, und auch den etwas besser verdienenden Arbeitnehmern hingegen würde keine Verbesserung winken. Auch weiterhin wären sie als Rentner vom früheren Lebensstandard weit entfernt. Sie blieben damit auch weiter hinter dem Standard beispielsweise des Nachbarlands Österreich zurück, wie Leni Breymaier einräumt: »Natürlich könnten wir uns das hierzulande genauso leisten. Das ist schlicht eine Frage der Prioritäten. Dazu müssen wir eine breite gesellschaftliche Debatte führen, wie sie die Gewerkschaften jetzt mit der Rentenkampagne auch anstoßen. Ich glaube, man kann die Deutschen auch an ihrem Stolz packen, warum können das die Österreicher und wir nicht?« Eine sehr gute Frage.

Ganz zarte Absetzbewegungen von den seinerzeit unter Rot-Grün beschlossenen Reformen erkennt man auch bei der Partei Bündnis 90/Die Grünen. Motto: Damals war das alles vollkommen richtig, aber heute müssen wir leicht umsteuern. Nun haben die Grünen erkannt: »Die Umlagefinanzierung ist grundsätzlich sicherer als die kapitalgestützte Altersvorsorge, dies hat sich in Zeiten langanhaltend niedriger Zinsen gezeigt. Die gesetzliche Rentenversicherung mit ihrer Umlagefinanzierung ist das Kernstück der Sicherung im Alter und muss es auch bleiben.

Über eine Stabilisierung des Rentenniveaus ist sie wieder zu stärken.«[18] Seit einiger Zeit verkündet Markus Kurth als rentenpolitischer Sprecher der Grünen, dass das Niveau nicht wie ursprünglich geplant weiter abgesenkt werden dürfe: »Wenn das Niveau weiter fällt, wird das umlagefinanzierte System die Akzeptanz verlieren, dass dürfen wir nicht zulassen.«[19] Kurth will aber nicht sagen, was die angestrebte Stabilisierung konkret in Zahlen bedeutet. Eine baldige Rückkehr zum Niveau vor den Riester-Reformen halt er für unrealistisch: »Wer das glaubt, der macht sich was vor.«

Die Grünen wollen die Finanzlage der Rentenkasse nachhaltig stärken. Die Rede ist von maßvollen Beitragssatzerhöhungen, vor allem aber soll das Geld aus höheren Steuermitteln und der Einbeziehung aller Erwerbstätigen kommen, bei den Grünen »Bürgerversicherung« genannt. Die deutlichste Leistungsverbesserung soll für Geringverdiener greifen. Sofern sie 30 Versicherungsjahre aufweisen, sollen sie eine sogenannte »Garantierente« oberhalb der Grundsicherungsgrenze bekommen.[20] Ohne Bedürftigkeitsprüfung, ohne Anrechnung von Partnereinkommen. Ansprüche aus privater Altersvorsorge sollen nicht mit der Garantierente verrechnet werden, kämen also obendrauf. Auch ein Teil der gesetzlichen Rente soll als Freibetrag erhalten bleiben. So hätte jeder mit höheren eigenen Ansprüchen – ganz gleich, ob aus der gesetzlichen Rente oder privaten Vorsorge – am Ende auch nach Einführung der Garantierente mehr als derjenige, der früher weniger verdient oder weniger vorgesorgt hat.[21] So weit, so gerecht und gut.

Eine geradezu schizophrene Haltung nehmen die Grünen hingegen bei der privaten Altersvorsorge ein. Sie weisen einerseits darauf hin, dass die Privatvorsorge deutlich unsicherer sei und derzeit praktisch keine Zinsen bringe, sprechen sich aber in mehreren Bundestagsanträgen immer wieder für ein »stabiles Drei-Säulen-System« aus.[22] Die Riester-Rente in der bisherigen

Form halten sie zwar für gescheitert, plädieren aber für eine neu gestaltete, verbesserte, ebenfalls kapitalgedeckte Sparform und wollen hierfür die Zulagen sogar noch deutlich erhöhen.[23]

Ähnlich in der Frage der sogenannten Betriebsrenten: Hier haben sie klar erkannt, dass die Entgeltumwandlung dazu führt, dass immer mehr Arbeitnehmer ihre Betriebsrente weitgehend allein finanzieren und dass diese Form der beitragsfreien Einzahlung dem Sozialsystem massiv schadet. Grundsätzlich wollen sie deshalb sogar die beitragsfreie Einzahlung in Form der Entgeltumwandlung abschaffen.[24] Gleichzeitig soll aber gelten: »Für Bündnis 90/Die Grünen ist die betriebliche Altersvorsorge ein wichtiger, zentraler und unbedingt zu stärkender Baustein in der Altersvorsorge.«[25] Sie fordern sogar, dass jeder Arbeitgeber allen Beschäftigten ein Angebot für eine Betriebsrente machen muss. Dabei soll er verpflichtet werden, die im Falle der Entgeltumwandlung ersparten Arbeitgeberanteile in der Sozialversicherung voll an die Mitarbeiter weiterzugeben. Was denn nun: Entgeltumwandlung fördern oder abschaffen?

Kein originäres Spielfeld stellt die Rentenpolitik für die FDP dar. Die Partei, die die Eigenverantwortung wie eine Monstranz vor sich herträgt, hatte seinerzeit die Teilprivatisierung der Rente begrüßt und tut das noch heute. Um die Rente »enkelfit« zu machen, plädiert die FDP für eine Fortsetzung jener Politik, die ein sinkendes Rentenniveau mit nur mäßig steigenden Rentenbeiträgen verbindet.[26] Die Leistungen der gesetzlichen Rente wieder zu verbessern oder auch nur stabil zu halten hält die FDP für unverantwortlich teuer und bedient sich hier ungeniert der Argumente der Initiative Neue Soziale Marktwirtschaft (INSM). Eine verpflichtende Eingliederung von Freiberuflern und Selbstständigen in die gesetzliche Rente lehnen die Freidemokraten klar ab.[27] Natürlich muss die Riester-Rente aus Sicht von FDP-Chef Christian Lindner einfacher werden und vor allem sollte man den Versicherungen erlauben, das Geld riskanter anzulegen, um eine höhere Rendite schaffen zu können.[28] Das wäre dann natürlich nicht mehr vereinbar mit der Beitragsgarantie, also dem Riester-Versprechen, dass zu Rentenbeginn alle geflossenen Beiträge und Zulagen für eine Verrentung zur Verfügung stehen. Das Ende dieser Beitragsgarantie verlangen die Riester-Anbieter schon lange. Das Anlagerisiko würde dann voll auf den Sparer übergehen.

Keine klare Haltung zur Rente zeigt bislang die AfD. Nachdem Frauke Petry Mitte 2016 in einem Interview mit der *Welt am Sonntag* zunächst längere Arbeitszeiten und weitere »brutale Rentenkürzungen« für notwendig erklärt hatte, machte sie kurz darauf einen Rückzieher. Es war wie so oft bei der AfD: Man wirft einen Stein ins Wasser, um dann zu verkünden: »Alles nicht so gemeint.« Nun befürwortete sie »gesellschaftliche Kraftanstrengungen«, um »das Rentenniveau zu erhalten«.[29] Wie diese Anstrengungen aussehen sollen, lässt die AfD allerdings im Unklaren. Nachdem AfD-Parteichef Jörg Meuthen zunächst festgestellt hatte, die Riester-Rente habe sich als Geldverschwendung herausgestellt und solle beendet werden, wurde später im Wahlprogramm die Stärkung der privaten Altersvorsorge ausdrücklich gefordert.[30] Frauke Petry hatte immer wieder das »Schweizer Modell« – also die Einbeziehung aller Erwerbstätigen in die Rente – als Ziel erklärt, doch dazu findet sich im Wahlprogramm nichts. Kein Wort zu einer Erwerbstätigenversicherung. Klar spricht sich die AfD hingegen für deutlich höhere Zahlungen des Staates an die Rentenkasse aus. Der Bundesanteil müsse erhöht und die Leistungen von Eltern sollten stärker in der Rente berücksichtigt werden.[31]

Die klarste und über viele Jahre sehr beständige Haltung zur Rente zeigt die Partei DIE LINKE. Als einzige Partei verlangt sie die Rückkehr zu dem Rentenniveau vor den Riester-Reformen, also die Rücknahme aller Kürzungsfaktoren. Aus Sicht des rentenpolitischen Sprechers Matthias W. Birkwald ist dies zwingend erforderlich: »Schauen wir doch, was heute passiert: Jahr für Jahr gibt es immer mehr ältere Arme, Jahr für Jahr hinken die Renten den Löhnen hinterher und Jahr für Jahr wird der Riester-Unsinn offensichtlicher.« DIE LINKE will deshalb die Riester-Rente beenden und das Geld stattdessen direkt in die gesetzliche Rente stecken. Auch die Entgeltumwandlung und damit die beitragsfreie Einzahlung von Beschäftigten in Betriebsrenten soll es nicht mehr geben. Stattdessen sollen Betriebsrenten wieder überwiegend, aber doch mindestens zu 50 Prozent vom Arbeitgeber bezahlt werden. »Die ruinöse Selbstzerstörung der gesetzlichen Rente durch sogenannte Betriebsrenten muss aufhören«, sagt Birkwald.

Neben der allgemeinen Aufwertung aller Renten durch die Anhebung auf ein Rentenniveau von 53 Prozent will DIE LINKE vor allem Kleinverdienern mit einer verbesserten »Rente nach Mindestentgeltpunkten« helfen. Auch Zeiten der Pflege von Angehörigen, der Arbeitslosigkeit und der Ausbildung sollen rentenrechtlich besser bewertet werden. Da angesichts niedriger Löhne auch diese Maßnahmen nicht reichen werden, alle über die Armutsschwelle zu heben, will die Partei eine »Solidarische Mindestrente« in Höhe von netto 1 050 Euro monatlich einführen, die jedem unabhängig von der Anzahl der Versicherungsjahre zustehen und sowohl einkommens- als auch vermögensgeprüft gewährt werden soll. Das heißt: Sie soll jedem im Alter zustehen, dessen Einkommen nicht 1 050 Euro erreicht und dessen Geldvermögen 68 750 Euro nicht übersteigt.[32]

Abschaffen will die Partei die Rente ab 67. Jeder soll wieder spätestens mit 65 Jahren abschlagsfrei in Rente gehen können, nach 40 Beitragsjahren sogar schon mit 60 Jahren. Finanziert werden soll dies im Wesentlichen durch die Einführung einer Erwerbstätigenversicherung, in die alle einzahlen. Außerdem soll die Beitragsbemessungsgrenze abgeschafft werden und der Beitragssatz auf maximal 29 Prozent bis zum Jahr 2030 angehoben werden. Paritätisch finanziert sei dies für Arbeitnehmer mit einem Eigenanteil von 14,5 Prozent immer noch deutlich billiger als das, was die derzeitige Bundesregierung im Rahmen des Drei-Säulen-Modells den Beschäftigten zumuten wolle: Laut Projektion der Bundesregierung beträgt 2030 der Gesamtbeitrag im Drei-Säulen-Modell 29 Prozent. Davon entfallen auf den Arbeitnehmer 18,1 Prozent und auf den Arbeitgeber 10,9 Prozent.[33] Auch sollen die Renten künftig wieder im Gleichklang mit den Löhnen wachsen – zu einer deutlichen Anhebung von Löhnen und Renten gebe es keine Alternative.

Doch was würde dieses zweifellos radikalste Rentenprogramm aller Parteien kurzfristig bringen? Die Standardrente (West) von derzeit 1396,35 Euro (Stand: 1. Juli 2017) würde bei einer Rückkehr zum alten Rentenniveau gerade mal auf 1541,80 Euro steigen. Nach Abzug von Krankenkassen- und Pflegebeitrag blieben 1372,20 Euro, also rund 130 Euro mehr als derzeit. Das ist nicht nichts, doch es macht deutlich: Auch das Konzept der LINKEN ist noch weit entfernt von annähernd lebensstandardsichernden Renten, wie sie in Österreich oder Luxemburg gezahlt werden.

»Wir streiten nicht alleine« – die Rentenkampagne der Gewerkschaften

Doch weshalb sind die meisten Parteien noch nicht einmal zu kleinen Verbesserungen bereit? Das hat nicht zuletzt mit den handelnden Personen selbst zu tun, vermutet ver.di-Chef Frank Bsirske: »Weil alle Abgeordneten, die seit der Jahrtausendwende mit in Regierungsverantwortung waren, an der von uns kritisierten Entwicklung mitgewirkt haben und das Eingestehen des Scheiterns eines eingeschlagenen Weges immer schwerfällt.«

Auch die Gewerkschaften haben vergleichsweise lange gebraucht, um sich die Sache der heutigen und künftigen Rentner zu eigen zu machen. Sie haben aber mittlerweile begriffen, dass der Absturz der Renten auch ihre jungen Mitglieder später massiv bedrohen wird. Nach der erfolgreichen Mindestlohnkampagne reifte deshalb 2015 die Erkenntnis, dass ein Kurswechsel in der Rente das nächste große Ziel sein muss. Im Sommer 2016 verabschiedeten der DGB und die größten Einzelgewerkschaften IG Metall und ver.di ihre Konzepte für eine gute Rente für alle. Und sie kündigten an, dass sie diese Ziele mit einer Rentenkampagne begleiten wollen, bis sie umgesetzt werden. Von Beginn an war klar: Das kann wie beim Kampf um den Mindestlohn viele Jahre dauern. Sie wollen sich auch nicht mehr auseinanderdividieren lassen wie zur Jahrtausendwende, als der Protest der Gewerkschaften gegen die Einführung der Riester-Rente auch in Folge innergewerkschaftlicher Grabenkämpfe schließlich im Sande verlief, wie IG-Metall-Vorstand Hans-Jürgen Urban zerknirscht einräumt. Heute soll das besser laufen: »Wir gehen voran, aber wir streiten nicht alleine. Wenn uns die Lobbyisten noch einmal erzählen wollen, dass die Privatisierung den Jungen nutzt und dass Solidarität den Jungen schadet, dann bin ich sicher, dass unser Proteststurm viel lauter und mächtiger ausfällt als in der Vergangenheit.«

Doch wie sehen die Forderungen konkret aus? Der DGB will mittelfristig wieder ein Rentenniveau von 50 Prozent. Mit einem erhöhten Bundeszuschuss und einer besseren Ausschöpfung des Erwerbstätigenpotenzials sei das bis 2030 mit einem Beitragssatz von rund 23 Prozent zu schaffen.[34] Die Daten lieferte das Beratungsunternehmen Prognos AG, und aus dem Zahlenwerk geht klar hervor, dass eine Rückkehr zum alten Rentenniveau billiger wäre als das von der Bundesregierung propagierte Drei-Säulen-Modell. Dennoch findet sich eine solche Forderung im Beschluss des DGB-Bundesvorstands erstaunlicherweise nicht.

Stattdessen wird in dem sechsseitigen Manuskript gleich fünf Mal erwähnt, dass eine vom Arbeitgeber mitfinanzierte Betriebsrente gestärkt werden soll.[35]

Unter dem Motto »Mehr Rente – mehr Zukunft« fordert die IG Metall einen Strategiewechsel: »Eine auskömmliche Rente, nicht möglichst niedrige Beitragssätze, muss wieder zur zentralen Zielgröße der Rentenpolitik werden.«[36] In drei Phasen soll das Rentenniveau wieder deutlich angehoben werden. Die IG Metall lässt dabei offen, wo das neue Sicherungsziel liegen wird. Ganz bewusst, wie uns Christoph Ehlscheid als Abteilungsleiter Sozialpolitik erklärt: »Klar ist, es muss deutlich mehr werden. Darüber muss eine gesellschaftliche Debatte geführt werden. Das Ziel schon heute festzulegen wäre unklug.« Klar ist auch, dass die Verbesserungen allen Beschäftigten nutzen müssen, aber ganz besonders den heute sozial Abgehängten. Deshalb soll die »Rente nach Mindestentgeltpunkten«, also die rentenrechtliche Aufwertung von kleinen Einkommen auf 75 Prozent des Durchschnittslohns, wieder aufleben und sollen Zeiten der Arbeitslosigkeit wieder besser bewertet werden.

Für die IG Metall steht die deutliche Verbesserung der umlagefinanzierten gesetzlichen Rente im Zentrum, denn mehrfach stellt sie in ihrem Konzept fest: »Weder die betriebliche Altersversorgung noch die Modelle der Privatvorsorge werden diese Lücken schließen können.«[37] Eine Mindestrente, wie Grüne und DIE LINKE sie verlangen, fordert die IG Metall nicht. Dafür eine deutlich erhöhte Grundsicherung im Alter. Mit deutlichen Freibeträgen für alle selbst erworbenen Alterseinkünfte, ganz gleich, ob aus gesetzlicher Rente oder privater Vorsorge. Finanziert werden soll das IG-Metall-Konzept aus Steuermitteln, leichten Beitragssatzsteigerungen und einer Erwerbstätigenversicherung.

Was die IG Metall heute vorlegt, ist quasi die Fortentwicklung des »Neuen Generationenvertrages«, wie ihn die IGM-Funktionäre Urban, Ehlscheid und Gerntke im Frühjahr 2010 präsentierten. Bereits damals forderten sie – von der breiten Öffentlichkeit noch wenig beachtet – einen »neuen Generationenvertrag«, das heißt ein deutlich höheres Rentenniveau, ein Ende der Riester-Rente, höhere Rentenbeiträge und als zentralen Punkt die Erwerbstätigenversicherung, also die Einbeziehung aller Beschäftigten in die Rentenkasse.[38]

Doch wie realistisch ist beispielsweise die Eingliederung der Beamten? »Da bin ich optimistischer als viele andere, denn das bisherige System der Beamtenversorgung fährt doch ohnehin an die Wand, das ist nicht mehr finanzierbar und wird in einer Katastrophe enden«, ist Christoph Ehlscheid überzeugt. »Den Beamten muss selber klar sein, dass sie nur die Wahl haben zwischen einem geordneten Umbau und der Eingliederung zumindest der jungen Beamten in die Rentenversicherung, oder das System kollabiert mit schlimmsten Folgen für alle.« Dass eine schrittweise Integration der Beamten gelingen kann, zeigt das Beispiel Österreich.

Auch ver.di legt ein umfangreiches Konzept unter dem Motto »Kurswechsel – die gesetzliche Rente stärken« vor. In den Kernforderungen gleicht es dem IG-Metall-Konzept: Rentenniveau rauf, Beitragssatzbremse lockern, Niedriglohnbeschäftigte besser absichern, Rente mit 67 abschaffen und eine Erwerbstätigenversicherung einführen.[39] Noch detaillierter als die IG Metall belegt ver.di, dass die Demografie keineswegs die Renten gefährdet und die Produktivität immer neue Spielräume zur Finanzierung des Sozialstaates bietet. Sehr hart ins Gericht geht ver.di mit dem kapitalgedeckten privaten Sparen. Es sei unsicherer, teurer und ungerechter. »Riester ist gescheitert«, heißt es, und weiter: »Profiteure der Rentenreformen sind die Arbeitgeber und die Versicherungskonzerne. Für die einen wurden die Lohnkosten gesenkt, den anderen wurden Millionen neue Kunden zugeführt.«[40]

Auch im IG-Metall-Konzept wird die private Vorsorge im Rahmen des Drei-Säulen-Konzepts hart kritisiert:»Dieser Ansatz ist gescheitert!«[41]

Erstaunlicherweise ziehen die beiden großen Gewerkschaften aus dieser Erkenntnis aber nur für die Riester-Rente klare Konsequenzen: Die solle abgewickelt werden. Die betriebliche Altersversorgung (bAV) soll jedoch bei IG Metall und ver.di auch weiterhin eine wichtige Rolle spielen, zumindest als Ergänzung zu einer verbesserten gesetzlichen Rente. Und das, obwohl es sich bei den neuen »Betriebsrenten« im Kern um nichts anderes handelt als um private Altersvorsorge, also einen Zwilling der nach Gewerkschaftslesart unstrittig gescheiterten Riester-Rente. Die heute neu abgeschlossenen »Betriebsrenten« werden als Pensionskassen oder Direktversicherungen nahezu ausschließlich von großen Lebensversicherungskonzernen betrieben, und auch die demnächst nach dem Sozialpartnermodell gestalteten Betriebsrenten werden natürlich von Lebensversicherungen gemanagt werden.

Dieses Dilemma ist auch den Gewerkschaften bewusst:»Am liebsten wäre uns eine zu 100 Prozent von den Arbeitgebern finanzierte Betriebsrente«, räumt Christoph Ehlscheid ein,»damit wären auch die schädlichen Auswirkungen auf die Höhe der gesetzlichen Rente ausgeräumt.« Noch sieht die Praxis aber anders aus: Die IG Metall selbst betreibt zusammen mit dem Arbeitgeberverband Gesamtmetall das Versorgungswerk MetallRente (siehe Seite 69). Die wird operativ von einem Lebensversicherungskonsortium unter Leitung der Allianz Leben AG gemanagt und basiert in den allermeisten Fällen auf dem Prinzip der Entgeltumwandlung, also jener Pseudo-Betriebsrente, die grundsätzlich allein vom Arbeitnehmer bezahlt wird und gleichzeitig seine Rentenansprüche aushöhlt. Die MetallRente wird (noch) als toller Erfolg gefeiert, weil man den Beschäftigten ein vermeintlich maßgeschneidertes und attraktives Angebot machen kann, einen Nutzwert, der mit der Gewerkschaft in Verbindung steht. Deutlich wird hier ein Grundkonflikt im Gewerkschaftslager zwischen den »Tarifpolitikern« und den »Sozialpolitikern«. Die Tarifpolitiker wollen den Mitgliedern Handfestes bieten. Und wie schon zur Jahrtausendwende sehen sie in einem niedrigen Beitragssatz in der gesetzlichen Rente auch die Chance für bessere Tarifabschlüsse, sprich höhere Löhne. Dass die »kaputtgesparte« Rente dann später negativ zu Buch schlägt, wird ausgeblendet. Stattdessen werden die Chancen der tariflich verankerten betrieblichen Altersvorsorge (bAV) betont, nicht zuletzt, um den Tarifpolitikern ein weiteres Betätigungsfeld zu erschließen. Die MetallRente war deshalb innerhalb der IG Metall von Anfang an ein Kind der Tarifpolitiker und nicht der Sozialpolitiker, die schon immer vor der Aushöhlung der gesetzlichen Rente gewarnt hatten.

Die Sozialpolitiker – hierzu zählt beispielsweise IG-Metall-Vorstand Hans-Jürgen Urban – waren von Beginn an gegen die Riester-Rente und den Ausbau der Entgeltumwandlung. Sie sehen sehr genau, dass eine letztlich von den Versicherungskonzernen organisierte Betriebsrente hochproblematisch ist und eine Einzahlung allein durch Arbeitnehmer sich ruinös auf die gesetzliche Rente auswirkt. Auch ver.di-Chef Frank Bsirske weist darauf hin, »dass es nicht glaubwürdig ist, auf der einen Seite das Niveau der gesetzlichen Rente als zu niedrig zu kritisieren und auf der anderen Seite mit der beitragsfreien Entgeltumwandlung dafür zu sorgen, dass die Lücke noch größer wird«. Und er fügt hinzu: »Ich habe die anfangs befristete und später auf Dauer eingeführte Sozialversicherungsfreiheit der Entgeltumwandlung immer sehr kritisch begleitet. Es gelang uns aber nicht, diese Entwicklung umzukehren.«[42] Genau in diesen Zwiespalt platziert die Bundesregierung im Juni 2017 mit dem Betriebsrentenstärkungsgesetz ihr »Sozialpartnermodell« und legt damit quasi die Lunte an den innergewerkschaftlichen Konflikt. Ausdrücklich werden im »Sozialpart-nermodell« Gewerkschaften und Arbeitgeber aufgefordert, mehr Betriebsrenten in Form der Entgeltumwandlung zu vereinbaren. Man könnte auch sagen: Was IG Metall und Gesamtmetall mit der MetallRente schon praktizieren, soll zum Vorbild für den Rest der Wirtschaft werden. »Sozialpartnermodell« – das klingt nach Konsens und gesellschaftlicher Verantwortung, und es ist eine Steilvorlage für die Tarifpolitiker der Gewerkschaften. Man könnte es aber auch einen schmutzigen Deal nennen. In dem Modell werden die Arbeitgeber erstmals verpflichtet, einen Teil ihrer durch die Entgeltumwandlung erzielten Ersparnisse weiterzugeben: Von den 20 Prozent eingesparten Arbeitgeberbeiträgen sollen immerhin 15 Prozent an den Beschäftigten fließen. Im Gegenzug muss der Arbeitgeber bei der neuen Betriebsrente – anders als früher – nicht mehr für eine Mindestrente haften, es wird lediglich eine unverbindliche Zielrente vereinbart. Was letztlich wirklich rauskommt, weiß niemand.

»Das ist genau der Deal, den die Sozialpartner am Ende mitgegangen sind«, freute sich Andrea Nahles im Bundestag.[43] Ob die Freude auf Gewerkschaftsseite lange anhält, bleibt abzuwarten. Die FAZ titelte mit Recht »Betriebsrente – ein giftiges Geschenk für die Tarifparteien« und stellte fest: »Das Risiko der Kapitalanlage kommt beim Arbeitnehmer an – der Arbeitgeber hingegen bliebe von teuren Haftungsrisiken verschont.« Und fragt verwundert: »Können die Gewerkschaften wirklich bei ihren Mitgliedern punkten, wenn sie sich auf so einen Tarifvertrag einlassen?«[44] Und Hans-Georg Jenssen vom Verband deutscher Versicherungsmakler weist darauf hin, dass sich die Renten nicht nur in der Ansparphase, sondern auch in der Rentenphase vermindern können: »Haben Gewerkschaften Lust, einem 75 Jahre alten Rentner zu erklären, dass es weniger wird?«[45]

Offen ist derzeit noch die Frage, ob die neuen Betriebsrenten wirklich angenommen werden und ob das Sozialpartnermodell – und das kann sicher als Ziel der Bundesregierung unterstellt werden – die Kampfkraft der von den Sozialpolitikern getriebenen Rentenkampagne der Gewerkschaften bremst wird. Wie gesagt: Ende offen.

Die Gewerkschaften verbuchen es jedenfalls als ihren Erfolg, dass die Rente zum Wahlkampfthema wird und sich damit alle Politiker klar positionieren müssen. Sie sind, trotz aller inneren Widersprüche rund um die Betriebsrente, einflussreiche gesellschaftliche Kräfte, die klare Verbesserungen bei der Rente einfordern und Millionen Mitglieder hinter sich wissen. Jetzt kommt es darauf an, wie viel Sprit sie für die angekündigte Kampagne im Tank haben. IG-Metall-Vorstand Hans-Jürgen Urban verspricht:»Wir bleiben dran. Vor der Wahl und auch danach.«

Auch die Sozialverbände haben sich in Sachen Rente positioniert. Der mit 1,7 Millionen Mitgliedern größte deutsche Sozialverband VdK hat sich für die Bundestagswahl 2017 mit seiner Forderung»Rente muss zum Leben reichen!« hörbar an das Motto des DGB angelehnt. Auch die zentrale inhaltliche Forderung»Talfahrt des Rentenniveaus bei 48 Prozent stoppen« geht in dieselbe Richtung. Außerdem fordert der VdK eine Wiedereinführung der Rente nach Mindesteinkommen sowie zur Stärkung der Einnahmen der Rentenkasse eine Einbeziehung der Selbstständigen, die derzeit nicht in eigenen Versorgungseinrichtungen pflichtversichert sind, in die gesetzliche Rente.[46] Das klingt nach Andrea Nahles – in der bereits drei Jahre alten VdK-Grundposition zur Alterssicherung forderte der Sozialverband noch deutlich mutiger ein Rentenniveau von 50 Prozent.[47] Und auch die Haltung zur zusätzlichen privaten Altersvorsorge ist nicht präzise: Einerseits stellt der VdK fest, dass das sinkende Rentenniveau nicht durch zusätzliche private oder betriebliche Vorsorge ausgeglichen werden könne, dass die sozialabgabenfreie Entgeltumwandlung sich nicht bewährt habe und dass die

Riester-Zulagen in der Kasse der gesetzlichen Rentenversicherung besser aufgehoben seien als bei den enttäuschenden Riester-Produkten. Andererseits wird aber das daraus logisch folgende Ende von Riester-Rente und Entgeltumwandlung nicht gefordert. Stattdessen soll eine verbesserte betriebliche und private Altersvorsorge eine sinnvolle und notwendige Ergänzung zur Lebensstandardsicherung darstellen.[48] Langfristig fordert der VdK eine Erwerbstätigenversicherung. Die Forderung nach einer Mindestabsicherung im Rahmen der gesetzlichen Rente fehlt.

Deutlich ambitionierter ist das im Juni 2016 vorgelegte Rentenkonzept des Sozialverbands Deutschland. Der 560 000 Mitglieder zählende SoVD fordert über eine »umgekehrte Riester-Treppe« eine stufenweise Rückkehr innerhalb von vier Jahren zum alten Rentenniveau von 53 Prozent.[49] So deutlich formuliert das sonst nur die Partei DIE LINKE und mit Abstrichen der Sozialverband Volkssolidarität. Zur Verbesserung der Einnahmen dringt der SoVD zudem auf eine Erwerbstätigenversicherung und eine deutliche Erhöhung der Bundesmittel um mindestens 20 Milliarden Euro jährlich.[50] Der SoVD stellt unmissverständlich fest, dass die von Schröder und Riester formulierte »Lebensstandardsicherung aus drei Säulen gescheitert ist«, und fordert einen erneuten Paradigmenwechsel, außerdem eine Verlängerung der »Rente nach Mindestentgeltpunkten« und eine rentenrechtliche Anerkennung von Langzeitarbeitslosigkeit. Daneben hat der SoVD ein Konzept von gestaffelten Freibeträgen entwickelt, das sicherstellt, dass sich auch für Kleinverdiener, die später Grundsicherung beziehen, ihre gesetzliche Rente lohnt.[51] Wer eine höhere gesetzliche Rente bezieht, soll unterm Strich mehr haben als Personen mit einer niedrigen Rente – beide sollen aber mehr bekommen als die reine Grundsicherung. Derzeit werden die Einkünfte aus der gesetzlichen Rente voll auf den Anspruch aus der Grundsicherung angerechnet und lohnen sich daher quasi nicht. Der SoVD setzt für Kleinverdiener also nicht auf eine Solidar- oder Mindestrente, sondern auf eine in Abhängigkeit von den erworbenen Ansprüchen aus der gesetzlichen Rente aufgestockte Grundsicherung. Zur Zukunft von Riester-Rente und Entgeltumwandlung sagt der SoVD in seinem Konzept nichts.

Auch der vorwiegend in Ostdeutschland tätige Sozialverband Volkssolidarität fordert eine deutliche Anhebung des Rentenniveaus auf langfristig wieder 53 Prozent. Der knapp 200 000 Mitglieder zählende Verein erklärt die 2001 beschlossene Teilprivatisierung der Rente in seinen rentenpolitischen Leitlinien klar als »Irrweg«.[52] Er fordert deshalb ein »geordnetes Auslaufen der Riester-Rente«.[53] Genau wie die anderen Sozialverbände fordert die Volkssolidarität die Aufwertung geringer Einkommen und die rentenrechtliche Bewertung von Langzeitarbeitslosigkeit. Zur Finanzierung eines besseren Rentenniveaus fordert der ostdeutsche Sozialverband eine Erwerbstätigenversicherung und eine deutliche Anhebung der Beitragsbemessungsgrenze, damit hohe Einkommen stärker zur Rente beitragen.

Fazit

In der Rente gibt es eine klare Trennung der politischen Lager. Auf der einen Seite stehen CDU/CSU und FDP, die eine Verbesserung oder auch nur Stabilisierung des Rentenniveaus klar ablehnen. Auf der anderen Seite fordern SPD, Grüne und DIE LINKE zumindest die Stabilisierung oder in großen Teilen auch eine deutliche Anhebung des Niveaus. Unterstützung bekommt Rot-Rot-Grün dabei ausnahmslos von allen Gewerkschaften und Sozialverbänden. Die Stimmen, die bessere Renten fordern, sind also sehr zahlreich. Und die Gewerkschaften haben den Kurswechsel in der Rente sogar zum neuen Kampagnenthema erkoren, quasi als Nachfolgeprojekt des inzwischen erkämpften Mindestlohnes.

Und doch wird man den Eindruck nicht los, als werde hier ein Kampf mit angezogener Handbremse ausgetragen. Die Sozialdemokraten leiden noch immer unter dem schwierigen Erbe der Schröder-Riester-Zeit. Von der Privatisierung der Altersvorsorge wollen sie bis heute nicht Abschied nehmen. Die Grünen bekennen zwar, dass Riester-Rente und Entgeltumwandlung nichts taugen, verteidigen aber in Treue fest das Drei-Säulen-Modell. Und die Gewerkschaften wollen zwar bessere Renten, doch kein Spitzenfunktionär wagt es offen, die Rückkehr zum Rentenstandard vor den Riester-Reformen zu fordern. Eine erstaunlich zahme Einstellung. Auch die Sozialverbände haben die Krallen noch nicht ausgefahren. Die sofortige Korrektur sämtlicher Rentenkürzungen und die Abschaffung des Drei-Säulen-Modells werden nicht kraftvoll und öffentlich gefordert. Es scheint, als wolle sich niemand zu sehr aus der Deckung wagen. Alle achten peinlich auf die »politische Anschlussfähigkeit«, also ob ihre Forderungen von einer großen Partei mitgetragen werden können. Solange einzig DIE LINKE, die von vielen noch immer als politisches Schmuddelkind angesehen wird, mit der klaren Forderung nach einer deutlichen Anhebung des Rentenniveaus und Einführung einer Mindestrente antritt, ist mit einem Schulterschluss für bessere Renten nicht zu rechnen. Es besteht damit die Gefahr, dass trotz einer breiten gesellschaftlichen Mehrheit der Rentenfortschritt nicht vorankommt.

Kapitel 12
Was jeder tun kann!

Am 24. Februar 2017 treffen sich rund 100 Personen vor einem Bürokomplex ganz in der Nähe des Bahnhofs Friedrichstraße in Berlin. Sie werden von Kameras begleitet und haben ein klares Ziel: die Lobbyorganisation Initiative Neue Soziale Marktwirtschaft. Die wollen sie mit deren eigenen Waffen schlagen, mit einer Aktion, die man früher Agitprop genannt hätte. Sie legen eine riesige Folie aufs Pflaster: Darauf ist ein Spalt zu sehen, optisch klafft auf dem Boden nun ein Abgrund, ein bedrohlicher Riss. Links davon stehen die Jungen, rechts davon die Alten. Und allmählich wird klar, was hier gespielt wird: der von der INSM initiierte und geschürte Generationenkrieg in der Rente. Einige Aktivisten eilen zum Eingang des Bürogebäudes, in dem die INSM residiert, und bringen dort ein großes Firmenschild mit täuschend echtem Logo an: »Initiative Neue Soziale Marktwirtschaft. Spalten ist unser Geschäft.« Jetzt skandieren die anderen lautstark: »Mehr Rente, mehr Zukunft!« Sie tragen allesamt weiße und rote Warnwesten mit der Aufschrift »Renten-Retter«. Einige tragen Schilder: »Länger Rente statt länger arbeiten!« Oder: »Rente für alle statt Reibach für wenige!« Oder: »Mehr Rente statt mehr Rendite!« Und nun werden Stangen und Bretter über den Riss gelegt, es wird gemeinsam geschraubt, und Stück für Stück entsteht eine Brücke zwischen

Alt und Jung. Gemeinschaft statt Generationenkrieg. In die Kameras erklären die Aktivisten, warum sie hier sind: »Wir zeigen, dass Alt und Jung zusammen kommen können für ein solidarisches Rentensystem. Wir brauchen es für die Älteren, aber vor allem für die Jungen.«

Auf fantasievolle Weise zeigt dieses gelungene Beispiel, dass man das vermeintlich dröge Thema Rente durchaus unterhaltsam und effektvoll aufgreifen und die zentrale Botschaft überbringen kann: Rente funktioniert nur gemeinsam. Der Generationenkonflikt ist eine böswillige Erfindung der Spalter, und zu denen gehört zweifellos an vorderster Front die INSM. Das wissen viele politisch Interessierte schon lange, doch da Bilder manchmal mächtiger sind als Worte, sind Aktionen wie diese wertvoll. Das ganze wurde in einem flott geschnittenen Video verewigt und kann etwa auf der Kampagnenseite der IG Metall »Mehr Rente – mehr Zukunft«[1] oder bei YouTube[2] bewundert werden. Organisiert wurde das Ganze von der IG Metall am Morgen einer Kampagnenkonferenz zur Rente. Dort konnte der Clip schon in der Mittagspause den Teilnehmern gezeigt werden.

Der Spaß über diese kluge Aktion, mit der der Lobbytruppe INSM der Spiegel vorgehalten wurde, war allen anzusehen. Also zur Nachahmung empfohlen! Nun werden Sie sagen: »Na prima, die IG Metall hat Geld, viele Mitglieder und Kampfkraft. Wie sollen wir in Kleinkleckersdorf so etwas stemmen?« Genauso groß und effektvoll vermutlich nicht. Doch es geht natürlich auch eine Nummer kleiner. Was zählt, sind die Begeisterung, die fantasievolle Umsetzung und dass hinterher darüber geredet und berichtet wird. Jede Aktion hilft.

Träger der Aktion könnte eine Partei sein, ein Sozialverband, eine Gewerkschaft, eine Kirche oder einfach ein Zusammenschluss von engagierten Zeitgenossen. Forum könnte genauso gut die Bühne einer Schultheatergruppe sein oder eine

Jugendfreizeit der Pfadfinder. Wo immer Menschen an der Verständigung von Jung und Alt in der Rente arbeiten und dies anschließend der Öffentlichkeit präsentieren, entzünden sich Gespräche, wird der Mutlosigkeit etwas entgegengesetzt und wird signalisiert: Es kann sich in der Rente etwas zum Besseren wenden.

Es muss auch nicht immer gleich eine Aufführung oder eine Performance sein. Praktisch jeder hat in seinem persönlichen Umfeld die Chance, in Diskussionen die Sache einer guten Rente für alle zu vertreten. In der Mittagspause, auf Familienfesten, im Fußballverein, auf der Bowlingbahn. Wir müssen die Resignation durchbrechen und klarmachen: Es geht, und es wird sich für fast alle lohnen. Eine besonders gute Chance bietet sich natürlich allen, die quasi berufsmäßig den Auftrag zur Aufklärung haben: Das sind Lehrer, die ihren Schülern erklären können, wie Rente funktionieren soll, und sich dabei nicht primär der kostenlosen Lehrmittel bedienen, die von den Lobbyisten der Rentenprivatisierung verbreitet werden. Das sind Betriebs- und Personalräte, die auf Betriebsversammlungen zum Thema Rente informieren können und dort kompetente Referenten einladen. Das sind Journalisten, die nicht einfach die Pseudo-Argumente von Demografie und Generationengerechtigkeit nachplappern, sondern selber recherchieren und auch mal gegen den Mainstream anschreiben.

Besonders gefragt sind natürlich alle, die in politischen, gewerkschaftlichen, kirchlichen Untergliederungen oder beispielsweise bei einem der Sozialverbände aktiv sind: Warten Sie nicht darauf, dass bundesweite Aktionstage ausgerufen werden – organisieren Sie selber Veranstaltungen und Vorträge! Tragen Sie die Aufklärung von unten nach oben und versuchen Sie dabei möglichst, die Jugendvertreter in der jeweiligen Organisation mitzunehmen. Ein Protest alleine der Generation 50plus kann die Gesellschaft nicht überzeugen. Zumal die Einbindung der Jungen ja kein billiger Trick ist – es geht bei den notwendigen Reformen schließlich genau um deren Interessen. Es gibt bereits viele gute Beispiele, wie sich der Protest gegen die Rentenpolitik in Vereinen und Bewegungen organisieren lässt. Ganz im Süden der Republik hat sich die Aktion Demokratische Gemeinschaft e.V. (ADG) formiert.[3] Bereits seit über 20 Jahren kämpft die ADG für bessere Renten und vielleicht gilt auch hier: Steter Tropfen höhlt den Stein. Die Diskussion um versicherungsfremde Leistungen, die der Staat den Sozialversicherungen schuldig bleibt, ist stark von der ADG und ihrem Mitbegründer Otto W. Teufel geprägt worden.[4]

Vergleichsweise jung ist ein Protestspross aus dem hohen Norden, der Seniorenaufstand.[5] 2014 aus einem Kreis unzufriedener Gewerkschafter in Schleswig-Holstein gegründet, prägt das Motto »Wer Rentner quält, wird nicht gewählt« ihre Arbeit. Sie fordern systematisch und bundesweit von Politikern persönliche Stellungnahmen zu Rententhemen ab. So kann jeder auf der Internetseite des Seniorenaufstands unter dem Button Rentenpolitik-Watch nachsehen, wie der eigene Bundestagsabgeordnete zur Rente steht – falls er denn geantwortet hat. Dort findet man auch Informationen zu wichtigen Themen von »Altersarmut« bis »versicherungsfremde Leistungen« sowie zahlreiche grafische Aufbereitungen. So zeigt etwa die »Skandalkurve«, wie sich Sozialprodukt, Löhne und Renten immer weiter auseinanderentwickeln.[6] Mittlerweile ist der Seniorenaufstand bundesweit gut vernetzt. Seniorenaufständler Reiner Heyse ist überzeugt: »Jeder muss sich engagieren, sonst engagieren sich andere – und wo das hinführt, kann jeder sehen.« Und er hat noch einen Tipp für die Öffentlichkeitsarbeit. Eine Presseerklärung rauszuschicken nutze wenig, das versande in den ungeheuren Nachrichtenbergen. »Sie werden nur wahrgenommen, wenn Sie die persönliche Ansprache zum Redakteur hinkriegen.«

Vom Seniorenaufstand kann sich jeder inspirieren lassen: Besuchen Sie Ihren Abgeordneten in der Sprechstunde und fragen Sie, was er für eine bessere Rente tut. Oder schreiben Sie ihm. Oder schicken Sie eine Mail an Zeitungen und Radiosender, wenn Sie sich wieder mal über eine Berichterstattung geärgert haben. Manchmal sind die Leser oder Zuhörer ja auch ausdrücklich zur Reaktion aufgerufen – das sollten Sie nutzen.

Ein schönes Beispiel ist die tägliche Anrufsendung »Tagesgespräch« auf WDR 5. Am 9. März 2017 waren die Hörer um 12:10 Uhr wieder mal gefordert.[7] Thema: »10 Jahre Rente mit 67 – eine gute Idee?« Der Sender hatte als Fachmann Dr. Jochen Pimpertz, den Rentenexperten vom Institut der deutschen Wirtschaft (IW), ins Studio gebeten. Der forderte vehement, dass das Rentenniveau wie geplant sinken und obendrein länger gearbeitet werden müsse. Regelmäßig bedient sich der Westdeutsche Rundfunk der Experten vom IW, einer vollständig von den deutschen Arbeitgeberverbänden getragenen Organisation. Die IW-Forscher sitzen quasi nur einen Steinwurf vom WDR entfernt und kommen sehr gerne ins Studio, auch ohne Honorar. Diesmal traf Dr. Pimpertz aber auf eine gut informierte und sehr engagierte Hörerschaft. Energisch forderten die Anrufer höhere Renten, verlangten, dass alle ins System einzahlen, und berichteten mehrfach, wie ältere Arbeitnehmer regelrecht aus den Betrieben gemobbt werden. Von wegen länger arbeiten, bis 67 oder mehr! Und weil auch zahlreiche Hörer die Unabhängigkeit des Instituts der deutschen Wirtschaft im Allgemeinen und von Herrn Pimpertz im Speziellen anzweifelten, kam der Experte nicht umhin, sich ausdrücklich als Sprachrohr der Arbeitgeber zu »outen«. Geradezu eine Sternstunde des Rundfunks, in der engagierte Zuhörer einer eigentlich fehlbesetzten Sendung am Ende doch noch zu einem erkenntnisreichen Ausgang verholfen haben.

Doch aufmüpfige Bürger können nicht nur mediale Achtungserfolge verbuchen. Sie können mitunter sogar direkt in die Politik eingreifen. So geschehen in Stuttgart in diesem Frühjahr als Reaktion auf den sogenannten »Schwabenstreich«. Was war geschehen?

2008 hatten sich die Landtagsabgeordneten aus Baden-Württemberg dazu entschlossen, sich nicht mehr länger im Alter alimentieren zu lassen und beschlossen die Abschaffung ihrer Pensionen. Stattdessen wollten sie selbst vorsorgen, also quasi das tun, was die Politik uns allen ans Herz legt. Um aber ordentlich privat vorsorgen zu können, erhöhten sie im Gegenzug ihre Diäten großzügig um ein Drittel. Wenige Jahre später stellten die Abgeordneten entsetzt fest, dass sich die private Vorsorge nicht wirklich rentiert. Sie fackelten nicht lange und fanden im Februar 2017 eine einfache Lösung: die Rückkehr zum alten System. Das Land sollte ihnen im Alter wieder ordentliche Pensionen zahlen. So beschlossen es mehrheitlich Union, SPD und Grüne im Landtag. Eine Senkung der Diäten auf den ursprünglichen Stand war aber nicht vorgesehen. Dies entfachte nun einen solchen Proteststurm im Ländle, wie es ihn zuvor selten gesehen hatte. In Baden-Württemberg reichen 40 000 Unterschriften, um den Landtag zur Befassung mit einem Vorhaben zu zwingen. Dem kamen die Abgeordneten zuvor und zogen nur fünf Tage nach der Verabschiedung das Gesetz zur Wiedereinführung von Staatspensionen für Abgeordnete wieder zurück.[8]

Vermutlich hatten die sozialen Medien daran einen nicht unerheblichen Anteil. Über Facebook, Instagram, Twitter & Co. lassen sich in einer Geschwindigkeit Themen und Nachrichten streuen, wie es früher undenkbar schien. Hier bieten sich also auch Renten-Rettern neue Chancen. Es ist allerdings nicht einfach, aus der großen Masse der Posts und Tweets hervorzustechen und mit einem ernsthaften Anliegen wirklich wahrgenommen zu werden.

Eine gute Protestform scheinen auch sogenannte Onlinepetitionen. Ganz gleich, ob Change.org, Campact oder eine andere

Plattform gewählt wird, wer auf diesem Wege eine Petition für eine bessere Rente startet, wirft einen Stein ins Wasser, der mit etwas Glück hohe Wellen schlagen kann. Es gibt bereits eine Reihe solcher Petitionen, die gute und gerechte Renten fordern.[*] Unterstützen Sie diese und leiten Sie die Aufrufe an Freunde weiter.

Sie können natürlich ebenfalls ganz klassisch einen Leserbrief an Ihre Zeitung schreiben oder in Internetforen Ihre Meinung sagen. Alles, was in der Öffentlichkeit deutlich macht, dass wir uns mit der bisherigen Politik nicht abfinden wollen, hilft.

Politik mitbestimmen können auch und vor allem jene, die sich in Parteien und Gewerkschaften engagieren. Wer als Mitglied Anträge stellt oder sich in Gremien wählen lässt, der hat zumindest die Chance, die Richtung mitzubestimmen. In diesem Sommer bietet sich zudem für alle Gewerkschaftsmitglieder die Gelegenheit, die Rentenkampagne »Rente muss reichen« zu unterstützen. Teilnehmen, selber Aktionen organisieren und vor allem immer wieder »weitersagen«: Es geht nicht um einen Kurswechsel irgendwann. Wir brauchen ihn möglichst bald, damit alle eine bessere Rente bekommen und damit die programmierte Katastrophe der massenhaften Altersarmut noch abgewendet werden kann. Wann, wenn nicht jetzt?

Anmerkungen

Alle Links abgerufen im Mai 2017.

1 Mut zu mehr Rente!

1 »Bundesrat beschließt Rentenreform«, *Spiegel online*, 11.5.2001; http://
www.spiegel.de/politik/deutschland/abstimmung-bundesrat-be
schliesst-rentenreform-a-133190.html

2 Ebd.

3 Es handelt sich um Nettozahlbeträge vor Steuern. Quelle: *Rentenversicherung in Zeitreihen*, Deutsche Rentenversicherung 2016, Seite 124

4 Ebd., Seite 123

5 »Riester-Rente. Grundlegende Reform dringend geboten«, *DIW Wochenbericht* Nr. 47/2011

6 »Gescheitert – Seehofer will Riester-Rente abschaffen«, Welt online,
8.4.2016, https://www.welt.de/politik/deutschland/article154153931/
Gescheitert-Seehofer-will-Riester-Rente-abschaffen.html; »Horst Seehofer: Die Riester-Rente ist gescheitert«, 11.4.2016, http://www.versiche
rungsbote.de/id/4839556/Horst-Seehofer-Riester-Rente-gescheitert/;
vgl. auch *Versicherungsjournal*: »Politische Zustimmung für Riester-Rente
bröckelt«, 6.4.2016

7 »Bundesrat beschließt Rentenreform«, *Spiegel online*, 11.5.2001; http://
www.spiegel.de/politik/deutschland/abstimmung-bundesrat-be-
schliesst-rentenreform-a-133190.html; siehe auch »Rentenreform endgültig beschlossen, 11.5.2001, http://www.n-tv.de/politik/Rentenreform
-endgueltig-beschlossen-article141444.html

8 Wenn nicht anders vermerkt, handelt es sich immer um Zitate aus persönlichen Gesprächen der Autoren mit den Experten oder Betroffenen.

9 Matthias W. Birkwald am 10. März 2017 im Deutschen Bundestag,
Quelle: https://www.youtube.com/watch?v=mMka0VzKlVE

10 »Rentenversicherung in Zeitreihen«, Deutsche Rentenversicherung 2016, Seite 262

11 Blüm wollte seinerzeit einen »demografischen Faktor« einführen. Das Rentenniveau nach Steuern sollte dadurch von 70 Prozent bis auf 64 Prozent im Jahr 2030 sinken. Diese Werte unterscheiden sich von den heute gebräuchlichen, da die Rechenweise für die Ermittlung des Rentenniveaus 2005 geändert wurde.

12 2003 betrugen die Ausgaben der Deutschen Rentenversicherung noch 10,5 Prozent des Bruttoinlandsprodukts (BIP), 2015 waren es 9,2 Prozent. Das entspricht einem Rückgang von mehr als 10 Prozent. Im gleichen Zeitraum stieg die Zahl der Rentner von 19,56 Millionen auf 20,82 Millionen. Quelle: »Rentenversicherung in Zeitreihen«, Deutsche Rentenversicherung 2016, Seiten 209, 243, 285 und eigene Berechnungen

13 Vgl.: Holger Balodis, Dagmar Hühne, *Die Vorsorgelüge*, Berlin 2012, Seite 122 ff.

14 https://www.mmm-messe.de/

15 https://www.hauptstadtmesse.de/redner/walter-riester/ (abgerufen am 23.5.2017)

16 Rentenversicherungsbericht der Bundesregierung 2016, Seite 39

17 Vgl. Ingo Schäfer, »Die Illusion von der Lebensstandardsicherung. Eine Analyse der Leistungsfähigkeit des ›Drei-Säulen-Modells‹«, Schriftenreihe der Arbeitnehmerkammer Bremen 01/2015; Johannes Steffen, »Drei-Säulen-Modell‹ der Alterssicherung ist gescheitert. Trotz geförderter Privatvorsorge keine Lebensstandardsicherung«, 18.11.2014, www.portal-sozialpolitik,de; Klenner/Sopp/Wagner: »Große Rentenlücke zwischen Männern und Frauen«, *WSI-Report* Nr.29 6/2016, Seite 20

18 Neben den 32 Millionen versicherungspflichtig Beschäftigten sind dies unter anderen noch Erwerbsminderungsrentner, Beamte, dienstunfähige Versorgungsempfänger und mittelbar förderberechtigte Ehepartner.

19 »Entwicklung der Riester-Verträge«, http://www.bmas.de/SharedDocs/Downloads/DE/Thema-Rente/riesterrente-II-2016.pdf;jsessionid=9DDE1E66348604755FB18783218921E0?__blob=publicationFile&v=2

20 Edgar Kruse, Antje Scherbarth: »Förderung der Riester-Rente durch Zulagen und Sonderausgabenabzug«, *RVaktuell* 3/2015, Seite 55 ff.

21 In Deutschland lag er 2014 bei 22,5 Prozent, EU-weit nur bei 17,2 Prozent; Quelle: Eurostat, zitiert nach *ver.di publik* 8/2016, Seite 11. Die Bundesregierung weist seit 2007 einen Anteil der Niedriglohnbeschäftigten von mindestens 24 Prozent aus; Quelle: »Lebenslagen in Deutschland. Der fünfte Armuts- und Reichtumsbericht der Bundesregierung«, Entwurf, Seite 65, siehe http://www.portal-sozialpolitik.de/uploads/sopo/pdf/2016/2016-12-13_5_ARB_Entwurf.pdf

22 Bundesagentur für Arbeit, »Aktuelle Entwicklungen der Zeitarbeit«, Januar 2017, https://statistik.arbeitsagentur.de/Statischer-Content/Arbei

tsmarktberichte/Branchen-Berufe/generische-Publikationen/Arbeits
markt-Deutschland-Zeitarbeit-Aktuelle-Entwicklung.pdf
23 Wer 40 Jahre lang einen Mini-Job macht, bekommt nach gegenwärtigen
Rentenwerten eine Rente von 158 Euro netto.
24 »Lebenslagen in Deutschland. Der fünfte Armuts- und Reichtumsbericht
der Bundesregierung«, Entwurf, Seite 54

2 Erfolgsmodell Umlage – weit besser als die vom Kapitalmarkt abhängige Altersvorsorge!

1 Ende 2016 waren 32,4 Milliarden Euro (= 1,62 Monatsausgaben) in der
Reserve.
2 »Rentenversicherung in Zeitreihen«, Deutsche Rentenversicherung 2016,
Seite 258; http://www.deutsche-rentenversicherung.de/Allgemein/de/
Inhalt/5_Services/01_kontakt_und_beratung/02_beratung/07_lexi
kon/CD/durchschnittseinkommen.html
3 45 Versicherungsjahre x 31,03 Euro (Rentenwert West) = 1 396,35 Euro
x 12 = 16 756,20 Euro Standardrente pro Jahr
4 »Rente mit Zukunft?«, Fachtagung der Rosa-Luxemburg-Stiftung (der
Partei ›DIE LINKE‹ nahestehend) am 13.1.2017 in Köln, https://www.ro
salux.de/en/documentation/id/14561/rente-mit-zukunft/
5 Laut Carsten Maschmeyer stand die Finanzdienstleistungsbranche »vor
dem größten Boom, den sie je erlebt hat«: »Es ist so, als wenn wir auf ei
ner Ölquelle sitzen. Sie ist angebohrt, sie ist riesig groß und sie wird
sprudeln.« Siehe http://www.nachdenkseiten.de/?p=33118; vgl. auch
http://www.spiegel.de/wirtschaft/soziales/gerhard-schroeder-und-
carsten-maschmeyer-zwei-millionen-euro-a-1002486.html
6 Holger Balodis, Dagmar Hühne, *Die Vorsorgelüge*, Berlin, 2012, Seite 118
7 Sogar Kunden, die sogenannte Garantiefonds (mit Beitragsgarantie) ab
geschlossen haben, können im Regen stehen, wie das Beispiel der DWS
Flexpension-Fonds zeigt. Gut eine Million Sparer hatten mehr als zwei
Milliarden Euro in dieses Fondsprodukt der Deutschen Bank investiert.
2016 schloss der Fondsanbieter DWS dieses Produkt vorzeitig mit der Be
gründung, man könne den Beitragserhalt nicht mehr garantieren. Nun
hatten aber viele Kunden gar kein direktes Vertragsverhältnis mit DWS,
sondern mit Versicherungen wie Allianz, Zurich, Nürnberger oder PB-
Versicherung. Diese bedienten sich des Garantiegebers DWS. Wer nun
einspringt und gegebenenfalls für eine Rendite oder zumindest den ver
sprochenen Beitragserhalt sorgt, bleibt ungewiss. Vgl. Tim Kanning, »Das
Zinstief lässt die private Altersvorsorge bröckeln«, *FAZ*, 2.11.2016, Seite
27, http://www.faz.net/aktuell/finanzen/geldanlage-trotz-niedrigzin
sen/private-altersvorsorge-durch-zinstief-gefaehrdet-14507892.html
8 Allein für Abschlussaufwendungen der Lebensversicherungen flossen
2015 rund 7,2 Milliarden Euro. Auch in den zehn Jahren zuvor waren es
stets zwischen 7,3 und 8,4 Milliarden Euro. Quelle: »Die deutsche Le-

bensversicherung in Zahlen 2016«, Gesamtverband der deutschen Versicherungswirtschaft, Seite 29

9 »Die deutsche Lebensversicherung in Zahlen«, Gesamtverband der deutschen Versicherungswirtschaft, Jahrgänge 2001 bis 2016

10 Statistik der Bundesanstalt für Finanzdienstleistungsaufsicht (BaFin), 2015, Seite 27 ff.; »Marktstudie 2017: Überschussbeteiligungen und Garantien in der Lebensversicherung«, Assekurata, 2017, Seite 134 ff.

11 »Der bisherige Höhepunkt der Proteste gegen private Rentenversicherung in Chile: Hunderttausende Menschen landesweit auf der Straße. Gewerkschaftsbund CUT nicht dabei ... Mitglieder schon«, 24.8.2016, http://www.labournet.de/internationales/chile/lebensbedingungen-chile/der-bisherige-hoehepunkt-der-proteste-gegen-private-rentenversi cherung-in-chile-hunderttausende-menschen-landesweit-auf-der-strasse-gewerkschaftsbund-cut-nicht-dabeimitglieder-schon/; siehe auch http://www.taz.de/Grossdemonstrationen-in-Chile/!5332382/

12 Vgl. »Die gesetzliche Rente stärken«, ver.di-Broschüre 2016, Seite 15

13 map-report 882, »Ablaufanalyse 2004 bis 2015«, 2016, Seite 36 ff.

14 Vgl. Holger Balodis, Dagmar Hühne, Garantiert beschissen!, Frankfurt/ Main 2015, Seite 128 ff.; Assekurata Marktstudie 2017, »Überschussbeteiligungen und Garantien in der Lebensversicherung«, Seite 27 ff.

15 Dies ist in § 314 des Versicherungsaufsichtsgesetzes (VAG) geregelt.

16 »Rentenversicherung in Zeitreihen«, Deutsche Rentenversicherung 2016, Seite 246

17 Vgl. Holger Balodis und Dagmar Hühne, »Privatrenten als ungeeignetes Instrument der Altersvorsorge«, in: Vierteljahreshefte zur Wirtschaftsforschung, DIW Berlin, Seite 41 ff.; Balodis und Hühne, Garantiert beschissen!, 2015, Seite 71 ff.

18 Axel Kleinlein, »Die Kostenquote der Versicherungswirtschaft kann Verbraucher in die Irre führen«, in: Versicherungswirtschaft 7/2011, Seite 460

19 Balodis und Hühne, Garantiert beschissen!, 2015, Seite 118 ff.
Balodis und Hühne, »Privatrenten als ungeeignetes Instrument der Altersvorsorge«, DIW, Seite 52 ff.; Balodis und Hühne, Garantiert beschissen!, Seite 71 ff.

20 Laut BaFin betrugen die Kostengewinne 2010 1,1 Milliarden Euro, 2011 1,2 Milliarden Euro, 2012 1,4 Milliarden Euro, 2013 1,6 Milliarden Euro, 2014 1,6 Milliarden Euro und 2015 1,1 Milliarden Euro, Quelle: BaFin LV-Statistik 2015, Tabelle 141 (und Vorjahre), https://www.bafin.de/DE/ PublikationenData/Statistiken/Erstversicherung/erstversicherung_ node.html

21 »Marktstudie 2017: Überschussbeteiligungen und Garantien in der Lebensversicherung«, Assekurata, 2017, Seite 71

22 »Riester – jetzt reduziert«, Euro am Sonntag, Heft 52, 24.-30.12.2016, Seite 72 f.

23 »Gesetzliche Rentenversicherung: Verblüffend gute Rendite«, 19.6.2009, http://www.freenet.de/finanzen/versicherung/gesetzlichen-rentenver sicherung-verblueffend-gute-rendite_581236_4707926.html; Deutsche Rentenversicherung, »Rendite in der Rentenversicherung deutlich positiv«, Juli 2016, http://www.deutsche-rentenversicherung.de/Allgemein /de/Inhalt/5_Services/rententipp/2016_07_19_rendite_in_rentenversi cherung_deutlich_positiv.html

24 Rentenversicherung in Zeitreihen, Deutsche Rentenversicherung 2016, Seite 258

25 Siehe http://www.deutsche-Rentenversicherung.de/Allgemein/de/In halt/5_Services/01_kontakt_und_beratung/02_beratung/07_lexikon/ CD/durchschnittseinkommen.html

26 »Mehr Rente«, *Finanztest* 2/2017, Seite 26

27 Dies geht indirekt aus einer Antwort der parlamentarischen Staatssekretärin Anette Kramme (BMAS) hervor, Bundestagsdrucksache 18/7331 vom 22.1.2016, Frage 34

28 Vgl. Ulrich Schneider: *Kein Wohlstand für alle!?*, Frankfurt/Main 2017, Seite 157 ff.

3 Altersarmut – Chronik einer programmierten Katastrophe

1 »Sorge um das finanzielle Auskommen im Alter«, Forsa-Umfrage im Auftrag von CosmosDirekt, 4.9.2014, https://www.cosmosdirekt.de/veroef fentlichungen/zdt-altersvorsorge-49458/

2 Rentenpolitische Kampagnenkonferenz der IG Metall am 24.2.2017 in Berlin

3 Die Initiative Neue Soziale Marktwirtschaft (INSM) ist eine vom Arbeitgeberverband der Metall- und Elektroindustrie gegründete Lobbyorganisation.

4 »Wie geht gerechte Rente? – 8 Fragen der INSM an Prof. Dr. Bernd Raffelhüschen«, veröffentlicht am 29.9.2016, https://www.youtube.com/watch ?v=_9-bK1ueL78

5 2014 überschritt der Anteil der armen Rentner mit 15,6 Prozent erstmals den Armutsanteil der Gesamtbevölkerung von 15,4 Prozent, Quelle: »Zeit zu handeln. Bericht zur Armutsentwicklung 2016«, Deutscher Paritätischer Wohlfahrtsverband 2016, Seite 48; 2015 lag der Anteil der armen Rentner bei 15,9 Prozent im Vergleich zu 15,7 Prozent in der Gesamtbevölkerung, Quelle: »Menschenwürde ist Menschenrecht, Bericht zur Armutsentwicklung 2017«, Deutscher Paritätischer Wohlfahrtsverband 2017, Seite 45

6 Für das Jahr 2014 bezifferte die Bundesregierung die Armutsrisikoquote für die unter 18-Jährigen auf 14,6 Prozent und für die über 65-Jährigen auf 16,5 Prozent, Quelle: Bundestagsdrucksache 18/10551, Seite 18

7 Zum 31.12.2015 waren es exakt 1 038 008 Personen, Quelle: »Rentenversicherung in Zeitreihen«, Deutsche Rentenversicherung 2016, Seite 274

8 Dieser Betrag wird aktuell als bundesweiter Mittelwert für die Höhe des Grundsicherungsanspruches angenommen. In Ballungsgebieten mit hohen Mieten liegt der Wert höher, in strukturschwachen Gebieten niedriger.

9 Die Verteilungsforscherin Irene Becker ermittelte für das Jahr 2007, dass 68 Prozent der Berechtigten über 64-Jährigen die Grundsicherung nicht in Anspruch nahmen, siehe *Boeckler impuls* 3/2013, http://www.boeckler.de/impuls_2012_13_2.pdf

10 MdB Matthias W. Birkwald berichtet auf seiner Homepage, dass laut einer Antwort der Bundesregierung 2,7 Millionen der Menschen ab 65 Jahren im Jahr 2015 von monetärer Armut betroffen waren. Quelle:»Armut lässt sich nicht wegdefinieren«, 12.12.2016, https://www.matthias-w-birkwald.de/serveDocument.php?id=576.e37.pdf

11 Der Seniorenaufstand wurde 2014 in Kiel gegründet. Er besteht überwiegend aus ehemaligen Betriebsräten der IG Metall und ver.di, die als Rentner der Entwicklung nicht tatenlos zusehen wollen und die auf www.seniorenaufstand.de eine Gegenöffentlichkeit herstellen möchten.

12 Das bedeutet, dass ein Rentner, der 1986 in Rente gegangen ist, auch 30 Jahre später nicht mehr Kaufkraft hat. Die wirtschaftliche Entwicklung ist komplett an ihm vorbeigegangen. Noch schlechter geht es denen, die nach 1986 verrentet wurden: Sie haben durch Verschlechterungen im Rentenrecht eine geringere Zugangsrente.

13 Im Jahr 2017 ist das nach vorläufiger Festlegung der Deutschen Rentenversicherung ein Einkommen von 37 103 Euro pro Jahr = 3 092 Euro pro Monat, http://www.deutsche-rentenversicherung.de/Allgemein/de/Inhalt/5_Services/01_kontakt_und_beratung/02_beratung/07_lexikon/CD/durchschnittseinkommen.html

14 Es handelt sich hier um Zahlbeträge, also die Nettorente nach Abzug von Krankenkassen- und Pflegebeitrag, vor Steuern, berechnet mit dem aktuellen Rentenwert in Höhe von 31,03 Euro (West).

15 »Rentenversicherung in Zeitreihen«, Deutsche Rentenversicherung 2016, Seite 125

16 »Arbeitsmarkt auf einen Blick«, Statistisches Bundesamt, Wiesbaden 2016, https://www.destatis.de/DE/Publikationen/Thematisch/Arbeitsmarkt/Erwerbstaetige/BroeschuereArbeitsmarktBlick0010022169004.pdf?__blob=publicationFile

17 »Rentenversicherung in Zeitreihen«, Deutsche Rentenversicherung 2016, Seite 133

18 Vertreten waren: Matthias Zimmer MdB (CDU), stellvertretender Bundesvorsitzender der Christlich-Demokratischen Arbeitnehmerschaft (CDA); Katja Mast MdB (SPD), Sprecherin für Arbeit und Soziales der SPD-Bundestagsfraktion; Klaus Ernst MdB (DIE LINKE); Markus Kurth MdB (Die Grünen), rentenpolitischer Sprecher der Grünen.

19 Bundesagentur für Arbeit, »Sozialversicherungspflichtige Bruttoarbeitsentgelte – Deutschland«, Dezember 2015, https://statistik.arbeitsagen-

tur.de/nn_300648/SiteGlobals/Forms/Rubrikensuche/Rubrikensuche
Form.html?view=processForm&resourceId=210368&input=&page
Locale=de&topic_d=746742&year_month=201512&year_month
GROUP=1&search=Suchen

20 Unsere Rechenweise: Da die Beschäftigungsstatistik vom 31. Dezember
2015 datiert, ziehen wir den seit dem 1. Juli 2015 geltenden Rentenwert
West in Höhe von 29,21 Euro und das durchschnittliche Jahresentgelt für
2015 in Höhe von 35363 Euro pro Jahr heran. Setzt man nun 2300 Euro
Monatsverdienst ins Verhältnis zum durchschnittlichen Monatsverdienst
von 2947 Euro (35363 Euro : 12 = 2947 Euro) erhält man 0,7805 Ren-
ten- oder Entgeltpunkte. In 40 Jahren sammelt man demnach 40 x 0,78
= 31,2 Entgeltpunkte. Dafür bekommt man bei einem Rentenwert von
29,21 Euro eine Bruttorente in Höhe von 911,35 Euro und nach Abzug
von Krankenversicherungs- und Pflegebeitrag einen Netto-Rentenzahl-
betrag von 811,10 Euro.

21 Bundesagentur für Arbeit, »Beschäftigung: Die aktuellen Entwicklungen
in Kürze«, April 2017, https://statistik.arbeitsagentur.de/Navigation/
Statistik/Statistik-nach-Themen/Beschaeftigung/Beschaeftigung-Nav.
html

22 Die Rechnung im Detail: 44,7 Prozent von 31,7 Millionen ergeben
14,17 Millionen Personen mit einem Einkommen von maximal 2300 Euro
monatlich. Davon werden 1,57 Millionen Auszubildende abgezogen, es
verbleiben 12,6 Millionen Personen.

23 Das Rentenniveau von heute (48 Prozent) soll bis 2045 nach Abschätzung des Bundesministeriums für Arbeit und Soziales auf 41,7 Prozent
sinken.

24 »Lebenslagen in Deutschland. Der fünfte Armuts- und Reichtumsbericht
der Bundesregierung«, Entwurf, Seite 58 f.

25 Laut offiziellen Regierungsdaten sind Betriebsrenten eine Domäne von
Männern in Großbetrieben, vorzugsweise mit einem Einkommen ab
4500 Euro pro Monat. Geringverdiener (unter 1500 Euro) und Teilzeit-
beschäftigte bekommen fast nie Betriebsrenten. Quelle: »Wer eine bAV-
Anwartschaft erworben hat«, VersicherungsJournal.de, 9.2.2017, http://
www.versicherungsjournal.de/versicherungen-und-finanzen/wer-eine-
bav-anwartschaft-erworben-hat-128072.php

26 So sind die Rentner in Ostdeutschland beispielsweise bei Bezügen aus
Altersicherungssystemen derzeit zu 97 Prozent von der gesetzlichen
Rente abhängig. Betriebsrenten und andere Formen der privaten Zusatz-
vorsorge spielen dort praktisch keine Rolle. Sowohl in Ost- wie in West-
deutschland verfügt die übergroße Mehrheit der Rentner über keine
Zinseinkünfte oder Einnahmen aus Vermietung und Verpachtung.
Quelle: »Alterssicherungsbericht 2016«, Bundesministerium für Arbeit
und Soziales, Seiten 76 und 89 f.

27 *Bild*, Ausgabe Köln, 15.2.2017

28 Philipp Krohn: »Beerdigt«, *Frankfurter Allgemeine Zeitung*, 31.3.2017, Seite 18

29 »Ab 2017 beträgt der Mindestlohn 8,84 Euro«, 26.10.2016, https://www.bundesregierung.de/Content/DE/Artikel/2016/10/2016-10-26-neuer-mindestlohn2017.html

30 Bei einer 38-Stunden-Woche kommt man mit dem Faktor 4,3 auf 163,4 Monatsstunden; 2300 Euro : 163,4 = 14,07 Euro.

31 Offiziell werden in den Medien meist rund 2,5 Millionen Arbeitslose genannt. Die wirkliche Anzahl der gemeldeten Arbeitslosen, inklusive jener, die erkrankt sind oder in Weiterbildungsmaßnahmen »geparkt« werden, betrug im Dezember 2016 3,539 Millionen. Die Agentur für Arbeit weist diese Zahl in der Statistik als »Unterbeschäftigung« aus. Quelle: https://statistik.arbeitsagentur.de/Navigation/Statistik/Statistik-nach-Themen/Arbeitslose-und-gemeldetes-Stellenangebot/Arbeislose-und-gemeldetes-Stellenangebot-Nav.html

32 »Zeiten des Bezugs von Arbeitslosengeld II – Auswirkungen auf die Rente«, Deutsche Rentenversicherung in Bayern, 17.11.2011, http://www.deutsche-rentenversicherung.de/cae/servlet/contentblob/211844/publicationFile/40673/08-2011_AloGeldII_DL.pdf

33 2015 lag der durchschnittliche Zahlbetrag an Erwerbsminderungsrentner bei 731 Euro monatlich. Quelle: »Rentenversicherung in Zeitreihen«, Deutsche Rentenversicherung 2016, Seite 201

34 »Rentenversicherungsbericht 2016«, BMAS, Seite 95 f.

35 http://www.bild.de/geld/wirtschaft/rentner/luxus-privilegien-der-pensionaere-48559272.bild.html

36 »Alterssicherungsbericht 2016«, BMAS, Seite 36

4 Von Fehlkonstruktionen und Fehlentscheidungen

1 Winfried Schmähl, »Vergangenheit, Gegenwart und Zukunft der Gesetzlichen Rentenversicherung«, in: Christoph Butterwegge, Gerd Bosbach, Matthias W. Birkwald, *Armut im Alter*, Frankfurt/Main 2012, Seite 45

2 Vgl. Diether Döring, »Von der Arbeitnehmerpflichtversicherung zur Erwerbstätigenversicherung«, in: Christoph Ehlscheid, Axel Gerntke, Hans-Jürgen Urban: *Der Neue Generationenvertrag*, Hamburg 2010, Seite 55 ff.

3 »125 Jahre gesetzliche Rentenversicherung«, Deutsche Rentenversicherung Bund, München 2014, Seite 14

4 Der Alliierte Kontrollrat wollte nach dem Krieg eine einheitliche Volksversicherung aufbauen, stieß damit aber bei deutschen Politikern und Vertretern der gegliederten Versicherung auf Widerstand, Quelle: »125 Jahre deutsche Rentenversicherung«, Deutsche Rentenversicherung Bund, München 2014, Seite 38

5 »Rentenversicherung in Zeitreihen«, Deutsche Rentenversicherung 2016, Seite124 f.

6 *DIW Wochenbericht* 5/2017, »Gender pension gap«; *WSI-Report Nr. 29,*
   6/2016,»Große Rentenlücke zwischen Männern und Frauen«, Seite 12
7 Der durchschnittliche Zahlbetrag für Frauen-Altersrenten lag 2015 im
   Bestand bei 634 Euro und im Neuzugang bei 679 Euro. Quelle: »Rentenversicherung in Zeitreihen«, Seiten 125 und 203
8 Die 84,9 Milliarden Euro machten 2015 30,5 Prozent der Ausgaben in
   Höhe von 277,7 Euro aus. Quelle: »Rentenversicherung in Zeitreihen«,
   Seiten 245 und 247
9 »125 Jahre deutsche Rentenversicherung«, Deutsche Rentenversicherung Bund, München 2014, Seite 44
10 »Rentenversicherung in Zeitreihen«, Deutsche Rentenversicherung 2016,
   Seite 261
11 »125 Jahre deutsche Rentenversicherung«, Deutsche Rentenversicherung 2014, Seite 54
12 Ebd., Seite 59
13 »Rentenreform 1992 – Rentenreformgesetz 1992«, http://www.renten
   reform-alternative.de/rr1992.htm
14 »Mindestentgeltpunkte bei geringem Arbeitsentgelt«, Wikipedia, https://
   de.wikipedia.org/wiki/Mindestentgeltpunkte_bei_geringem_Arbeits-
   entgelt
15 »125 Jahre deutsche Rentenversicherung«, Deutsche Rentenversicherung 2014, Seite 67
16 Der Beitragssatz in der Arbeitslosenversicherung schnellte schon 1991
   von 4,3 auf 6,8 Prozent, von 1993 bis 2006 betrug er 6,5 Prozent. Der
   Beitragssatz in der Rentenversicherung wurde nach der Vereinigung zunächst sogar von 18,7 auf 17,5 Prozent gesenkt, ab 1997 stieg er jedoch
   auf 20,3 Prozent. Quelle: »Rentenversicherung in Zeitreihen«, Deutsche
   Rentenversicherung 2016, Seite 262
17 Vgl. Balodis, Hühne, *Die Vorsorgelüge*, Seite 55 ff.
18 Beispielsweise eine geringere Anrechnung von Ausbildungszeiten und
   geringere Anrechnung von Zeiten der Arbeitslosigkeit, Quelle: »125 Jahre
   deutsche Rentenversicherung«, Seite 71
19 Interview mit Norbert Blüm, »Die Rente ist den Finanzhaien ausgeliefert
   worden«, in: *Aachener Zeitung*, 14.1.2014, http://www.aachener-zei-
   tung.de/news/politik/norbert-bluem-die-rente-ist-den-finanzhaien-aus
   geliefert-worden-1.738587
20 Im Jahr 2017 sind das als vorläufiger Wert 37 103 Euro. Quelle: http://
   www.deutsche-rentenversicherung.de/Allgemein/de/Inhalt/5_Ser
   vices/01_kontakt_und_beratung/02_beratung/07_lexikon/CD/durch
   schnittseinkommen.html
21 So betrug das endgültig festgestellte Durchschnittseinkommen für 2015
   35 363 Euro pro Jahr, also monatlich 2 947 Euro. Es handelt sich dabei
   um das arithmetische Mittel, eines von mehreren Mittelwertkonzepten.
   Ein anderes, nämlich das Median-Einkommen, das genau zwischen der
   oberen Hälfte und der unteren Hälfte aller Einkommensbezieher liegt,

betrug in diesem Jahr aber 2 511 Euro. Dafür gab es gerade mal 0,85 Rentenpunkte. Anders ausgedrückt: 50 Prozent aller Rentenversicherten erreichten 2015 maximal 0,85 Rentenpunkte, die meisten davon deutlich weniger.

22 Tobias Kaiser, »Deutschland lässt seine Armen bei der Rente im Stich«, *Welt online*, 1.12.2015, https://www.welt.de/wirtschaft/article1495043 95/Deutschland-laesst-seine-Armen-bei-der-Rente-im-Stich.html; vgl. »Pensions at a glance 2015 – OECD and G20 Indicators«, OECD, Paris 2015

23 Vgl. Matthias W. Birkwald, Bernd Riexinger, *Die Gesetzliche Rente stärken und eine Solidarische Mindestrente einführen*, Hamburg 2017, Seite 28 ff.

24 Davon gibt es noch einige Ausnahmen. Berufsausbildung: Werden für eine nachzuweisende Berufsausbildung Pflichtbeiträge entrichtet, können diese bis zu drei Jahre lang auf bis zu 0,625 Rentenpunkte aufgewertet werden. Erwerbsminderungsrente: Wer nach mindestens fünf Jahren Wartezeit so schwer erkrankt, dass er nicht mehr arbeiten kann, wird rententechnisch so gestellt, als hätte er bis zum 62. Lebensjahr gearbeitet. Schrittweise soll diese sogenannte Zurechnungszeit künftig sogar bis zum 65. Lebensjahr ausgedehnt werden. Kindererziehungszeiten: Hier gibt es abhängig vom Geburtsjahr des Kindes zwei oder drei Rentenpunkte je Kind, auch wenn in dieser Zeit nicht versicherungspflichtig gearbeitet wurde.

25 Arbeitsgruppe Alternative Wirtschaftspolitik, »Memorandum 2015«, Kurzfassung, Seite 8, http://www2.alternative-wirtschaftspolitik.de/up loads/memorandum_2015_kurzfassung.pdf

26 »Lebenslagen in Deutschland. Der fünfte Armuts- und Reichtumsbericht der Bundesregierung«, Entwurf, Seite 45

27 2015 betrugen die Rentenzahlungen 249,6 Milliarden Euro. Quelle: »Rentenversicherung in Zeitreihen«, Deutsche Rentenversicherung 2016, Seite 243

28 Das Problem betrifft nicht nur die Rentenversicherung, sondern auch die Kranken- und Arbeitslosenversicherung.

29 Dies betrifft alle Sozialversicherungszweige, also nicht alleine die Rentenversicherung. Quelle: Winfried Schmähl, »Funktionsgerechte Finanzierung der Sozialversicherung: ein zentrales Element einer Entwicklungsstrategie für den deutschen Sozialstaat«, in: *Deutsche Rentenversicherung* 10/11 1995, Seite 614

30 Von 1957 bis einschließlich 2015 ermittelt Teufel eine Gesamtsumme von 748 Milliarden Euro. Vgl. http://www.adg-ev.de/index.php/publikatio nen/publikationen-altersvorsorge/1387-versicherungsfremde-leistun gen-2015?showall=&start=1

31 Teufel verweist darauf, dass sich jährlich ein erheblicher Überschuss in der Rentenkasse ergibt, wenn man bei den Ausgaben die versicherungsfremden Leistungen und bei den Einnahmen die Bundeszuschüsse herausrechnet. Er beziffert diesen Überschuss von 1957 bis 2015 auf 885 Milliarden Euro.

32 Der Sachverständigenrat zu Begutachtung der gesamtwirtschaftlichen Entwicklung bezifferte in seinem Jahresgutachten 2005/2006 die Höhe der nicht durch Bundeszuschüsse gedeckten versicherungsfremden Leistungen in allen Zweigen der Sozialversicherung auf 65 Milliarden Euro pro Jahr. Quelle: BTDS 16/66 vom 10.11.2005, Seite 331 http://dip21. bundestag.de/dip21/btd/16/000/1600065.pdf

5 Das Märchen von den guten Betriebsrenten

1 Vgl. »Der schöne Schein: Der Beschiss mit den Betriebsrenten«, in: Balodis, Hühne, *Garantiert beschissen*, 2015, Seite 162 ff.

2 Prominente Keynote-Speaker dienen als Lockvögel, um möglichst viele zahlende Teilnehmer von Banken, Versicherungen, Beratungsfirmen, Maklerorganisationen oder aus den Personalabteilungen großer Unternehmen zu gewinnen. Der Tagungsbeitrag für die zweitägige Veranstaltung »MCC Zukunftsmarkt Altersvorsorge 2017« beträgt 2 095 Euro. Wer auf der Veranstaltung für sich werben will, zahlt beispielsweise für das Auslegen von Broschüren und eine Anzeige in der Kongressbroschüre 6 900 Euro. http://www.zukunftsmarkt-altersvorsorge.info/wp-content /uploads/2017/02/MCC_ZAV_2017_16S-lang_1.3_muw-1.pdf

3 Darunter Finanzstaatssekretär Dr. Michael Meister (CDU), MdB Peter Weiß (CDU), MdB Dr. Martin Rosemann (SPD), Markus Kurth (Die Grünen), Matthias W. Birkwald (DIE LINKE), Quelle: http://www.zukunfts markt-altersvorsorge.info/?page_id=637

4 »Für die Lebensversicherer wird die bAV (= betriebliche Altervorsorge) immer wichtiger«, VersicherungsJournal.de, 1.2.2017

5 »Versicherer loben Nahles-Reform«, *FAZ*, 24.11.2016, Seite 18

6 »Große Versicherer profitieren von Betriebsrentenreform«, *FAZ*, 25.11.2016, Seite 20

7 Vgl. »Lebensversicherer lebten 2016 dank der bAV (= betriebliche Altervorsorge) nicht schlecht«, VersicherungsJournal.de, 21.2.2017

8 Im neuen Betriebsrentenstärkungsgesetz ist vorgesehen, dass die Arbeitgeber bei neuen Verträgen ab dem 1. Januar 2019 und bei alten Verträgen ab dem 1. Januar 2022 die umgewandelte Summe zu 15 Prozent aufstocken. Damit liegt die Beteiligung der Arbeitgeber noch immer niedriger als der Vorteil in Höhe von 20 Prozent, den sie durch die Entgeltumwandlung erzielen.

9 Bis zu einer Höhe von 4 Prozent der Beitragsbemessungsgrenze in der Rentenversicherung West können derzeit steuer- und sozialgabenfrei Einzahlungen erfolgen. 2017 sind das 3 048 Euro.

10 Privat Krankenversicherte zahlen davon im Alter keine Beiträge. Beiträge zur Krankenversicherung auf die Betriebsrente fallen für pflichtversicherte Rentner erst oberhalb der Bagatellgrenze von 148,75 Euro an.

11 Vgl. Balodis, Hühne, *Garantiert beschissen!*, Seite 165

12 »Für die Lebensversicherer wird die bAV immer wichtiger«, Versiche-rungsJournal.de, 1.2.2017; vgl. »Die deutsche Lebensversicherung in Zahlen«, GDV 2016, Seite 29

13 Siehe https://gallery.mailchimp.com/e4967873a18772b20298fcca7/fi les/0e6dc873-e304-493f-9204-8dbc6935d1a4/Pressemitteilung_Neu ,markt.pdf

14 Beispielsweise die Verrentung gemäß ungünstiger Sterbetafeln oder die Unmöglichkeit, vorzeitig an sein Sparvermögen heranzukommen; vgl. Balodis, Hühne, *Garantiert beschissen!*, Seite 162 ff.

15 Tarifvertraglich zahlt die AWO Heilbronn 4,6 Prozent, ihre Arbeitnehmer zahlen 2,3 Prozent vom Brutto.

16 »Ist Altersarmut vermeidbar?« Festakt zum 125-jährigen Bestehen der Deutschen Rentenversicherung am 20.11.2015 im Gewerkschaftshaus in Mannheim

17 Abgabenfrei umgewandelt werden dürfen derzeit bis zu 3 048 Euro jähr-lich (= 4 Prozent der Beitragsbemessungsgrenze West). Dadurch entge-hen dem Arbeitnehmer 0,082 Rentenpunkte. Nach 40 Jahren wären es 3,29 Rentenpunkte, daraus ergibt sich eine Rentenminderung von 102,09 Euro.

18 Geplant ist lediglich ein Ende der Doppelverbeitragung in den Fällen, in denen ein betrieblicher Riester-Vertrag abgeschlossen wurde. Doch diese Fälle sind extrem selten.

19 »Nahles sieht kaum Chancen für Ende der Doppelverbeitragung«, Versi-cherungsJournal.de, 20.2.2017

20 Sie haben bereits mehrere Interessensverbände gegründet, so den Ver-band Direktversicherungsgeschädigte e.V. und die Interessengemein-schaft GMG-Geschädigte-Direktversicherte.

21 »Versorgungswerk MetallRente wächst deutlich gegen den Vorsorge-Trend«, MetallRente Presseinformation, 31.1.2017, https://www.metall rente.de/mediencenter/presse/pressemitteilungen/detail/versorgungs werk-metallrente-waechst-deutlich-gegen-den-vorsorge-trend/

22 Das Finanzamt berechnete rund 6 200 Euro, die Krankenkasse verlangt auf 10 Jahre gestreckt knapp 4 000 Euro und die gesetzliche Rente fällt bei einer angenommenen Rentenlaufzeit von 20 Jahren mindestens um 3 600 Euro geringer aus. Insgesamt rund 13 800 Euro kann Seifferth von seiner MetallRente abziehen.

23 Wer oberhalb der Beitragsbemessungsgrenze verdient, zahlt den Höchst-beitrag. Eine Entgeltumwandlung bringt ihm daher in der Regel keine Ersparnis bei Krankenkassen- und Pflegebeitrag.

6 Das Rentenniveau – mager, missbraucht und manipulativ!

1 Vgl. Bundesministerium für Arbeit und Soziales, Rentenniveau«, http:// www.bmas.de/DE/Themen/Rente/Rentenlexikon/R/rentenniveau.

html; sowie »Standardrentenniveau«, Wikipedia, https://de.wikipedia. org/wiki/Standardrentenniveau

2 »Gesamtkonzept zur Alterssicherung«, Bundesministerium für Arbeit und Soziales, Seite 44, http://www.bmas.de/SharedDocs/Downloads/ DE/Thema-Rente/gesamtkonzept-alterssicherung-detail.pdf;jsessionid=80BABAEE3A7BC1F80306CF7728AFECC6?__blob=publication File&v=11

3 Ebd., Seite 25 ff.

4 »Studie zu Rentenniveau: Vierköpfige Familie müsste fast 1000 Euro mehr zahlen«, INSM, 5.10.2016, http://www.insm.de/insm/Presse/ Pressemeldungen/Pressemeldung-Rentenniveau-Anhebung.html

5 »Einfrieren des Rentenniveaus kostet bis 2040 fast 600 Milliarden Euro«, Prognos, 8.8.2016, https://www.prognos.com/presse/news/detailansicht/1225/3eb46c1cd65b18409e571b7f9df2b072/; siehe auch https:// www.youtube.com/channel/UCXLDcE_jPOlYUg6QkpMGplg

6 Balodis, Hühne, Die Vorsorgelüge, Seite 53

7 Laut Anfrage der Linksfraktion, Sekundärquelle: »So viel Rente bekommen Postbeamte, Polizisten, Richter«, Focus online, 9.8.2016, http:// www.focus.de/finanzen/altersvorsorge/aufreger-beamtenpensionen-soviel-rente-bekommen-postbeamte-polizisten-richter_id_5550272.html

8 Langjährig Versicherte, also Altersrentner mit mindestens 35 Versicherungsjahren, bezogen 2015 1 078 Euro Rente, Quelle: Rentenversicherung in Zeitreihen, Seite 201

9 OECD, »Pensions at a glance«, 2015, Seite 141

10 Gunkel, Alexander, Das Rentenniveau – Bedeutung und Relevanz für das System der gesetzlichen Rentenversicherung, Rede auf dem 12. aktuellen Presseseminar der Deutschen Rentenversicherung Bund am 9.11.2016 in Würzburg, Folien zum Vortrag, Seite 7

11 http://www.bmas.de/DE/Themen/Rente/Rentenlexikon/R/rentenniveau.html

12 »Rentenversicherung in Zeitreihen«, Seite 131

13 Ebd., Seite 134

14 Alexander Gunkel, »Das Rentenniveau – Bedeutung und Relevanz für das System der gesetzlichen Rentenversicherung«, Rede auf dem 12. aktuellen Presseseminar der Deutschen Rentenversicherung Bund am 9.11.2016 in Würzburg, Manuskriptseite 4

15 »Nachhaltigkeit in der sozialen Sicherung über das Jahr 2030 hinaus«, Gutachten des Wissenschaftlichen Beirats beim Bundesministerium für Wirtschaft und Energie, Stand: 16.9. 2016, Seite 11, https://www.bmwi. de/Redaktion/DE/Publikationen/Ministerium/Veroeffentlichung-Wissenschaftlicher-Beirat/gutachten-wissenschaftlicher-beirat-gutachten-nachhaltigkeit-in-der-sozialen-sicherung.html

7 Die Rentengehirnwäsche

1 Wie diese Lobbyisten vor knapp 20 Jahren die Teilprivatisierung der Rente vorbereiteten, beschreiben wir ausführlich in unserem Buch *Die Vorsorgelüge* im Kapitel »Die Manipulation der öffentlichen Meinung«, Seite 79 ff.

2 Der Generationenvertrag wurde nie unterzeichnet oder verabschiedet. Es handelt sich um eine Metapher, die das umlagefinanzierte Rentensystem beschreiben soll. Die erwerbstätigen Jungen zahlen ein für die verrenteten Alten – und können wiederum darauf vertrauen, dass sie im Alter von der nächsten Generation durch Beitragszahlungen versorgt werden.

3 Die Bruttorente errechnet sich aus der Anzahl der erworbenen Renten- oder Entgeltpunkte multipliziert mit dem Rentenwert. Derzeit beträgt er 31,03 Euro im Westen und 29,69 im Osten.

4 INSM, »Goldene Regel der Rentenpolitik vor dem Aus?«, Pressemitteilung vom 1.11.2016, http://www.insm.de/insm/Presse/Pressemeldun gen/Pressemeldung-Rentendebatte-Reaktion-Nahles.html. Die »goldene Regel« lautet in der Pressemitteilung: »Verlange von anderen nicht mehr für Deine Renten zu zahlen, als Du selber für Rentnerinnen und Rentner gezahlt hast.«

5 INSM, »Du zahlst doch!«, Pressemitteilung vom 1.11.2016, http://www. presseportal.de/pm/39474/3471560

6 »Rentenversicherung in Zeitreihen«, Seite 262

7 INSM, »Renten-Studie: Das kostet der Eingriff in das Rentenniveau«, 10.10.2016, http://www.insm.de/insm/kampagne/rente-muss-gerecht-bleiben/studie-rentenniveau.html

8 Siehe die Website der INSM, http://www.insm.de/insm/ueber-die-insm/FAQ.html

9 Institut der deutschen Wirtschaft: »Wie beeinflusst ein höheres Rentenniveau das Nettoeinkommen der Beitragszahler?«, Kurzgutachten für die Initiative Neue Soziale Marktwirtschaft, 2016

10 INSM, »Gerechte Rente, aber wie? Raffelhüschen: Es drohen 27 Prozent Rentenbeitrag«, Pressemitteilung vom 28.9.2016, http://www.insm.de/insm/Presse/Pressemeldungen/Pressemeldung-Unsere-Rente.html

11 Balodis und Hühne, *Garantiert beschissen!*, Seite 37

12 Ohne tiefgreifende Reformen würden laut Raffelhüschen die Beiträge für die Sozialversicherung in 30 Jahren fast zwei Drittel des Einkommens verschlingen. Siehe http://www.fiwi1.uni-freiburg.de/raffelhueschen/lebenslauf.html

13 Siehe http://www.insm.de/insm/ueber-die-insm/Kuratoren-und-Botschaf ter.html

14 Siehe http://www.fiwi1.uni-freiburg.de/raffelhueschen/lebenslauf.html

15 Siehe https://www.fondsfinanz.de/wlabel/presseberichte/file?popup= 1&id=1075615009 oder http://vertriebsnachrichten.de/artikel/article/

fonds-finanz-messen-2015-dirk-mueller-und-bernd-raffelhueschen-sind-star-redner/; vgl. auch Balodis und Hühne, *Garantiert beschissen!*, Seite 224 ff. oder das Kapitel »Bestellte Gutachten und käufliche Wissenschaft« in: Balodis, Hühne, *Die Vorsorgelüge*, Seite 44 ff.

16 Volksbank Pirna, Pressemitteilung vom 10.6.2016, https://www.volksbank-pirna.de/content/dam/f1082-0/Bilder/Wir_fuer_Sie/Presse/ 2016/PM_Unternehmer_des_Jahres.pdf

17 »Unternehmerpreis 2016: Rede Prof. Dr. Bernd Raffelhüschen«, Youtube, veröffentlicht am 5 9.2016, https://www.youtube.com/watch?v=seH1 76z5hB4

18 Siehe die Firmenwebsite des DIA, http://www.dia-vorsorge.de/ueber-uns/

19 Ebd.

20 Ebd.

21 Ebd., siehe auch https://de.wikipedia.org/wiki/Dieter_Weirich

22 Wissenschaftlicher Beirat beim Bundesministerium für Wirtschaft und Energie (BMWi): »Nachhaltigkeit in der sozialen Sicherung über 2030 hinaus«, Gutachten vom 19.9.2016, https://www.bmwi.de/Redaktion/ DE/Publikationen/Ministerium/Veroeffentlichung-Wissenschaftlicher-Beirat/gutachten-wissenschaftlicher-beirat-gutachten-nachhaltigkeit-in-der-sozialen-sicherung.pdf?__blob=publicationFile&v=4

23 Ebd., Seite 12

24 Ebd.

25 Ebd.

26 Statistisches Bundesamt, Fachserie 18, Reihe 1.5, »Inlandsproduktberechnung«, Lange Reihen ab 1970

27 Durchschnittseinkommen der versicherungspflichtig Beschäftigten nach »Rentenversicherung in Zeitreihen«, 2016, Seite 260

28 Anpassungen des allgemeinen Rentenwertes West nach »Rentenversicherung in Zeitreihen«, 2016, Seite 261

29 »Nachhaltigkeit in der sozialen Sicherung über 2030 hinaus«, Gutachten des Wissenschaftlichen Beirats beim Bundesministerium für Wirtschaft und Energie, 2016, Seite 11, https://www.bmwi.de/Redaktion/DE/Publikationen/Ministerium/Veroeffentlichung-Wissenschaftlicher-Beirat/gutachten-wissenschaftlicher-beirat-gutachten-nachhaltigkeit-in-der-sozialen-sicherung.pdf?__blob=publicationFile&v=4

30 Ebd., Seite 11

31 Deutsche Bundesbank, Monatsbericht 8/2016, Seite 71

32 Die Professoren des Wissenschaftlichen Beirats schreiben in ihrem Gutachten auf Seite 11 wörtlich: »Würde die Figur des Standardrentners 47 anstatt 45 Jahre lang sozialversicherungspflichtig arbeiten, läge das ausgewiesene Sicherungsniveau im Jahr 2030 um ca. zwei Prozentpunkte höher bei etwa 45,5 Prozent und könnte bis nach 2050 über der Marke von 45 Prozent gehalten werden, ohne dass weitere Maßnahmen erforderlich wären. Würde man auch die Definition des Standardrentners

nach 2030 dynamisieren, stiege das Sicherungsniveau bereits vor 2040 wieder an.«

33 So beispielsweise am 4. Oktober 2016 in der WDR5-Sendung »Politikum«, http://www1.wdr.de/mediathek/audio/wdr5/wdr5-politikum-ge spraech/audio-heute-jung-morgen-arm-100.html

34 Aktuell erreichen die Zugangsrentner im Schnitt gerade mal 39 Versicherungsjahre. Der Standardrentner wird (noch) mit 45 Versicherungsjahren berechnet. Auch erreichen die meisten Rentner im Schnitt kein Durchschnittseinkommen.

35 Deutsche Bundesbank, Monatsbericht 8/2016, Seite 78

36 Susanna Kochskämper, *IW-Kurzberichte* Nr. 27, 27.5.2016, Seite 2

37 »Rentenversicherung in Zeitreihen«, Seite 137

38 Statistisches Bundesamt, »Sterbetafel 2012/2014«, 2016, https://www. destatis.de/DE/Publikationen/Thematisch/Bevoelkerung/Bevoelke rungsbewegung/PeriodensterbetafelErlaeuterung5126203147004. pdf?__blob=publicationFile

39 Die Berechnung geht bis zum Jahr 2060 von der Variante 1 der 13. koordinierten Bevölkerungsvorausberechnung des Statistischen Bundesamtes aus und berücksichtigt die Rente ab 67.

40 Ver.di beziffert den realen Zuwachs der Einkommen aus Unternehmertätigkeit und Kapital zwischen 2000 und 2015 mit 31,9 Prozent. Die Löhne und Gehälter stiegen je Beschäftigten im gleichen Zeitraum real nur um 2,5 Prozent. Quelle: »Die gesetzliche Rente stärken – Gutes Leben im Alter ist möglich«, ver.di-Bundesvorstand, Oktober 2016, Seite 16

41 Siehe http://www.bmi.bund.de/SharedDocs/Pressemitteilungen/DE/ 2017/02/demografiebilanz.html

42 Stefan Vetter, »Demografiepolitische Bilanz: Deutschland stirbt doch nicht aus«, *Westdeutsche Zeitung*, 1.2.2017, http://www.wz.de/home/ politik/inland/demografiepolitische-bilanz-deutschland-stirbt-doch-nicht-aus-1.2367233

43 Siehe https://www.destatis.de/DE/PresseService/Presse/Pressemittei lungen/2017/01/PD17_033_12411.html

44 Matthias Loke, »Berliner Geburtenüberschuss ist bundesweit einmalig«, *Berliner Zeitung*, 12.1.2017, http://www.berliner-zeitung.de/wirtschaft/ statistisches-jahrbuch-berliner-geburtenueberschuss-ist-bundesweit-ein malig-25529544

45 Die INSM nennt für 2017 ein Budget in Höhe von 7 Millionen Euro. Siehe http://www.insm.de/insm/ueber-die-insm/FAQ.html

8 Viel Tamtam um wenig – die Pläne der großen Koalition

1 Vgl. »Selbstständige, Arme, Sparer: Jetzt erklärt Andrea Nahles ihre Renten-Pläne«, *Focus online*, 25.11.2016, http://www.focus.de/finanzen/al tersvorsorge/focus-online-live-bei-der-pressekonferenz-jetzt-erklaert-an drea-nahles-ihr-renten-refoermchen_id_6253028.html

2 Bundesministerium für Arbeit und Soziales, »Gesamtkonzept zur Alterssicherung, 25.11.2016, http://www.bmas.de/DE/Presse/Meldungen/2016/vorstellung-gesamtkonzept-alterssicherung.html

3 Ebd.

4 Holger Balodis, »Nahles-Pläne – viel Tamtam um wenig«, bdv-blog.de, 28.11.2016, https://www.bdv-blog.de/gastbeitraege/nahles-plaene-viel-tamtam-um-wenig.html

5 Nettozahlbetrag im Jahr 2015 (Rentenbestand), »Rentenversicherung in Zeitreihen 2016«, Seite 204. Interessanterweise nennt das Arbeitsministerium in der Broschüre seines Gesamtkonzeptes, ohne dies näher kenntlich zu machen, den niedrigeren Wert des Rentenzuganges von 2015 in Höhe von 672 Euro.

6 »Gesetzentwurf zur Verbesserung der Renten wegen verminderter Erwerbsfähigkeit« (EM-Leistungsverbesserungsgesetz), Seite 2

7 »Der Bund finanziert Erhöhung der Ostrenten mit«, Zeit online, 21.12.2016, http://www.zeit.de/politik/deutschland/2016-12/ost-west-renten-finanzierung-koalition-einigung

8 So wurden die Einkommen 1991 beispielsweise um 72 Prozent hochgewertet, in den 1990er Jahren sank die Hochwertung bis auf 20 Prozent, ab 2001 schwankte sie zwischen 20 und 12 Prozent (2017), Quelle: »Rentenversicherung in Zeitreihen«, Seite 260

9 Ende 2016 lagen die Brutto-Monatslöhne von vollzeitbeschäftigten Arbeitnehmern Ost (3 423 Euro) im Schnitt noch immer rund 25 Prozent unter denen im Westen (4 556 Euro). Statistisches Bundesamt, »Verdienste und Arbeitskosten«, Fachserie 16, Reihe 2.1, 22.3.2017, https://www.destatis.de/DE/Publikationen/Thematisch/VerdiensteArbeitskos ten/Arbeitnehmerverdienste/ArbeitnehmerverdiensteVj2160210163 244.pdf?__blob=publicationFile

10 »Nahles sieht Erwartungen an Riester-Rente nicht erfüllt«, Spiegel online, 17.4.2016, http://www.spiegel.de/politik/deutschland/andrea-nahles-sieht-erwartungen-an-riester-rente-nicht-erfuellt-a-1087688.html; »Nahles: Riester-Rente hat hochfliegende Erwartungen nicht eingelöst«, Focus online, 17.4.2016, http://www.focus.de/finanzen/altersvorsorge/bundesarbeitsministerin-sieht-handlungsbedarf-nahles-riester-rente-hat-hochfliegende-erwartungen-nicht-eingeloest_id_5444630.html

11 Bereits 2012 hatte Sigmar Gabriel seine Enttäuschung über die Riester-Rente klar formuliert: »Hoffnungen auf Riester-Rente haben sich nicht erfüllt«, Welt online, 8.9.2012, https://www.welt.de/newsticker/dpa_nt/infoline_nt/thema_nt/article109102674/Hoffnungen-auf-Riester-Rente-haben-sich-nicht-erfuellt.html

12 »Wir machen Deutschland zusammen stark. Das Gesamtkonzept zur Alterssicherung«, Broschüre des Bundesministeriums für Arbeit und Soziales, Stand Januar 2017, https://www.bmas.de/SharedDocs/Downloads/DE/Thema-Rente/gesamtkonzept-alterssicherung-broschuere.pdf?__blob=publicationFile&v=7

13 Ebd., Seite 43

14 Ebd., Seite 45

15 »Nahles sieht Erwartungen an Riester-Rente nicht erfüllt«, *Spiegel online*, 17.4.2016, http://www.spiegel.de/politik/deutschland/andrea-nahles-sieht-erwartungen-an-riester-rente-nicht-erfuellt-a-1087688.html

16 »Durch den Wechsel von beitragsfinanzierten zu kapitalgedeckten Renten, der im letzten Jahrzehnt stattgefunden hat, wurde das Risiko vom Staat und von den Unternehmen auf den Einzelnen verlagert. Dieser Trend muss umgekehrt werden zugunsten von öffentlichen Versorgungssystemen im Umlageverfahren für alle Arbeitnehmer.« Aus: Andrea Nahles, John Cruddas, *Die Gute Gesellschaft*, 2009, Seite 13

17 »Alterssicherungsbericht 2016«, Seite 19

18 Ebd., Seiten 18 und 130

19 Nach dem am 1. Juni 2017 verabschiedeten Betriebsrentenstärkungsgesetz werden Arbeitgeber verpflichtet, sich mit mindestens 15 Prozent des umgewandelten Entgelts zu beteiligen. Bei neuen Verträgen gilt das ab dem 1. Januar 2019. Bei Altverträgen ab dem 1. Januar 2022. Quelle: http://www.bmas.de/SharedDocs/Downloads/DE/Thema-Rente/be triebsrentenstaerkungsgesetz.pdf?__blob=publicationFile&v=2

20 Die Steuer- und Abgabenersparnis in der Einzahlung liegt in der Regel zwischen 40 und 50 Prozent. In der Rentenphase liegt die Belastung (abhängig vom Einkommen) ebenfalls in einem ähnlichen Bereich.

21 Durch die Entgeltumwandlung sinkt die Bruttolohn- und Gehaltssumme der Versicherten, was über den Mechanismus der Rentenanpassungsformel die Rentensteigerung dämpft. Je mehr Gehalt für sogenannte Betriebsrenten umgewandelt wird, desto langsamer wachsen die gesetzlichen Renten.

22 Die MetallRente ist ein 2001 gemeinsam von IG Metall und dem Arbeitgeberverband Gesamtmetall gegründetes Versorgungswerk. Die aktuell 680 000 Verträge beruhen nahezu ausschließlich auf der Entgeltumwandlung. Operativ betrieben wird die MetallRente von einem Konsortium unter Führung der Allianz Lebensversicherung AG.

23 »Liebe Kolleginnen und Kollegen, wir wollen mehr Betriebsrenten erreichen, indem wir es den Sozialpartnern ermöglichen, Tarifverträge zu schließen, in denen Betriebsrenten vereinbart werden ohne Haftung der Arbeitgeber für den späteren Rentenbezug.« Andrea Nahles im Deutschen Bundestag am 10.3.2017, siehe http://www.bmas.de/DE/Presse/Reden/Andrea-Nahles/2017/rede-2017-03-10.html

24 Ebd., siehe auch Andrea Nahles im Deutschen Bundestag, 10. März 2017, Protokoll, Seite 22383

25 Matthias W. Birkwald im Deutschen Bundestag, 10.3.2017, Protokoll, Seite 22386

26 Nur geringfügig unterscheidet sich diese doppelte Haltelinie von jener, die Schulz und Nahles Anfang Juni 2017 als SPD-Rentenkonzept vorstellten. Dort benannten sie 48 Prozent beim Rentenniveau und 22 Prozent

beim Rentenbeitrag. Allerdings nur bis zum Jahr 2030. Bis 2028 sind diese Werte aber auch bei der geltenden Rechtslage einzuhalten.

27 »Rentenversicherung in Zeitreihen«, Deutsche Rentenversicherung, Seite 202

28 Bundesministerium für Arbeit und Soziales, »Gesamtkonzept zur Alterssicherung, 25.11.2016, http://www.bmas.de/DE/Presse/Meldungen/2016/vorstellung-gesamtkonzept-alterssicherung.html

29 »Wir machen Deutschland zusammen stark. Das Gesamtkonzept zur Alterssicherung«, Seite 47

9 So geht Rente – ein Masterplan

1 Ingo Schäfer,»Die Illusion der Lebensstandardsicherung. Eine Analyse der Leistungsfähigkeit des Drei-Säulen-Modells«, Schriftenreihe der Arbeitnehmerkammer Bremen 2015

2 Unter den sehr optimistischen Annahmen der Regierung – eine Riester-Renten-Rendite von 4 Prozent – erreichte das Gesamtversorgungsniveau im Jahr 2010 für Neurentner die gewünschten 53 Prozent. Es wird aber bis zum Jahr 2029 deutlich auf unter 46 Prozent fallen. Vgl. Ingo Schäfer, »Die Rente muss auch morgen reichen!«, in: *Soziale Sicherheit* 9/2016, Seite 348

3 Schäfer,»Die Illusion der Lebensstandardsicherung«, Seite 15 ff.

4 Dies legt eine Antwort der parlamentarischen Staatssekretärin Anette Kramme (BMAS) nahe, BTDS 18/7331 vom 22.1.2016, Frage 34; vgl. auch Schäfer,»Die Rente muss auch morgen reichen!«, Seite 349

5 Schäfer,»Die Illusion der Lebensstandardsicherung«, Seite 32

6 Martin Staiger, *Rettet die Rente! Wie sie ruiniert wurde und wie sie wieder sicher wird*, Oberursel 2013, Seite 71

7 Philipp Krohn,»Ist Riester doch noch zu retten?«, *Frankfurter Allgemeine Zeitung*, 25.2.2017, Seite 29

8 Vgl. Claudia Tuchscherer,»Das Vorsorgekonto – Ein Ansatz gegen (Alters-)Armut und zur Flexibilisierung der Übergänge in die Rente«, in: *Vierteljahreshefte zur Wirtschaftsforschung*, Berlin, 03/2014, Seite 57 ff.

9 »Riester – jetzt reduziert«, *Euro am Sonntag*, Heft 52, 24.-30.12.2016, Seite 72 f.

10 Vgl. Staiger, *Rettet die Rente!* Staiger führt auf Seite 81 f. aus:»Das (…) propagierte Modell, einen Teil der Renten am Kapitalmarkt zu erwirtschaften, ist jedoch krachend gescheitert. Die Renditen der Riester- und Betriebsrenten sind viel zu niedrig, die Kosten der Produkte viel zu hoch und die volkswirtschaftlichen Schäden viel zu groß, um einfach so weiter zu machen. Vor diesem Hintergrund liegt es nahe, die Subventionierung der Versicherungswirtschaft aus Steuermitteln und den Sozialkassen zu beenden und die gesetzliche Rente deutlich zu stärken.«

11 Ebd., Seite 30:»Die völlig unsinnige Subventionierung dieser Form der betrieblichen Altersvorsorge sollte 2008 auslaufen. Die damals regie-

rende große Koalition verlängerte sie jedoch bis zum St. Nimmerleins-
tag – unter einhelligem Beifall von Versicherungswirtschaft, Arbeitgeber-
lobby und selbst aus den Reihen der Gewerkschaften. Die Gelackmeierten
waren und sind die Sozialkassen.«

12 Die Studie der Arbeitnehmerkammer Bremen stellt zusammenfassend
fest:»Insgesamt sind der Sinn und die Aussagefähigkeit des Sicherungs-
niveaus vor Steuern zweifelhaft.« Vgl. Schäfer, »Die Illusion der Lebensstandardsicherung«, Seite 10

13 Rechenweise: Man dividiere die Standardrente durch 48 (aktuelles Rentenniveau) und multipliziere dann mit 53 (Wunschniveau), also:
1 396,35 Euro : 48 x 53 = 1 541,80 Euro.

14 So erhielten Bundesbeamte (verheiratet, zwei Kinder) im Jahr 2016 eine
Mindestversorgung von 1 896,59 Euro.

15 45 Rentenpunkte multipliziert mit 42 Euro ergeben 1 890 Euro.

16 Im Rentenzugang 2015 waren das 39 Jahre.

17 Die »Rente nach Mindestentgeltpunkten« wurde 1992 für Zeiten vor
1992 beschlossen und löste die seit 1972 bestehende »Rente nach Mindesteinkommen« ab. Siehe https://de.wikipedia.org/wiki/Mindestent
geltpunkte_bei_geringem_Arbeitsentgelt

18 Ulrich Schneider schreibt dazu in seinem Buch *Kein Wohlstand für alle!?*
auf Seite 165:»Entscheidend ist, dass es sich am Ende wirklich um eine
Rente und nicht um eine ›Sozialhilfe plus‹ handelt. Auf eine Rente er-
werbe ich Ansprüche. Diese Ansprüche bestehen ganz unabhängig davon, welches Geld ich sonst noch habe, geschweige denn, was mein Ehepartner hat. Eine Rente ist keine Fürsorgeleistung. Bedarfsprüfungen wie
bei Hartz IV haben in einer Rente nichts verloren.«

19 Birkwald, Riexinger, *Die Gesetzliche Rente stärken und eine Solidarische
Mindestrente einführen*, Seite 23

20 Beispielsweise wurden die ostdeutschen Einkommen in den 1980er Jahren für die Rente circa verdreifacht. In den 1990er Jahren betrug die
Hochwertung nur noch 20 bis 30 Prozent. Quelle: »Rentenversicherung
in Zeitreihen«, Seite 260

21 Siehe https://www.bertelsmann-stiftung.de/de/presse/pressemitteilun
gen/pressemitteilung/pid/der-rentenreintritt-der-babyboomer-setzt-die-
rentenversicherung-schon-bald-wieder-unter-erheblichen-d/

22 »Altersvorsorge zukunftsfest machen«, Präsentation eines Vortrages von
Dr. Juliane Landmann am 19.9.2015 in Erkner, Seite 18, http://
docplayer.org/18578855-Altersvorsorge-zukunftsfest-machen-dr-ju
liane-landmann-erkner-19-september-2015.html; vgl. auch ein Interview
von Dr. Juliane Landmann mit der *Main-Post* am 16.9.2016, https://
www.bertelsmann-stiftung.de/de/unsere-projekte/wirtschaftliche-dy
namik-und-beschaeftigung/projektnachrichten/vorsorgepflicht-fuer-
selbstaendige/; vgl. Prof. Martin Werding, »Alterssicherung, Arbeits-
marktdynamik und neue Reformen: Wie das Rentensystem stabilisiert
werden kann«, Studie im Auftrag der Bertelsmann Stiftung, Seite 46 ff.;

vgl. Diether Döring, »Von der Arbeitnehmerpflichtversicherung zur Erwerbstätigenversicherung«, in: Ehlscheid, Gerntke, Urban: *Der neue Generationenvertrag*, Seite 55 ff.

23 »Alterssicherungsbericht der Bundesregierung«, 2016, Seite 36

24 Ebd., Seite 107

25 »Gesetzentwurf zu Unternehmensjuristen vom Kabinett beschlossen«, haufe.de, 11.6.2015, https://www.haufe.de/recht/arbeits-sozialrecht/gesetzentwurf-zu-unternehmensjuristen-vom-kabinett-beschlossen_218_307366.html; »Syndikusanwälte: Flucht auf die doppelte Sonnenseite. Raus aus der Rentenversicherung für das niedere Volk, aber auch aus der Haftung der richtigen Freiberufler«, *Aktuelle Sozialpolitik*, 11.7.2015, http://aktuelle-sozialpolitik.blogspot.de/2015/07/syndikus anwalte-flucht-auf-die-doppelte.html

26 »Syndikusrechtsanwälte: Informationen zum Befreiungsrecht«, Deutsche Rentenversicherung, 9.6.2016, http://www.deutsche-rentenversi cherung.de/Allgemein/de/Inhalt/0_Home/meldungen/syndikusan waelte/2016_06_01_syndikusrechtsanwaelte.html?cms_resultsPer Page=5&cms_templateQueryString=syndikusrechtsanw%C3%A4lte

27 Laut Alterssicherungsbericht 2016 gibt es derzeit 1,8 Millionen Beamte und rund 800 000 Beitragszahler in berufsständischen Versorgungseinrichtungen. Dazu kommen 1,25 Millionen Beamte im Versorgungsbezug und rund 230 000 Freiberufler im Rentenbezug. Vgl. Bundesministerium für Arbeit und Soziales, »Alterssicherungsbericht 2016«, Seiten 26 und 29, http://www.bmas.de/SharedDocs/Downloads/DE/PDF-Pressemittei lungen/2016/alterssicherungsbericht-2016.pdf?__blob=publication File&v=3

28 »Ausweitung der gesetzlichen Rentenversicherung auf Selbstständige: merkliche Effekte auch in der mittleren Frist«, *DIW-Wochenbericht* Nr. 30/2016, Seite 659 ff.

29 Ebd., Seite 659 ff. Durch die Integration von rund 2,4 Millionen Selbstständigen stiege bis 2040 das Rentenniveau im Vergleich zum Referenzszenario um 1,0 bis 1,8 Prozentpunkte, während der Beitragssatz um 0,7 bis 1,9 Prozentpunkte niedriger ausfiele.

30 Umfrage »Junge Generation und gesetzliche Rente: Pessimismus und Perspektiven«, TNS-Infratest 2016, im Auftrag der IG Metall, https://www.mehr-rente-mehr-zukunft.de/zahlen-fakten/studie/junge-genera tion-und-gesetzliche-rente-pessimismus-und-perspektiven.pdf

31 Der Gesamtbeitrag von 29 Prozent (inklusive privater Vorsorge) splittet sich in 18 Prozent für den Arbeitnehmer und 11 Prozent für den Arbeitgeber. Vgl. Schäfer, »Die Rente muss auch morgen reichen!«, Seite 347

32 Laut Otto W. Teufel summieren sich die zu wenig erstatteten Gelder des Bundes von 1957 bis 2015 auf rund 748 Milliarden Euro.

33 2000 machten die Bundesmittel 3,109 Prozent des Bruttoinlandsprodukts (BIP) aus, 2015 waren es nur noch 2,799 Prozent. Der Anteil gezahlter Bundesmittel ging – abgesehen von einem Zwischenhoch im Jahr

2003 von 3,512 Prozent – beständig bergab. Quelle: »Rentenversicherung in Zeitreihen«, 2016, Seiten 247 und 285, sowie eigene Berechnungen.

34 Diese Höchstrente erhalten alle mit einem durchschnittlichen Jahreseinkommen von mindestens 84 600 Franken. Siehe https://www.ch.ch/de/ahv-rente-berechnen/#1-saeule-ahv

35 Für jeden Monat der vorzeitigen Verrentung gibt es 0,3 Prozent Rentenabschlag, mithin 3,6 Prozent pro Jahr, und für jeden Monat der längeren Arbeit 0,5 Prozent Zuschlag, mithin 6,0 Prozent Zuschlag.

36 »Rentenversicherung in Zeitreihen«, 2016, Seite 137

37 Seit 2010 liegt die Zahl der Arbeitslosen im Alter zwischen 55 und 65 bei über 500 000 Personen. Quelle: http://www.sozialpolitik-aktuell.de/tl_files/sozialpolitik-aktuell/_Politikfelder/Arbeitsmarkt/Datensammlung/PDF-Dateien/abbIV77.pdf

38 Wer zwei Jahre vor dem regulären Rentenbeginn in Rente geht, bekommt lebenslang 7,2 Prozent weniger Rente ausgezahlt.

39 Siehe dazu auch http://www.bild.de/politik/2009/sozialverband-vdk-fordert-renteneintrittsalter-65-8240556.bild.html

40 Gerhard Schröder erklärte auf dem Weltwirtschaftsforum in Davos am 28. Januar 2005, man habe »einen der besten Niedriglohnsektoren aufgebaut, den es in Europa gibt«. Vgl. »Ziel der Einführung von Hartz I-IV etc. ist der Aufbau des größten Niedriglohnsektors in der EU«, Nachdenkseiten, 27.1.2010, http://www.nachdenkseiten.de/?p=4480

41 Mini-Jobs bleiben für den Beschäftigten bis zu einer Höhe von 450 Euro in den meisten Fällen komplett steuer- und sozialversicherungsfrei. Arbeitgeber zahlen auf eine solche geringfügige Beschäftigung eine pauschale Abgabe von 31,2 Prozent. Midi-Jobs sind Beschäftigungen mit monatlichen Verdiensten zwischen 450 und 850 Euro. Hier ist für den Beschäftigten ein reduzierter Beitrag an die Sozialversicherungen fällig. Vgl. https://www.minijob-zentrale.de/DE/01_minijobs/02_gewerblich/01_grundlagen/01_450_euro_gewerbe/node.html

42 So argumentiert beispielsweise der Ökonom Prof. Stefan Sell, siehe https://makronom.de/warum-die-minijobs-abgeschafft-werden-sollten-19173. Bereits 2012 publizierte das Bundesministerium für Familie, Senioren, Frauen und Jugend eine Studie, die die schädlichen Folgen der Mini-Jobs insbesondere für Frauen belegt: »Frauen im Minijob – Motive und Fehlanreize für die Aufnahme geringfügiger Beschäftigung im Lebenslauf«, siehe https://www.bmfsfj.de/blob/93862/4ba520100f0bde2 28598d1271c32cfd4/frauen-im-minijob-data.pdf

43 »Frauen im Minijob – Motive und Fehlanreize für die Aufnahme geringfügiger Beschäftigung im Lebenslauf«, Studie des BMFSFJ, 2012, Seite 16 ff.

44 »Aktuelle Entwicklungen der Zeitarbeit«, Bundesagentur für Arbeit, 2017, Seite 4, https://statistik.arbeitsagentur.de/Statischer-Content/Ar

beitsmarktberichte/Branchen-Berufe/generische-Publikationen/Ar
beitsmarkt-Deutschland-Zeitarbeit-Aktuelle-Entwicklung.pdf

45 Ebd.

46 »Solo-Selbstständige in Deutschland, Strukturen und Erwerbsverläufe«,
Bundesministerium für Arbeit und Soziales, Forschungsbericht 465, Mai
2016, https://www.bmas.de/SharedDocs/Downloads/DE/PDF-Publika
tionen/Forschungsberichte/f465-solo-selbstaendige.pdf?__blob=publi
cationFile&v=4

47 Vgl. Staiger, *Rettet die Rente!*, Seite 56 ff.

10 Ein Blick über die Grenze zeigt: Es kann gelingen!

1 »Durchschnittspensionen nach dem Geschlecht in Euro ohne zwischen-
staatliche Abkommen Dezember 2016«, in: *Die Österreichische Sozialversicherung in Zahlen*, 38. Ausgabe, März 2017, Seite 20. Anmerkung: Die
dort genannten Monatswerte (zum Beispiel 1 887 Euro für Männer) sind
zum Vergleich mit Deutschland mit 14 zu multiplizieren und durch 12 zu
teilen, weil in Österreich 14 Pensionen pro Jahr gezahlt werden.

2 Florian Blank, Camille Logeay, Erik Türk, Josef Wöss, Rudolf Zwiener,
»Alterssicherung in Deutschland und Österreich: Vom Nachbarn lernen?«, *WSI-Report Nr. 27*, 1/2016

3 OECD, «Pensions at a glance", 2015, Seite 141

4 Josef Bauernberger, Österreichisches Sozialministerium, Vortrag am
25.10.2016, Folie Seite 13

5 Florian Gasser, »Ein Unverstandener«, Zeit online, 19.7.2016, http://
www.zeit.de/2016/39/stephan-schulmeister-oekonom-gegner-neolibe
ralismus; siehe auch https://de.wikipedia.org/wiki/Stephan_Schul
meister

6 »Renten in Österreich – Vorbild für Deutschland?«, ARD »Plusminus«,
8.3.2017

7 Ebd.

8 »Meine Zeit in der Schweiz«, Broschüre der Deutschen Rentenversicherung, 2015, Seite 4

9 https://www.ch.ch/de/ahv-rente-berechnen/

10 Ebd., vgl. auch »Meine Zeit in der Schweiz«, Seite 25

11 »Meine Zeit in der Schweiz«, Seite 24

12 »Meine Zeit in den Niederlanden«, Broschüre der Deutschen Rentenversicherung, Seite 16

13 Ebd., Seite 6

14 »Meine Zeit in Frankreich«, Broschüre der Deutschen Rentenversicherung, Seite 11

15 Ebd., Seite 14

16 »Meine Zeit in Belgien«, Broschüre der Deutschen Rentenversicherung,
Seite 19 f.

17 Ebd., Seite 27

18 Ebd., Seite 5

19 Alle Zahlenangaben entstammen der »Informationsbroschüre Alterspension in Luxemburg«, Caisse nationale d'assurance pension (CNAP), Januar 2017

20 https://www.aeldresagen.dk/viden-og-raadgivning/penge-og-pension/folkepension, vgl. auch »Meine Zeit in Dänemark«, Deutsche Rentenversicherung, 2014, Seiten 14 und 15

21 Birkwald und Riexinger, *Die Gesetzliche Rente stärken und eine Solidarische Mindestrente einführen*, Seite 28

22 »Meine Zeit in Dänemark«, Seite 12

23 Europäische Kommission, »Country Report Germany 2017«, Brüssel, 22.2.2017, https://ec.europa.eu/info/sites/info/files/2017-european-semester-country-report-germany-en.pdf

24 »Renten in Österreich – Vorbild für Deutschland?, ARD »Plusminus«, 8.3.2017

25 Die Teilnehmer der Bundestags-Parlamentarierreise nach Österreich am 20./21.Februar 2017: Karl Schiewerling (CDU/CSU), Gabriele Schmidt (CDU/CSU), Christel Voßbeck-Kayser (CDU/CSU), Ralf Kapschack (SPD), Dr. Martin Rosemann (SPD), Matthias W. Birkwald (Die LINKE), Dr. Wolfgang Strengmann-Kuhn (Bündnis 90/Die Grünen)

11 Was planen Parteien, Gewerkschaften und Sozialverbände?

1 Jens Spahn, »Ich wundere mich über die Rentenpanik«, Deutschlandfunk, 28.10.2016, http://www.deutschlandfunk.de/altersvorsorge-ich-wundere-mich-ueber-die-rentenpanik.694.de.html?dram:article_id=369809

2 »Befreiungsschlag für die Riester-Rente«, *Handelsblatt*, 28.2.2017, Seite 9

3 »CDU-Sozialflügel fordert Nachbesserung bei Erwerbsminderungsrente«, procontra-online.de, 13.3.2017

4 Deutscher Bundestag, 18. Wahlperiode, 222. Sitzung, 10.3.2017, Seite 22387, siehe auch https://www.bundestag.de/dokumente/textarchiv/2017/kw10-de-betriebsrenten/493994

5 »Große Versicherer profitieren von Betriebsrentenreform«, *Frankfurter Allgemeine Zeitung*, 25.11.2016, Seite 21

6 Deutscher Bundestag, 18. Wahlperiode, 222. Sitzung, 10.3.2017, Seite 22391

7 Ebd., Seite 22392

8 »Gescheitert – Seehofer will Riester-Rente abschaffen«, *Welt online*, 8.4.2016, https://www.welt.de/politik/deutschland/article154153931/Gescheitert-Seehofer-will-Riester-Rente-abschaffen.html

9 »CSU ärgert CDU mit eigenem Rentenkonzept«, t-online.de, 9.7.2016, http://www.t-online.de/finanzen/altersvorsorge/id_78359250/csu-aergert-cdu-mit-eigenem-rentenkonzept.html

10 »Seehofer kritisiert Rentenpläne«, *Frankfurter Allgemeine Zeitung*, 28.11.2016, Seite 22

11 Deutscher Bundestag, 18. Wahlperiode, 222. Sitzung, 10.3.2017, Seite 22393

12 https://www.spd.de/fileadmin/Dokumente/Argumente/Schulz_Nahles_Rentenkonzept.pdf, http://www.manager-magazin.de/politik/deutschland/spd-martin-schulz-und-andrea-nahles-legen-rentenkonzept-vor-a-1151085.html und http://www.tagesspiegel.de/politik/spd-wahlprogramm-martin-schulz-verspricht-nationale-kraftanstrengung-fuer-die-rente/19903688.html

13 »Die Rente für ein gutes Leben«, https://www.spd.de/standpunkte/die-rente-verlaesslich-machen/

14 »Gesamtkonzept zur Alterssicherung«, Bundesministerium für Arbeit und Soziales, 2016, Seite 25

15 »Die Rente für ein gutes Leben«, https://www.spd.de/standpunkte/die-rente-verlaesslich-machen/

16 »Sollten wir auf diesem Weg keine Fortschritte erzielen, dann werden wir um ein Obligatorium nicht herumkommen«, erklärte Sozialexpertin Dr. Carola Reimann (SPD) am 10. März 2017 im Bundestag. Auch BMAS-Staatssekretärin Yasmin Fahimi droht damit auf der *Handelsblatt*-Tagung »Betriebliche Altersversorgung«, vgl.: »Regierung macht Druck«, *Handelsblatt*, 28.3.2017

17 So Andrea Nahles im Deutschen Bundestag am 10. März 2017: »Doch noch längst nicht alle im Land betreiben überhaupt eine zusätzliche Altersvorsorge, und das ist das Problem.«

18 »Für eine faire und nachhaltige betriebliche Altersversorgung und ein stabiles Drei-Säulen-System«, Antrag der Fraktion Bündnis 90/Die Grünen vom 22.11.2016, Bundestagsdrucksache 18/10384; Bereits 2012 erklärte der damalige rentenpolitische Sprecher der Bundestagsfraktion Wolfgang Strengmann-Kuhn: »Die Finanzkrise hat noch einmal verdeutlicht, dass die umlagefinanzierte Rentenversicherung im Vergleich zu kapitalgedeckten Renten stabiler und sicherer ist.« In: Butterwegge u. a., *Armut im Alter*, Seite 326

19 Markus Kurth auf der rentenpolitischen Kampagnenkonferenz der IG Metall am 24.2.2017 in Berlin

20 Die Grünen orientieren sich dabei an der Ende des Jahrtausends in Schweden eingeführten »Garantiepension«.

21 Vgl. Wolfgang Strengmann-Kuhn und Dirk Jacobi, »Die Grüne Bürgerrente gegen Altersarmut«, in: Butterwegge u. a., *Armut im Alter*, Seite 322 ff.

22 So beispielsweise am 22.11.2016 (Bundestagsdrucksache 18/10384) oder am 27.1.2016 (Bundestagsdrucksache 18/7371)

23 Vgl. Bundestagsdrucksache 18/7371 vom 27.1.2016

24 So führte es Markus Kurth am 10. März 2017 im Deutschen Bundestag und am 24. Februar 2017 auf der rentenpolitischen Kampagnenkonferenz der IG Metall in Berlin aus.

25 Markus Kurth, Deutscher Bundestag, 18. Wahlperiode, 222. Sitzung, 10.3.2017, Seite 22388

26 »Zukunft der Rente: Das will die FDP«, 7.6.2017, https://www.liberale.de/content/zukunft-der-rente-das-will-die-fdp

27 »Für eine moderne Altersvorsorge«, Beschluss des FDP-Bundesparteitags 2016, Seite 4, https://www.fdp.de/sites/default/files/filefield_paths/2016_04_24_bpt_altersvorsorge.pdf

28 »FDP-Chef Christian Lindner fordert Zusammenführung von Grundsicherung und Rente«, Saarbrücker Zeitung, 19.4.2016, https://www.saarbruecker-zeitung.de/politik/berliner_buero/fdp-chef-christian-lindner-fordert-zusammenfuehrung-von-grundsicherung-und-rente_aid-1696902; vgl. auch »Für eine moderne Altersvorsorge«, Seite 7

29 Beat Balzli, Matthias Kamann, »Petry nennt ›brutale‹ Rentenreform notwendig«, Welt online, 5.6.2016, https://www.welt.de/politik/deutschland/article155962088/Petry-nennt-brutale-Rentenreform-notwendig.html; Frauke Petry auf Facebook am 5.6.2016, https://www.facebook.com/Dr.Frauke.Petry/posts/1138662649519714:0

30 »AfD will Rente nach Schweizer Vorbild«, FAZ online, 20.4.2016, http://www.faz.net/aktuell/wirtschaft/was-wird-aus-der-rente/renten-debatte-afd-will-rente-nach-schweizer-vorbild-14188844.html

31 Wahlprogramm Bundestagswahl 2017, Sozialpolitik, Alternative für Deutschland (AfD), Seite 49

32 Dieser Betrag setzt sich zusammen aus einer Vermögensfreigrenze von 20 000 Euro sowie einem Freibetrag für Altersvorsorge von 48 750 Euro. Außerdem soll zusätzlich ein selbstgenutztes Wohneigentum mit einer Wohnfläche bis zu 130 Quadratmetern erlaubt sein.

33 Birkwald, Riexinger, Die Gesetzliche Rente stärken und eine Solidarische Mindestrente einführen, Seite 20

34 »Zukunftsgerichtete Rentenpolitik«, Beschluss des DGB-Bundesvorstands, 28.2.2017

35 Ebd.

36 »Neuaufbau einer solidarischen Alterssicherung«, Vorschläge der IG Metall, 2016, Seite 9

37 Ebd., Seiten 4 und 6

38 Ehlscheid, Gerntke, Urban, Der Neue Generationenvertrag, 2010

39 Vgl. »Die gesetzliche Rente stärken – Gutes Leben im Alter ist möglich«, ver.di-Broschüre des Bereichs Wirtschaftspolitik, Oktober 2016

40 Ebd., Seite 4

41 »Neuaufbau einer solidarischen Alterssicherung«, Vorschläge der IG Metall, 2016, Seite 8

42 Bsirske spielt darauf an, dass die sozialabgabenfreie Entgeltumwandlung eigentlich per Gesetz Ende 2008 enden sollte, dann aber durch eine Ge-

setzesinitiative des damaligen Bundesarbeitsministers Franz Müntefering (SPD) unbefristet verlängert wurde.

43 Andrea Nahles, Deutscher Bundestag, 18. Wahlperiode, 222. Sitzung, 10.3.2017, Seite 22383

44 »Betriebsrente – ein giftiges Geschenk für die Tarifparteien«, *Frankfurter Allgemeine Zeitung*, 17.11.2016, Seite 21; vgl. Thomas Öchsner, »In den Händen des Marktes«, *Süddeutsche Zeitung*, 28.11.2016, Seite 21, http://www.sueddeutsche.de/wirtschaft/betriebsrente-in-den-haenden-des-marktes-1.3268650

45 »Große Versicherer profitieren von Betriebsrentenreform«, *Frankfurter Allgemeine Zeitung*, 25.11.2016, Seite 21; vgl. auch Öchsner, »In den Händen des Marktes«, *Süddeutsche Zeitung*, 28.11.2016, Seite 21. Dort wundert sich der Vorstandschef der Dresdener Pensionskasse, Oliver Paschen, darüber, dass »die bewährten Garantien für Arbeitnehmer abgeschafft und die Risiken auf diese überwälzt« werden sollen. »Welches Interesse sollten Gewerkschaften daran haben«, fragt Paschen, »diese verschlechterte Position ihrer Mitglieder beziehungsweise Arbeitnehmer durch tarifvertragliche Regelungen zu ermöglichen?«

46 VdK-Forderungen zur Bundestagswahl 2017, siehe https://www.vdk.de/deutschland/pages/vck-aktion_zur_bundestagswahl_2017/72430/rente_muss_zum_leben_reichen

47 »Grundpositionen des Sozialverbands VdK Deutschland e.V.«, beschlossen am 13./14.Mai 2014 in Berlin, Seite 7

48 Ebd., Seite 12

49 »Bekämpfung von Altersarmut«, Vorschläge und Forderungen des SoVD, Seiten 7 und 30

50 Ebd., Seite 34

51 Ebd., Seite 31 f.

52 Volkssolidarität, »Rentenpolitische Leitlinien«, Seite 8

53 Ebd., Seite 17

12 Was jeder tun kann!

1 IG Metall, »Aktion vor INSM enttarnt die Arbeitgeber-Strategie bei der Rente«, 23.2.2017, https://www.mehr-rente-mehr-zukunft.de/kampagne/wir-lassen-uns-nicht-spalten/

2 IG Metall, »Achtung Rentenräuber!«, YouTube 27.2.2017, https://www.youtube.com/watch?v=ZQ32KLsyWc8

3 Siehe http://www.adg-ev.de/

4 »Jährliche versicherungsfremde Leistungen seit 1957 – Teufel-Tabelle«, zuletzt aktualisiert am 6.10.2016, http://www.adg-ev.de/index.php/publikationen/publikationen-altersvorsorge/1387-versicherungsfremde-leistungen-2015?showall=&start=1

5 http://www.seniorenaufstand.de/

6 Siehe http://www.seniorenaufstand.de/wp-content/uploads/2016/04/Die-Skandalkurve_160312.pdf

7 »10 Jahre Rente mit 67 – eine gute Idee?«, WDR 5 Tagesgespräch, 9.3.2017, http://www1.wdr.de/mediathek/audio/wdr5/wdr5-tagesge spraech/audio--jahre-rente-mit----eine-gute-idee-100.html

8 »Pensionsgesetz zurückgezogen«, *Frankfurter Allgemeine Zeitung*, 15.2.2017, Seite 4

9 Zum Beispiel: »Generationengerechtigkeit wieder herstellen – Die gesetzliche Rente solidarisch finanzieren!«, https://weact.campact.de/pe titions/kampf-um-die-altersversorgung-fur-eine-solidarisch-finanzierte-gesetzliche-rente-1